ボール運動の教材を創る

ゲームの魅力をクローズアップする授業づくりの探究

岩田 靖 著
Yasushi Iwata

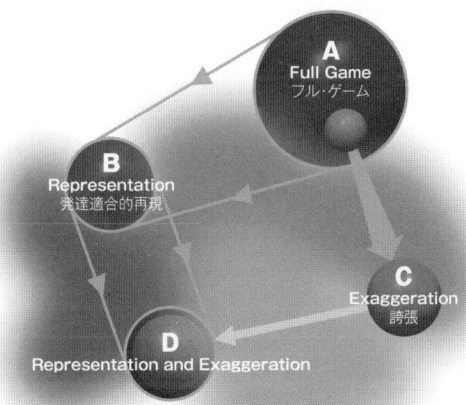

大修館書店

まえがき

　本書では、ボール運動（球技）の授業の目指すべきコンセプトを「意図的・選択的な判断に基づく協同的プレイの探究」として理解し、そのことを主張する上で筆者が主要に関わってきたささやかな授業実践の試みを示すことが目的である。特に、この運動領域の授業に不可欠だと思われる「教材づくり」の意味とその方法に焦点を当てたいと考えている。そこでは、具体的な授業実践を取り上げるとともに、その背後にある上記のコンセプトを掲げる根拠について説明し、今日的なボール運動の教材づくりに向けられる課題認識について触れてみたい。
　さて、かつて高橋健夫氏は、『体育科教育』誌の中で、2000年4月から3年間にわたって連載された「心と体の体育授業―もっとやさしく、もっとかかわりのある体育授業を求めて」の初回の論文において、1998年改訂の学習指導要領に示された「心と体の体育」の要請について、それは実際に「運動による教育」の側面をもう一度検討し直し、強調するものではあるが、決して古い体育に回帰するといった意味ではなく、「実際、すべての子どもたちが、オーセンティックな運動の楽しさにふれることができるなら、今日の『心と体の体育』の課題に十分応えることができると考えている」と指摘していたのを想起したい。そこでは、「『基礎・基本を培い、もっとやさしく、もっとかかわり、もっと楽しい体育をめざせ』と提唱したい」と述べ、「もっとやさしい体育授業」に関わって次のように記述していた。
　「率直にいって、現在の体育授業で採用されている運動は難しすぎる。スポーツの高度化に伴って体育で取り扱われる運動も高度化してきたことに気づかなければならない。
　アメリカにおいて体操中心の体育からスポーツ中心の体育へと転換したのは

20世紀の初頭であったが、このときのバスケットボールやバレーボールがどのようなルールで、どのような楽しみ方がなされていたのか、思い浮かべれば容易に理解できよう。これらのスポーツは誰でも楽しめるやさしいレクリエーショナルな運動遊びであった。

　もっとも、今日、小学校や中学校の体育授業で、スポーツ少年団や対外競技で適用されるオフィシャルなルールで授業を行っている教師は少ないであろうし、さまざまな修正ルールが適用されていると思われるが、それでもまだ難しすぎるといいたい。限られた単元の中で、誰もが楽しめ、学習内容が確実に身につくためには、まず取り上げる運動種目自体を、子どもの学習能（learn ability）に照らして再検討する必要がある。また採用した運動種目にかかわって、もっとやさしい修正ゲームや楽しみ方が工夫されなければならない。それぞれの運動に固有な楽しさを失わず、誰もが楽しみながら、上達していくことが保障されるような教材づくりが不可欠である」（高橋健夫、「もっとやさしく、もっとかかわりのある体育授業を求めて・第1回・新学習指導要領に即した授業の課題」『体育科教育』2000年4月号）

　ここでの最大の問題は、ボール運動において、まさに「オーセンティックな運動の楽しさにふれる」学習とはどのようなものかということであろう。そしてまた、それを実現するための大きな拠り所となる「やさしい教材づくり」をいかなる教授学的視点において、どのように生み出し工夫していくのかということが授業実践研究の重要な対象にされるであろうということである。換言すれば、それは「子どもにとっての『本物の』、そして『確かな』ボール運動の学習」に向けての方策の探究を意味している。2008年の学習指導要領において、ボール運動（球技）は、種目群の類型的表記（ゴール型・ネット型・ベースボール型）によってその内容が区別され、記述されるようになったが、このことも「子どもにとっての本物のボール運動の学習」を目指すべきことへのメッセージであろう。なぜならば、それはそれぞれのゲーム（群）の「魅力」をクローズアップする授業づくりを求めていると解釈できるからである。

　このようなボール運動の授業の実現に向けて、本書で記述する筆者の考え方

の基底に、冒頭で述べた「意図的・選択的な判断に基づく協同的プレイの探究」というボール運動の授業のコンセプトの把握が存在している。このことこそが、一方で、ボール運動の本質的な学習を方向づける指針となり、具体的で現実的な学習成果を生み出す可能性を豊かに提供できるのではないかと考えている。他方、今日の教科としての体育授業が担うべき課題とともに、期待されているより広い一般的な教育課題に貢献していく方略の糸口を提示できるであろうと思われる。

　本書は3部構成となっている。第1章では、ボール運動の教材づくりを考えていく上で、重要な手掛かりになるであろうと思われる事柄について記述している。ここでは、筆者が描いているボール運動の授業像のベースになる考え方に触れた後、やさしい教材づくりが求められる根拠、教材づくりに直結する、またそれに関連する理論的問題について論及している。これらの内容は、これまで雑誌や研究誌に掲載された拙稿の中での主張・解説・提案を再構成したものである。

　第2章では、ゴール型、ネット型、そしてベースボール型の具体的な教材づくりとその授業実践例を掲げている。特に焦点を当てているのはそれぞれの型における小学校段階の子どもたちに相応しい単元教材（メイン・ゲーム）の探究である。そこでは限定された単元時間の中で、戦術的課題の解決をそのゲームの魅力を十分に味わいながら追求でき、プレイの実現可能性が高いことが確認されたものを取り上げている。

　最後の第3章はボール運動の中で必要になる、あるいはそれに結びついていく運動技能の向上を目指した教材づくりを少しばかり紹介している。投・捕の能力やバット・スウィングに関する技能を対象にした学習指導のアイディアを示したものである。

　この第2・3章の授業はすべて筆者が勤務している信州大学教育学部から車で30分内外の近郊に位置する長野市・千曲市内の公立学校で実践を試みている。筆者の研究室で学んだOBの現職大学院生、長期研修生を中心に、学生たちをも含め共同で取り組んできた成果である。多くは既に実践報告がなされている。

教材づくりさえうまくできれば「よい授業」ができるというわけでは決してない。しかしながら、できる限りすべての子どもに豊かな学習・経験を保障しようとすれば、教材づくりを前提とした教師の授業づくりに対するイマジネーションがどうしても必要不可欠であろう。その意味でこの領域の授業づくりをさらに前進させたいと願っておられる先生方、学びを深めたいと思っている学生の方々に参考になるところがあれば幸いである。

　最後になるが、本書を作成するにあたって、大修館書店編集部の川口修平氏には大変お世話になった。心より厚くお礼申し上げる。

平成27年10月　　岩田　靖

もくじ

まえがき ……………………………………………………………………… iii

第1章　ボール運動の教材づくりの視点と方法

1　本物のボール運動の授業を目指して ………………………………… 2
　［1］　個人的な「技能中心」の授業、無意図的な「ゲーム中心」の授業を乗り越える
　　　　——学習成果を実現する授業モデルの模索 …………………… 2
　［2］　「意図的・選択的な判断に基づく協同的プレイ」の実現 ……… 3
　［3］　既存の種目の形式に苦しむ子ども ………………………………… 7
　［4］　今日求められているボール運動の授業を階層的な次元から見直す ……… 8
　［5］　子どもにとっての「本物のゲーム」を生み出す教材づくりの必要性 …… 10
2　学習指導要領の改訂とボール運動——やさしい教材づくりの必要性 …… 11
　［1］　1998(平成10)年の学習指導要領 ………………………………… 11
　［2］　2008(平成20)年の学習指導要領 ………………………………… 13
　［3］　中学校の領域内容構成 ……………………………………………… 14
　［4］　求められた「やさしい教材づくり」——ゲームの修正 ………… 15
　［5］　「やさしい教材づくり」の必要性の論拠
　　　　——ボール運動の授業づくりの前提 …………………………… 16
3　戦術中心の学習指導論に学ぶ ………………………………………… 22
　［1］　ゲームでのプレイ・パフォーマンスに関心を寄せる戦術学習 …… 22
　［2］　「戦術アプローチ」のベースに存在する「理解のためのゲーム指導論」…… 25
　［3］　ボール運動の教材づくりへの示唆——ゲーム修正論 ………… 28
4　「ゴール型」の教材づくりの課題意識とその方向 ………………… 35
　［1］　子どもにとってのゴール型の難しさ …………………………… 35

	[2]	ゴール型ゲームの修正の一手法としての「明示的誇張」………………	36
	[3]	子どもたちに課題解決の手掛かりを与える「付加的ルール」…………	37
	[4]	エリアとゴールの複合的な明示的誇張 ――「明示的誇張」の教授学的根拠 …………………………………	38
	[5]	判断の「契機」の視点からゲームの複雑性を考える ……………………	41
5	「ネット型」の教材づくりの課題意識とその方向 …………………………………		44
	[1]	ネット型の教材づくりの経緯 ………………………………………………	44
	[2]	ネット型(「連携プレイ」タイプ)のゲームの系統性 ……………………	47
	[3]	「攻守一体プレイ」タイプのゲームの教材づくり ………………………	50
6	「ベースボール型」の教材づくりの課題意識とその方向 …………………………		53
	[1]	ベースボール型の教材づくりへの問題提起 ………………………………	53
	[2]	ベースボール型の教材づくりの傾向と課題 ………………………………	55
	[3]	ベースボール型における守備側の判断の「誇張」 ………………………	59
	[4]	ゲーム状況の判断の「契機」と「対象」からみた教材の系統性 ………	60
7	ゲーム修正の理論からみた「誇張」の手法の探究 ………………………………		64
	[1]	「誇張」とゲームにおける「意思決定」 …………………………………	64
	[2]	「誇張」の視点の検討 ………………………………………………………	66
	[3]	意思決定(判断)の「対象」と「誇張」の手法 …………………………	67
	[4]	意思決定(判断)の「機会」と「誇張」の手法 …………………………	70
8	ボール運動領域における階層的な教材づくり ……………………………………		73
	[1]	教材の階層性 …………………………………………………………………	73
	[2]	「ドリルゲーム」と「タスクゲーム」の違い …………………………	75
	[3]	高橋健夫の「課題ゲーム」論 ………………………………………………	76
	[4]	ドリルゲーム・タスクゲームの質と量 …………………………………	80

9 ボール運動領域の学習と「仲間づくり」……………………………… 82
　　[1] 「内在的価値」と「外在的価値」の区別論を再考する …………… 82
　　[2] スポーツの文化性の理解と教育的価値――達成行動としてのスポーツ … 83
　　[3] ボール運動と仲間づくり …………………………………………… 84
10 体育授業の質を高めるストラテジーとボール運動 ………………… 87
　　[1] 多面的・構造的な意思決定の対象 ………………………………… 87
　　[2] 授業を方向づける「時間的思考」 ………………………………… 89
　　[3] 授業の現実的条件をベースにした「空間的思考」 ……………… 91

第2章　ボール運動の教材づくりの実際

1 【ゴール型】「ダブルゴール・サッカー」の教材づくり〈3年生〉 …… 94
　　[1] 「ダブルゴール・サッカー」の教材づくりの構想 ………………… 96
　　[2] 単元展開の概略 ……………………………………………………… 98
　　[3] ゲーム・パフォーマンスに関する学習成果の分析 ……………… 100
　　[4] 形成的授業評価からみた授業成果 ………………………………… 103
2 【ゴール型】「トライアングル・シュートゲーム」の教材づくり〈4年生〉 …… 105
　　[1] 教材づくりの前提としてのゲームの教授学的思考
　　　　――「トライアングル・シュートゲーム」における課題意識 …… 105
　　[2] 単元構成と授業の展開 ……………………………………………… 108
　　[3] ゲーム・パフォーマンスに関する学習成果の分析 ……………… 109
　　[4] 形成的授業評価からみた授業成果 ………………………………… 113
3 【ゴール型】「スクウェア・セストボール」の教材づくり〈4・5年生〉 … 116
　　[1] 「意思決定」からみた「ゴール型」ゲームの前提と
　　　　「スクウェア・セストボール」の教材づくりにおける課題意識 …… 116

		[2]「スクウェア・セストボール」の単元展開の概略 ………………	120
		[3] ゲーム・パフォーマンスに関する学習成果の分析 ………………	121
		[4] 形成的授業評価からみた授業成果 ……………………………	122
		[5] 小学校4年生での実践例における教材づくり ………………………	125
		[6] 単元における授業展開と学習成果の分析 ………………………	126
	4	【ゴール型】「セイフティーエリア・タッチビー」の教材づくり〈4年生〉……	129
		[1]「タグラグビー」の素材価値に関する解釈 …………………………	129
		[2]「タグラグビー」の教材化──「セイフティーエリア・タッチビー」の構成	130
		[3]「セイフティーエリア・タッチビー」のルールの大要 ……………	132
		[4]「セイフティーエリア・タッチビー」の単元展開の概略 …………	134
		[5] ゲーム・パフォーマンスに関する学習成果の分析 ………………	135
		[6] 形成的授業評価からみた授業成果 ……………………………	138
	5	【ゴール型】「ドライブ・バスケットボール」の教材づくり〈5年生〉…………	141
		[1] アウトナンバー・ゲームの有効性を高める工夫	
		──「ドライブ・バスケットボール」の教材づくりにおける課題意識 …	141
		[2]「ドライブ・バスケットボール」の単元展開の概略 ………………	146
		[3] ゲーム・パフォーマンスに関する学習成果の分析 ………………	147
		[4] 形成的授業評価からみた授業成果 ……………………………	150
	6	【ゴール型】「フラッグフットボール」の授業評価〈5年生〉………………	152
		[1]「Sさん」の授業評価からみたフラッグフットボールの授業 ……	152
		[2] フラッグフットボールの特徴と授業の可能性 ……………………	155
		[3]「フラッグフットボール」の教材化の工夫 ……………………	156
		[4] 単元の展開と子どもの様子 ……………………………………	156
		[5] 形成的授業評価からみた授業成果 ……………………………	159

  [6]「形成的授業評価」と「仲間づくりの授業評価」の関係 …………………… 160
7　【ゴール型】「スライドボール・サッカー」の教材づくり〈中学3年生〉……… 164
  [1]　教材づくりの前提としてのゲームの教授学的思考
    ——「スライドボール・サッカー」の教材づくりにおける課題意識 …… 165
  [2]「スライドボール・サッカー」の単元展開の概略 ……………………… 169
  [3]　ゲーム・パフォーマンスに関する学習成果の分析 …………………… 170
  [4]　形成的授業評価からみた授業成果 ……………………………………… 174
8　【ネット型】「ワンバンネットボール」の教材づくり〈4年生〉……………… 176
  [1]「ワンバンネットボール」の教材づくり ……………………………… 177
  [2]　単元展開の概略 …………………………………………………………… 178
  [3]　授業の展開と子どもの様子 ……………………………………………… 180
9　【ネット型】「ダブルバウンド・テニス」の教材づくり〈6年生〉…………… 184
  [1]「ダブルバウンド・テニス」の教材づくり …………………………… 185
  [2]「ダブルバウンド・テニス」の単元展開の概略 ……………………… 186
  [3]　単元におけるゲーム様相の分析 ………………………………………… 188
  [4]　形成的授業評価からみた授業成果 ……………………………………… 192
10　【ネット型】「キャッチセット・アタックプレルボール」の教材づくり〈4年生〉 194
  [1]「キャッチセット・アタックプレルボール」の構成 ………………… 194
  [2]　単元計画および教師の指導の概要 ……………………………………… 196
  [3]　ゲーム・パフォーマンスに関する学習成果の分析 …………………… 197
  [4]　形成的授業評価からみた授業成果 ……………………………………… 201
11　【ベースボール型】「あつまりっこベースボール」の教材づくり〈2年生〉…… 204
  [1]「ベースボール型」ゲームへの発展を意図したボールゲームの学習内容の検討 204
  [2]　低学年「ボールゲーム」の教材づくり——「あつまりっこベースボール」 207

[3] 単元構成の概要と学習展開 ……………………………………… 209
12 【ベースボール型】「ネオ・フィルダー・ベースボール」の教材づくり〈5年生〉 214
　　　[1] 「ネオ・フィルダー・ベースボール」の基本的なゲーム構成 ………… 215
　　　[2] 「ネオ・フィルダー・ベースボール」のルール ……………………… 216
　　　[3] 単元構成の概略 ……………………………………………………… 218
　　　[4] ゲーム・パフォーマンスの分析 …………………………………… 218
　　　[5] 守備行動についての教師の指導の明瞭性 ………………………… 223
13 【ベースボール型】「ブレイク・ベースボール」の教材づくり〈6年生〉 …… 225
　　　[1] 「ブレイク・ベースボール」のルールの構成 ……………………… 227
　　　[2] 単元展開の概略 ……………………………………………………… 228
　　　[3] ゲーム・パフォーマンスに関する学習成果の分析 ……………… 228
　　　[4] 形成的授業評価からみた授業成果 ………………………………… 231

第3章　補論──ボール運動における基礎的技能の教材づくり

1　「スナップの力感」を視点にした投運動の教材づくり〈2年生〉 ………… 234
　　　[1] 動作の外部的評価と遠投距離とのズレ …………………………… 234
　　　[2] 投運動の動きの課題性 ……………………………………………… 235
　　　[3] 技能的な学習内容の中核をどこに求めるのか …………………… 235
　　　[4] 中心的な学習内容の習得を促す教材・教具の工夫 ……………… 237
　　　[5] 授業の展開の大要 …………………………………………………… 238
　　　[6] ボール投げでの指導言葉 …………………………………………… 239
　　　[7] 遠投距離の変化 ……………………………………………………… 240
2　動いてくるボールへの対応力を高める教材づくり〈2年生〉 …………… 242
　　　[1] 「ボール遊び」の教材づくり──「バウンド・キャッチゲーム」 …… 242

［2］単元構成の概要と学習展開 ……………………………………… 245
　　［3］簡易スキルテストの方法とその結果 …………………………… 247
　　［4］形成的授業評価の結果 …………………………………………… 248
　3　バッティング動作の発生を促す教材づくり〈5年生〉……………… 251
　　［1］バッティングの能力を高める前提 ……………………………… 251
　　［2］バッティング動作の習得を促す学習内容の抽出 ……………… 252
　　［3］学習内容としての2つの感覚学習を促す教材・教具づくり ……… 257
　　［4］単元過程における「バッティングドリル」…………………… 259
　　［5］バッティングのパフォーマンスの分析 ………………………… 260

　あとがき ……………………………………………………………………… 267

第1章

ボール運動の教材づくりの視点と方法

第1章-1

本物のボール運動の授業を目指して

　本書の副題に掲げた「ゲームの魅力をクローズアップする授業」とは、「ゲームの本質的な面白さに誘い込むことができる授業」と言い換えることができる。さらにそれは、子どもにとっての「本物のボール運動の授業」であると表現してもよいであろうと思われる。最初にそのことに触れながら、筆者がこの10年ほどの間に考えてきたボール運動の授業のコンセプトについて説明しておきたい。

[1]　個人的な「技能中心」の授業、
　　　無意図的な「ゲーム中心」の授業を乗り越える
　　　――学習成果を実現する授業モデルの模索

　欧米圏で提案されたボール運動の指導論である「戦術中心のアプローチ」において、かつて、イギリスのバンカーらは、次のように指摘していた。[*1]

＊

　現在のゲーム指導は、運動技術に強調点を置いた授業になっているか、あるいはゲームの面白さを支えるために、授業そのものを子どもたちに委ねているものとなっている。そこでは、パフォーマンス、すなわち、「すること」（doing）に強調点が置かれているため、多くの子どもたちはほとんど成功を得ていない。多くの学校では、ゲームについて「知ること（わかること）」（knowing）を等閑視している。そのため、そこにおいて育てられている「技能を持った」プレイヤーとは、実のところ柔軟な技術を有しておらず、また意思決定の能力も貧困である。

＊

　このような状況を打開するために彼らは、「もし指導の強調点がゲームにお

ける戦術的思考に移され、子どもたちが戦術的気づきに基づいた正しい意思決定行為を支援され、促されるならば、子どもたちはゲームを面白いもの、楽しいものとして理解できるであろう」と指摘し、「理解のためのゲーム指導」(Teaching Games for Understanding) の授業モデルを構築し始める。

　また、アメリカのグリフィンらも、「私たちは授業コンサルタントとして、また教育実習生の監督指導者として多くの学校を訪問してきたが、そこで教師たちが技能習得に向けた指導とゲームのパフォーマンスを向上させるために多くの問題を抱えていることに気づいてきた。そのような問題の現れとして、次のような2つの授業形式が生み出されてきたと考えられる。1つは個々の技術のドリルを強調する授業であり、もう1つはゲームを中心に展開する授業である。時には技術とゲームでのプレイとを結合させようとする授業もみられたが、そこでもゲームに関連した戦術的指導をもくろむ教師を見出すことはできなかった」と述べ、子どもたちにより大きな興味と興奮を与えうるゲーム指導の「戦術アプローチ」(tactical approach) モデルを提唱するようになる[*2]。

　我が国においてもおよそ同様な課題に直面してきたと言っても過言ではないであろう。特に、1950年代後半以降において運動技能の系統的な学習を強調する中で提示された「個人的・要素的技能—集団的技能—ゲーム」といった単元展開のモデルに対しては、技能の練習を積み上げてもゲームに生きないこと、またゲームとは絶縁的に指導される技能練習は子どもにとって有意味で、意欲あふれる学習活動を提供できないことが指摘されてきた。一方、それに対立する「ゲーム中心」の指導においては、子どもの興味・関心を引くことはできても、無意図的なゲームの繰り返しでは質的発展がみられないという問題点を抱え込んでいたのである。このような問題点を乗り越えていくボール運動の指導方法に関する授業モデルとその具体的方策が、今日、多様な観点から探究されなければならないのである。

[2]「意図的・選択的な判断に基づく協同的プレイ」の実現

　筆者は、ボール運動の授業のコンセプトを端的に「意図的・選択的な判断に基づく協同的プレイの探究」として捉えている。それは、ゲーム状況の中で求められる「判断（意思決定）」行為に積極的に参加できることがボール運動の面白さの源泉になると考えているからである。

　このボール運動のコンセプトに関する表現を用い始めて10年程度になる。その基本的な意味や考え方については、拙著『体育の教材を創る』(大修館書店)

の中で、ボール運動の教材づくりの例をいくつか取り上げたその冒頭部分において解説しているが、本書の内容もそこでの記述を最も重要な基底に据えているので、少し長くなるが再録しておく必要があろうと思われる。[*3]

*

　筆者は、ボール運動の授業のキー・コンセプトを「意図的・選択的な判断に基づく協同的プレイの探究」として捉えている。最初に、このことについての根拠をボール運動の特性理解の側面から説明してみたい。そこで、ボール運動における戦術中心の指導アプローチのあり方を提唱したイギリスの「理解のためのゲーム指導論」(Teaching Games for Understanding)における次のバンカーらの指摘を引き合いに出したい。
　「パフォーマンスの絶対的なレベルは異なっても、戦術的気づきに基づいてそれぞれすべての子どもが意思決定に参加することができるのであり、それによってゲームの中での面白さや、ゲームへの関与が保たれる」
　この記述はその後、ソープらの「ゲームの独自性は、そこで用いられる技術に先だった意思決定の過程にある」という、ボール運動の主要な特性についての見解につながっている。
　ここで彼らの主張する「ゲームの独自性」は、2つのレベルで解釈することが可能である。その一つは、ボール運動というのは、たとえば、器械運動や陸上運動、水泳などの運動とは異なって、ゲームの中で常に「意思決定」(プレイ状況の「判断」)が要求される特質を有していることである。したがって、その状況判断に積極的に参加できるようになることが、ゲームの面白さ、楽しさの源泉になるということである。いい換えれば、「ゲームの中で、なにをしたらよいのかわからない」というのでは、子どもにとってゲームは面白いものにはならないということなのである。このことがボール運動の指導において立脚すべききわめて大きな強調点になる。これは多様なスポーツの中でのボール運動の一つの特質である。
　他の一つは、ボール運動の領域内において、その戦術的課題(tactical problem)の構造の違いに応じて、ゲームの面白さを生み出す特徴的な「意思決定」(判断)のあり方が存在することである。ここに、「ボール運動の分類論」の意味と有用性が求められるのである。「ゴール型」のゲームでは、敵と味方がコートを共有する中で、空間を生み出しながらボールをキープし、ゴールにシュートしたり、ゴールラインにボールを持ち込むことが主要な戦術的課題になる。そこでは、パスやシュートの有効空間の創出に向けての「判断」が特徴づけられるといってよい。また、「ネット型」のゲームであれば、分離されたコートの向こうにいる相手に対し、ボールをコントロールさせないように攻撃したり、自陣の空間を守ることが主要な課題となり、相

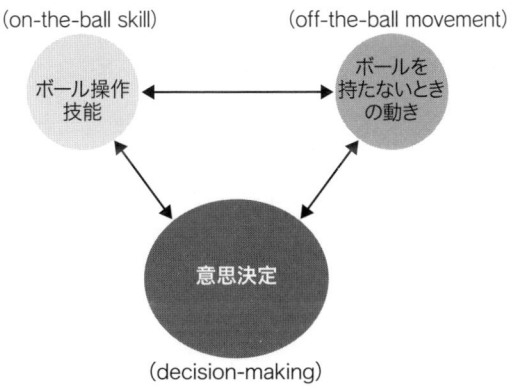

図1-1 ボール運動の学習内容の枠組み

手コートの空間に関わった「判断」がポイントになる。なお、「ネット型」では、卓球やバドミントンのように相手からネット越しに打ち出されたボールやシャトルを直接打ち返す「攻守一体プレイ」の形式と、バレーボールに代表されるような自陣でのボールの組み立てが可能な「連携プレイ」の形式のゲームに区別することができるが、後者のようなタイプでは、意図的なセットを経由した攻撃を実現するための役割行動についての判断がさらに強調されることになる。さらに、「ベースボール型」では、ランナーが早いか、それともフィールディングが早いかを特定の塁上で競い合うことに向けての判断が大切になるのはいうまでもないであろう。これらのゲーム状況の「判断」の中身の違いがゲームの戦術的課題に対応しており、ゲームの分類のフレームになっていると考えることができるのである。

　一般に運動学習である限り、そのパフォーマンスの向上には運動技能の習得・習熟が不可欠ではあるが、ボール運動では多様なプレイ状況を「判断」しながら技能的・行動的な対応（ボール操作の技能＝on-the-ball skill、ボールを持たないときの動き＝off-the-ball movement）をしなければならないところに大きな特徴があるのである。

　このような「ゲームの独自性」、いわば「ボール運動の特性」理解が、先に指摘した「意図的・選択的な判断に基づく協同的プレイの探究」というボール運動の授業のコンセプトの前提である。ボール運動とは、そのような判断に支えられた意図的な達成行動であるからこそ、チームのみんなの「協同的」なプレイが学習のターゲットになりうるのである。ボール運動の教育的価値の基盤はそこに存在しているといっても過言ではないであろう。したがって、チームのメンバーの中で、ゲームで

生み出したいプレイについてのイメージや、状況に応じた行動についての理解を共有していくことが重要であろう。その意味で、「偶然のゲーム（ババ抜き的ゲーム）からの脱皮」が必要なのであり、それを促す教材づくりが求められるのである。

＊

　さてここで、ボール操作を中心とした運動技能の大切さを無視しているわけではないことは言うまでもないが、この「判断」に豊かに関与できることが、子どもたちにボール運動の「オーセンティックな学習・経験」を提供し、保障しうると解釈しているのである。

　「オーセンティック」(authentic) とは、「信頼のおける、確かな」ということ、また「真性の、本物の」という意味を表している。つまり、「子どもたちにとっての『本物の』ボール運動の学習」の追究がここでの強調点である。

　ただし、「本物のボール運動の学習」ということは、大人が楽しむために、大人によって創造されてきた大人のスポーツとしての既存のボール運動の種目をそのまま学習することを意味しているわけではないことを、ここでは明確に述べておくことが重要であろう。総じて、スポーツは学校において子どもたちに教え学ばせることを前提に生み出されてきたものでは決してない。大人の、とりわけ競技的なスポーツとして存在している「特殊」で「個別」な種目を「本物の」と言っているのではなく、ボール運動の本質的な面白さに子どもたちを食い付かせる学習をこそ実現したい、ということを主張しているのである。

　既存の種目は子どもたちにとって、複雑で、高度過ぎる。それらは、子どもたちにとって極めて「偶然のゲーム」しか与えてはくれないと言ってよい。そこでは、苦手な子どもたちの笑顔など望むべくもない。今日、「素材主義」とか「種目主義」の授業と言われるのは、種目にみられる大人の形式にこだわるあまり、既存のルールや技術の中で、多くの子どもたちに過大な要求を突きつけているに過ぎない状況を生み出している授業と言ってよいであろう。比喩的に表現すれば、例えば、リンゴの表面をなでたり、舐めたりしているだけで、その果肉の味わいや芯の蜜の甘さにまで子どもたちを誘い込めていないゲームが繰り返されているとでも言えるであろうか。

　これではそのゲームの学習にのめり込む子どもたちの姿が出現するはずもない。おそらく、目指すべきゲームのイメージもまったく明確にならず、メンバーが結び合うすべも持たず、ただただ一部の子どもたちが独占してしまうだけのゲームにしかならないのは当然の帰結であるかもしれない。そこでは、「集団的達成の喜び」を味わうことなどできないであろうと思われる。なぜなら、そのゲームに参加する子どもたちの意図的・選択的な判断からは絶縁した「バ

バ抜き的」な偶然が現出せざるを得ないからである。

[3] 既存の種目の形式に苦しむ子ども

> 「小学校や中学校の体育授業で経験したバスケットボールは、私にとっては20mシャトルランでした……」

　数年前、大学院での筆者の講義を受講していた女子学生が吐露した言葉である。この表現の中には次の2つの意味が込められていたのではないかと考えられる。その1つは、バスケットボールの難しさと私の関係である。非常に速いゲーム展開と何をどうしたらいいのかわからない私。右往左往しているばかりで、ボールがフロントコートに行けばこちらに追いかけ、バックコートに戻れば、またもやそちらに追随しているだけ。ゲームには出ているし、決してさぼっているわけではないのだけれど、走っているばかりでゲームに貢献している感覚はないという実情を示している。

　もう1つは、大人のために創られた技能的にも行動的にも複雑で高度なゲームを、子どもの力量への配慮なしに提供すれば、得意な子どもだけが独占的にボールを支配する様相になりかねず、多くの他の子どもたちがゲームの面白さから絶縁した活動を強いられる状況を生み出してしまうということである。

　ここには「バスケットボール」という既存の種目の形式に大きく引きずられた結果、多くの子どもたちが「シュートタイプ」の面白さや、「ゴール型」に共通するボールを媒介にした空間の利用や奪取といった戦術的課題の解決に向けた学習に迫れていない現実が横たわっている。実はこのようなゲームが展開される授業は、より広い視点からみた場合、「ボール運動」の授業としても、また「スポーツ」を対象とした運動学習の意味からも、今日期待される体育授業を実現できていないのではないかと想像される。

　さて、ここに掲げた女子学生の言葉には、ボール運動の授業づくりの焦点をどのような方向に求め、そこでの学習内容の核心として何を位置づけていけばよいのかについての視線や発想を再考していく必然性が示されている。現行の学習指導要領でも攻守の特徴や3つに区分されたそれぞれの「型」に共通する動きや技能を学習することが重視されているが、ここで問題にしたことはこのことに大きく関係している。

[4] 今日求められているボール運動の授業を階層的な次元から見直す

　ここに示した図1-2は、スポーツを分類し、位置づける際の階層性について、ボール運動を例にとって描き出したものである。ただしこれは同時に、期待されるべき体育授業を考える際の重要な視点を提供するものでもある。
　ここでは、例示的にバレーボールを「素材」とした授業について考えてみることにしたい。

「スポーツ」……まず、最も土台となるのは多様な「スポーツ」を対象にする体育授業全般に共通する視点である。その授業が、現行の学習指導要領で掲げられている指導内容（体育授業の具体的な場面では「学習内容」）としての「技能」「態度」「思考・判断」（中学校では、「知識、思考・判断」）が密接に結びつくものとして成り立っているかどうかである。換言すれば、運動が「できる」ようになることに向かって、「わかる」ことを大切にし、それをもとにみんなで「かかわる」授業の姿を生き生きと創出しうる可能性を有しているかどうかが極めて大切である。

「ボール運動」……先に、ボール運動の授業のコンセプトについて、「意図的・選択的な判断に基づく協同的プレイの探究」として捉えていることを指摘したが、この次元では、それが「ゴール型」の授業であっても、あるいは「ネット型」「ベースボール型」であっても、ゲームの状況判断（decision-making）に支えられた技能的・行動的力量（on-the-ball skill; off-the-ball movement）の発揮に向けての学習が、単元の中でプレイの実現可能性を保障するかたちで導かれているかどうかが大きな課題となる。

「ネット型」……この次元では、その授業の中で行われているゲームが、まさにこの「型」に共通する戦術的課題の解決を十分に提供できるものとなっているかどうかが問われるであろう。つまり、「分離されたコートの向こうにいる相手に対して、ボールをコントロールさせないように（自陣にボールを戻せないように）攻撃したり、自陣の空間を守ったりする」という課題性に肉迫できているかどうかである。単にゲーム形式がネットで分離された攻防状態になっているだけでは、ネット型の授業として成立しているとは言えないのである。

「連携プレイタイプ」……ネット型は、テニス・卓球・バドミントンのように、相手コートからネット越しに送られ、返球されてくるボールやシャトルを直

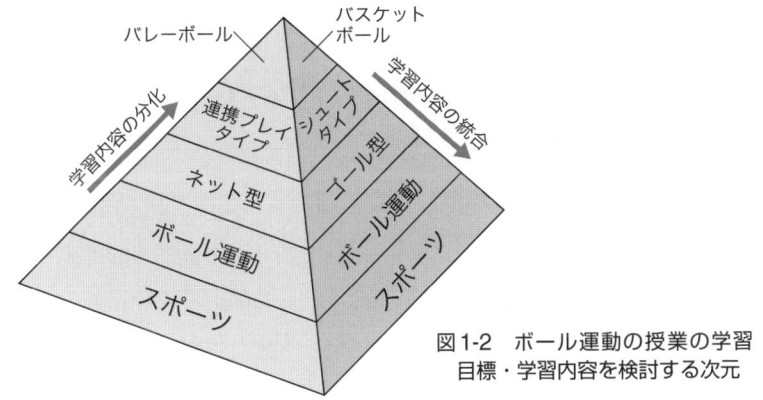

図1-2 ボール運動の授業の学習目標・学習内容を検討する次元

接打ち返すタイプのゲームと、自陣においてチームでボールを連携し、組み立てて攻撃できるタイプのゲームに下位分類できる。前者は「攻守一体プレイ」、また後者は「連携プレイ」のタイプである。[*4]

バレーボールは後者に含まれる1つの個別的・特殊的な種目といってよい。ここではこの「連携プレイ」タイプのゲームの本質的な面白さに誘い込み、その解題解決に豊かに迫りうる前提が保障されているかどうかが要となる。筆者は、その「テーマ」として「意図的なセットを経由した攻撃」[*5]の実現可能性が重要なバロメーターになるであろうと考えている。

このような観点から、決して珍しくない次のようなゲームが行われているバレーボールの授業を見直していくことが是非とも必要である。

「サーブの成否で全スコアの50%以上を占めてしまうようなバレーボールのゲーム」

このようなゲームでは、ボール操作の難しさのあまり、意図的なセットを経由した攻撃に持ち込むための技能も、連携プレイに必要になる戦術的側面の役割行動も何も学習されないで終わってしまうであろうことは容易に想像できるであろう。このような状況は、既存のスポーツ種目の形式を単になぞっているだけでしかない活動であろう。その意味で、「連携プレイタイプ」のゲームの醍醐味も、「ネット型」の面白さも味わえないばかりか、〈意思決定〉と〈ボール操作〉〈ボールを持たないときの動き〉が密接に結びついた学習を促せる「ボール運動」の授業には程遠いと言わざるを得ない。そしてそれは、〈わかる〉〈できる〉〈かかわる〉ことが織り成す「もっと楽しいスポーツの授業」からは絶縁しているとしか言いようがない。当然ながら、これでは子どもにとっての「本

第1章-1 本物のボール運動の授業を目指して　9

物のゲーム」にはなりえないのは明らかである。

[5] 子どもにとっての「本物のゲーム」を生み出す教材づくりの必要性

　子どもたちにオーセンティックな学習経験を促すボール運動の授業を生み出したい。換言すれば、「偶然のゲーム」から脱皮し、「意図的・選択的な判断に基づく協同的プレイの探究」を促す学習を展開したい。その際に欠かせないのが、子どもたちがまさに「探究していく」のに相応しい教材を提供していくことである。それは、「まえがき」でも触れた「やさしい教材づくり」を意味する。当然ながら、その教材づくりは、子どもたちをボール運動の本質的な面白さに誘い、子どもの能力や努力の範囲においてまさに実現可能なゲーム、限定された単元の時間の中で学習成果を保障できるものでなければならないであろう。現行の学習指導要領においてもその「解説」において、総じて「やさしい教材づくり」と表現しうるゲームの提供が推奨されている。これについては後ほどボール運動の指導の考え方と併せて確認したい。

　因みに、冒頭に掲げた欧米圏の指導論においても、戦術中心のアプローチ・モデルの中で極めて大切にされているものが「ゲームの修正」（modification of games）の観点である。子どもの能力に適合させながら、戦術的気づきによる意思決定（ゲーム状況の判断）を促し、クローズアップする教材づくりに焦点が当てられているのである。

　本書では、そこで提示されている「ゲーム修正」の考え方に大いに学びつつ、さらにそこに新たな解釈を加え、ボール運動の教材づくりの方法論を吟味し、提示しながら、具体的な授業実践事例へと話を進めていきたいと思う。

[文献]
* 1 Bunker, D., & Thorpe, R. (1982) A Model for the Teaching of Games in Secondary Schools. Bulletin of Physical Education 18: 5-8.
* 2 Griffin, L., Mitchell, S., & Oslin, J. (1997) Teaching Sport Concepts and Skills: A Tactical Games Approach. Champaign, IL: Human Kinetics. 高橋健夫・岡出美則監訳（1999）ボール運動の指導プログラム―楽しい戦術学習の進め方、大修館書店、p. ii
* 3 岩田靖（2012）体育の教材を創る、大修館書店、pp. 127-129
* 4 高橋健夫（1994）ゲームの授業を創る、体育科教育42（2）：12-18（別冊⑪・ゲームの授業）、p. 15
* 5 岩田靖（2012）体育の教材を創る、大修館書店、p. 160

第1章-2

学習指導要領の改訂とボール運動
──やさしい教材づくりの必要性

　学習指導要領の変遷を少し遡って振り返り、現行のボール運動の表記の内容やその考え方について整理しておくことにする。ここでは特に、「やさしい教材づくり」の必要性について浮き彫りにしたい。

[1] 1998(平成10)年の学習指導要領

　1998（平成10）年に改訂された学習指導要領では、とりわけ小学校の「ゲーム」「ボール運動」領域における大きな変更がみられた。それは、中学年における内容表記の仕方と、高学年も含めた種目（素材）の配置に表れていた。
　例えば、それ以前の1989（平成元）年の学習指導要領において、中学年（第3・4学年）でのゲーム領域では、「ポートボール、ラインサッカー、ハンドベースボール」といった個別の素材（教材化された種目）が直接的に提示されていたのに対し、1998年のものでは、「バスケットボール型ゲーム、サッカー型ゲーム、ベースボール型ゲーム」といった「共通するゲーム群」を意識化させる記述になっていた（なお、「内容の取り扱い」の項では、「地域や学校の実態に応じてバレーボール型ゲームなどその他の運動を加えて指導することができる」とされた）。また、高学年（第5・6学年）では、従来のバスケットボール、サッカーに加えて、「ソフトボール又はソフトバレーボール」が取り上げられた。[*1,2]
　これらの変化には、ゲームからボール運動の領域を通して「戦術」的側面からの内容のフレームワークが基底に据えられつつあったと考えられる。そのような中で、この時点ではその位置づけや重要度において低い評価しか与えられてはいなかったが、中学年において「バレーボール型ゲーム」を加えて指導で

表1-1 学習指導要領におけるゲーム・ボール運動・球技の領域構成の変化
【小学校】

	低学年（1・2年）	中学年（3・4年）	高学年（5・6年）
	【ゲーム領域】		【ボール運動領域】
平成元年	・ボール遊び ・鬼遊び	・ポートボール ・ラインサッカー ・ハンドベースボール	・バスケットボール ・サッカー （ソフトボールを加えて指導することができる）
平成10年	・ボールゲーム ・鬼遊び	・バスケットボール型ゲーム ・サッカー型ゲーム ・ベースボール型ゲーム （バレーボール型ゲームなどその他の運動を加えて指導することができる）	・バスケットボール ・サッカー ・ソフトボール又はソフトバレーボール （ハンドボールなどその他の運動を加えて指導することができる）
平成20年	・ボールゲーム ・鬼遊び	・ゴール型ゲーム ・ネット型ゲーム ・ベースボール型ゲーム	・ゴール型 ・ネット型 ・ベースボール型

【中学校】

昭和53年	バスケットボール サッカー	バレーボール	
平成元年	バスケットボール 又はハンドボール サッカー	バレーボール 卓球・テニス・バドミントン	ソフトボール
平成20年	ゴール型	ネット型	ベースボール型

きることや、高学年に「ソフトバレーボール」が導入されたのは大きな変化であったと言える。また、「ベースボール型ゲーム」から「ソフトボール」という繋がりも学年段階による発展を意識したものとして理解できる事柄であった。

なお、一般にその戦術的側面からみた場合、バスケットボールとサッカーは同じ分類群に含められるが、ここではおそらく、ボールを操作するその仕方（手を使うのか足を使うのか）の観点を身体の全体的な発達という視点から重視するとともに、「ボール投げゲーム(低学年) → バスケットボール型ゲーム → バスケットボール(ハンドボール)」、あるいは「ボール蹴りゲーム(低学年) →

サッカー型ゲーム → サッカー」といった発展の流れを明瞭にし、強調したいところから、これら2つを区分する内容構成を採用していたもの推測される。

いずれにしても、特に先の「○○型ゲーム」という内容表記は、多様な素材選択や教材づくりといった単元や授業構成における教師の柔軟な対応可能性の拡大を意味していると言ってもよいが、本質的には、特定の種目群に共通な戦術的内容に学習のターゲットを置くこと、つまり、「素材」（種目）と「教科内容」（学習内容）の関係のあり方を示唆していたと考えられる。すなわち、ゲームの本質的な面白さや学習内容の中核をより鮮明にしていくために、「素材主義」（種目主義）的な発想からの脱却が意図されていたと言ってもよい（ここで、素材主義とは、ゲームを教えると言うことは歴史的・社会的に継承されている個別の特殊なスポーツ種目をできるだけそのままの形式において伝え・教えることだと認識している考え方として理解しておく）。

[2] 2008(平成20)年の学習指導要領

このような経緯を踏まえ、2008（平成20）年の学習指導要領では、さらに大きな変更が加えられた。小学校低・中学年は「ゲーム」領域、高学年は「ボール運動」、中学校以降は「球技」という領域構成やその学年段階は継承されながらも、特に、小学校中学年以降の下位領域構成において、「ゴール型」「ネット型」「ベースボール型」が中学校・高等学校まで共通に設定されたことは最も重要なポイントであった。まずはこのことをどのように理解すべきなのかが非常に大切であろうと考える。

このような新しい下位領域内容の構成は、学校体育のカリキュラムにどのようなボール運動の素材を選択するのかに指針を与えるフレームワークとして、世界的に浸透しつつあるボール運動の分類論的発想に依拠しつつも、ここ30年ほど、我が国の体育の考え方を支えてきた「運動特性論」的視点をどのように解釈し直すのかという問題と結びついている。

例えば、小学校学習指導要領解説体育編では、低・中学年の「ゲーム」について、「これらの運動は、勝敗を競い合う運動をしたいという欲求から成立した運動であり、主として集団対集団で競い合い、仲間と力を合わせて競争することに楽しさや喜びを味わうことができる運動である」とし、高学年の「ボール運動」に関しては、「これらの運動は、ルールや作戦を工夫して、集団対集団の攻防によって競争することに楽しさや喜びを味わうことができる運動である」と記述している。この説明は、我が国の「運動の教育」の考え方の1つの

あり方としての「楽しい体育論」の理論的支柱になってきた運動の「機能的特性論」の観点からみたボール運動系の理解を継承している。つまり、ボール運動を「競争」の楽しさを探究する領域として位置づける考え方である。

ただし、ボール運動系の下位領域構成の導入によって次のように説明されるようにもなっている。「ゴール型は、コート内で攻守が入り交じり、手や足などを使って攻防を組み立て、一定時間内に得点を競い合うこと、ネット型は、ネットで区切られたコートの中で攻防を組み立て、一定の得点に早く達することを競い合うこと、ベースボール型は、攻守を規則的に交代し合い、一定の回数内で得点を競い合うことを課題としたゲームである」[*3]と。これは、「競争」とは、「課題の達成」の競い合いがその内実になっていることを説明したものである。さらに言えば、「課題の創られ方の違いこそが『楽しさ』のあり方の相違」を生み出していることを意味している。「課題の創られ方」というのは運動の「構造」であろう。つまり、「楽しさ」という「機能」は「構造」から生成されるのである。ここには、「機能」と「構造」を背反的に位置づけて理解する傾向のあったことを再考する視点が与えられていると言ってよい。

なお、現行の学習指導要領では、発達段階のまとまりを重視し、指導内容の明確化・体系化が課題として認識される中で、ボール運動系では特に、「指導内容」における「技能」の観点において、「ボール操作」および「ボールを持たないときの動き」の側面から構成されるようになっている。このうち、「ボールを持たないときの動き」の内容が導入されたのは、ボール運動系の学習指導において大きな前進であったと評価できるであろう。

例えば、小学校学習指導要領の解説では、「ボール操作」は「シュート・パス・キープ（ゴール型）、サービス・パス・返球（ネット型）、打球・捕球・送球（ベースボール型）など、攻防のためにボールを制御する技能」として、また、「ボールを持たないときの動き」は、「空間・ボールの落下点・目標（区域や塁など）に走り込む、味方をサポートする、相手のプレーヤーをマークするなど、ボール操作に至るための動きや守備にかかわる動きに関する技能」として説明されている。

[3] 中学校の領域内容構成

中学校では、昭和53年までバスケットボール、サッカー、バレーボールがその中心的な素材として取り上げられていた。これら3つの種目は、俗にボール運動における世界の三大教材と言われてきたものに一致していた（因みに筆

者は、これ以前の昭和44年の学習指導要領の時代に中学校期を過ごしているが、今でも記憶に残っているのはこの3種目の授業である)。

　平成元年ではこれらの運動種目の枠が大きく広げられている。これはボール運動（球技）領域そのものにおける考え方の変更が存在したというよりも、この学習指導要領から導入された「選択制授業」の影響であると理解してよいであろう。子どもたちの興味・関心に合った運動種目の選択肢を拡大するところに重点が置かれていたと言ってよい。

　ただし、そこで配置された種目の構成を今日的視点から解釈すると、「手でボールを操作するゴール型（バスケットボール・ハンドボール）」「足でボールを操作するゴール型（サッカー）」「連携プレイタイプのネット型（バレーボール）」「攻守一体プレイのネット型（卓球・テニス・バドミントン）」、そして「ベースボール型（ソフトボール）」といった理解が可能である。しかしながらこの時点では、ボール運動の分類的な発想がその基底に据えられていたとは言えないであろう。

　さて、中学校の「球技」においても小学校からの連続性の中で、現行の学習指導要領では3つの類型の下位領域が設定され、2学年までの必修段階では原則的に「ゴール型」「ネット型」「ベースボール型」をすべての生徒が履修することになっている。

[4] 求められた「やさしい教材づくり」——ゲームの修正

　さて、先に「『楽しさ』という『機能』は『構造』から生成される」と述べたが、もともとスポーツは基本的に大人が楽しむために大人が生み出してきたものであって、子どもたちに「本物のスポーツ学習」「本物のボール運動の学習」を提供しようとするなら、子どもたちにとって相応しい教材づくりが求められる。つまり、大人のスポーツの修正が不可欠となる。

　現行の学習指導要領もこの点について強調していることを改めて確認しておきたい。表1-2は、小学校および中学校の学習指導要領の「解説」において記述されているゲームの修正の視点を整理したものである[3,4]。総じて、「やさしい教材づくり」の必要性を押し出していると考えてよいであろう。

表1-2 学習指導要領解説の中で強調されているゲームの修正

中学年	易しいゲーム	「簡単なボール操作で行える、比較的少人数で行える、身体接触を避けるなど、児童が取り組みやすいように工夫したゲーム」
高学年	簡易化されたゲーム	「ルールや形式が一般化されたゲームを児童の発達の段階を踏まえ、プレーヤーの数、コートの広さ（奥行きや横幅）、プレー上の制限（緩和）、ボールその他の運動用具や設備など、ゲームのルールや様式を修正し、学習課題を追求しやすいように工夫したゲーム」
中学校第1・2学年	工夫したゲーム	○ゴール型 「ゴール前の空間をめぐる攻防についての学習課題を追求しやすいようにプレイヤーの人数、コートの広さ、用具、プレイ上の制限を工夫したゲーム」 ○ネット型 「空いた場所への攻撃を中心にラリーを続ける学習課題を追求しやすいようにプレイヤーの人数、コートの広さ、用具、プレイ上の制限を工夫したゲーム」 ○ベースボール型 「易しい投球を打ち返したり、定位置で守ったりする攻防を中心とした学習課題を追求しやすいようにプレイヤーの人数、グラウンドの広さ、用具など、プレイ上の制限を工夫したゲーム」

[5]「やさしい教材づくり」の必要性の論拠
──ボール運動の授業づくりの前提

　さて、「なぜ、やさしい教材づくりが求められるのか？」……これについて筆者が現行の学習指導要領の改訂以前から、ボール運動の授業づくり、教材づくりの前提となる課題認識として指摘してきたことを再論しておきたいと思う。特に以下の4つの側面からである。[*5]

---
①学習者の要因　（ボールを操作する技能や動いてくるボールへの対応の難しさ）
②授業時間の要因　（一定の限定された単元時間の中で求められる学習成果）
③ボール運動の指導論の要因　（戦術中心のアプローチなど）
④体育授業に共通な要因（知識、思考・判断の強調、仲間づくりの課題）
---

❶学習者の要因

　まず、近年における顕著な「子どもの運動能力（運動技能）の低下、運動経験の欠落傾向」に視線を向ける必要があろう。特に、運動技能の習得の基礎になる時・空間的な身体感覚の未発達の問題が横たわっている。

　例えば、子どもの投能力（遠投能力）の低下が伝えられて久しいが、一般にボールを捕ったり投げたりすることが苦手な子どもたちが急増していることは多くが認めるところであるのは間違いない。中学生くらいになっても、ボールを投げる際に、利き手と同じ側の脚が前に出てしまうような女子生徒の姿は珍しいものではない。また、動きの詳細を眺めてみた場合、肘を体よりも後ろにテイクバックできない子ども、手首のスナップが使えていない子どもも目立っている。

　加えて、動いてくるボールに自己の身体を合わせることが上手くできない子どもたちが多いのも現状である。ボールの落下点を予測し、その下に入ることや、バウンドしてくるボールの軌道を感じ取って、それに対応することが求められるような運動では、それらに必要な感覚的世界を豊富に経験していない子どもたちにとって非常に難しい課題になると言ってよい。

　また、ボール運動は子どもたちの興味・関心も一般に高く、最も好かれる傾向にある運動領域であろうが、これまでも指摘してきたように「判断的な行為」と「技術的な行為」を同時に要求される難度の高い対象である。したがって、複雑な判断が求められるゲーム、高度な運動技能が課題となるゲームを授業において提示しても、ゲームの本質的な面白さを味わえないばかりか、子どもたちにフラストレーションを起こさせてしまうことになりかねない。

　さらに、「子どもの相互交渉能力（コミュニケーション能力）の低下」が重要な問題点になっている。ゲームにおけるチームの集団的達成に向けた課題解決のプロセスの中で、「受容的・肯定的関係」をいかに創り出すことができるかどうかが子どもたちの人格形成にとっても重要な課題になる。ここでも同じように、授業において取り組むゲームが複雑なものであれば、ゲームについての理解を共有していくことは実際のところ非常に難しいものになってしまい、メンバー同士の意味ある豊かなコミュニケーションはほとんど成立しないで終わってしまう可能性が高い。このことは後述する、ボール運動と「仲間づくり」の問題と大いに関係している。

❷授業時間の要因

　1998年の学習指導要領において、それまで週3時間、年間にして105時間

確保されていた体育授業の時数は90時間に縮減された。2008年の改訂によって、小学校の高学年を除いて授業時数の増加をみたが、依然、限られた時間の中でどのような成果をいかに求めるのかが非常に重要な課題として立ち現れている。

　例えば、小学校におけるボール運動のある1つの単元に費やせる時間はおよそ7～8時間、多くても10時間程度であろう。この限定的な時間の範囲内において学習成果をいかに保障するのかが問われていると言える。子どもたちが単元の初めに新しいゲームと出会い、そのゲームのルールや用具に慣れ、また新たなチームのメンバーと人間関係を生み出しながら達成されるべき課題を理解し、課題解決の見通しを持てるようになるまでに通常では4～5時間程度必要であろう。ゲームの真の面白さを味わえるようになる、その入り口に立つまでに相応の時間がかかるのである。

　そのことを前提にすれば、授業において子どもたちの「自発的」活動は大いに尊重されなければならないが、「自発性」の名のもとで、子どもたちに「徒労と過大な要求」を突きつけるだけで終わってしまう授業からは脱却していく必要がある。そこではまさに教師の多面的な「指導性」が問われており、特に学習成果を生み出すことに向けての教材づくりは、授業前に発揮される教師の指導性の不可欠な側面であると言える。その意味で、単元の中でそのゲームのパフォーマンスを確実に高めうる、子どもに適合した教材の開発・選択が極めて重要なのである。

❸ボール運動の指導論の要因

　現行の学習指導要領の特徴にみられた「ゲームの類型」の考え方、またボール操作の問題に加えて、「ボールを持たないときの動き」が指導内容として強調されたこと、さらには「ゲームの修正」が大いに推奨されたことの背景には、欧米圏にみられる「戦術中心の学習指導論」である「理解のためのゲーム指導論」(Teaching Games for Understanding＝TGfU) の理論的動向の摂取が読み取れる。

　加えて、学習指導要領における指導内容の「技能」の側面に関わって、「特定の種目固有の技能ではなく、攻守の特徴や『型』に共通する動きや技能を系統的に身に付けていくことが大切である」[*6]とする記述からは、アメリカの「戦術アプローチ」（特にそこでの「テーマ・アプローチ」）との理論的接点を見出すことができる。戦術アプローチにおいては、少なくとも小学校段階においては、バスケットボールやサッカー、バレーボールといった「個別の種目」では

なく、「共通の戦術的課題を有する種目群の類似性」にこそ学習内容の中心を置くべきとの主張がなされているからである。[*7] そこでは、特定の種目の技能的側面を個別的・絶縁的に教えても発展性のないこと、また、技能学習には非常に時間がかかることが指摘され、戦術学習は種目群の転移を生じさせること、さらにその学習を中核に据えることがまさに可能であり、望ましいことが強調されている。そこでは共通の戦術的課題を有する種目群を分類するフレームが示され、その共通する課題をクローズアップする修正されたやさしいゲームづくり（教材づくり）が不可欠な手順として意識されている。

またさらに、「戦術学習」を強調するとすれば、これまでのボール操作に関わった「技術ベース」の授業への反省を促すことは必至である。そこでは当然ながら、「ボール操作の技能」(on-the-ball skill) を大切にしながらも、ゲームの中でその大半を占める「ボールを持たないときの動き」(off-the-ball movement) が大いに強調されている。つまり、ボールを持っているときと同様に、またそれ以上に、ボールを持たないときの状況「判断」行為の重要性が浮き彫りにされることになり、ゲームの中での認知や思考を大切にする授業づくり、教材づくりの探究が課題になると言える。

ここで取り上げた「戦術中心の学習指導論」の考え方については、次のパートで改めて触れることにする。また、ゲームにおける「判断（意思決定）」の重要性についても同時に記述してみたいと思う。

❹体育授業に共通の要因
■体育の学習内容としての「知識、思考・判断」

1998年の学習指導要領では、体育の指導内容の枠組みに大きな変化があった。それは、「技能」「態度」に加えて、新たに運動の「学び方」の柱が設定されたことである。「学び方」とは、すべての子どもたちが運動の楽しさに触れることができるように、運動学習の進め方を主体的に考えたり、工夫したりして、めあてを持って学習していくことであり、「目標を設定する、課題を選択する、活動を決定するといった学習の過程」を意味するものと捉えられてきたと言ってよい。ボール運動の領域では、これが特にチーム（グループ）学習として現れる。ここで、チームの目標や課題を明確にしたり、練習を工夫したりする前提には、当然ながらそこで取り組んでいるゲームについての認識を高めていくことが求められる。「学び方」というのは、授業における「認識」領域の1つの次元を担うものであり、そこで学んでいるゲームについての「対象的な知」との関係において機能するものであろう。しかしながら、考え合ったり、

工夫したりしたことがゲームで実現しないようであっては「学び方」のよさが発揮されないで終わってしまう。また、子どもたちにとっての課題が鮮明にならない複雑なゲームでは自ずとチーム意識の高まりもみられないであろう。この意味でも解決すべき戦術的課題が子どもにとってわかりやすく、子どもの持っている力量や努力の範囲で達成可能なやさしい教材を生み出し、選択する必要性があるのである。そのことはチームのメンバー間における肯定的・受容的な関係を生み出していくという視点からみれば、次に取り上げるゲームの認識を媒介とした仲間づくりと密接不可分に結びついていることを強調すべきであろう。

　つまり、「学び方」の強調というのは、総じて、ボール運動では「ゲームについてわかること」を大切にすることであると言ってもよい。実際、「ゲームについてわかること」なしに、何を考え、何を工夫し、どんなめあてを持つことができるのであろうか。そしてまた、自分たちの学習活動をどんなふうに自己評価・相互評価できるのであろうか。大いに疑問である。

　さて、2008年の学習指導要領では、この学習内容の領域は、「知識、思考・判断」（小学校では「思考・判断」）として、認識的な学習の意味合いが明確化されたと言ってよい。このような動向を踏まえれば、ボール運動系の学習において、子どもたちの認識的学習のよさが反映される「やさしい教材づくり」というのはこれまで以上に必要不可欠な課題になるものと考えられる。

■ボール運動と「仲間づくり」

　ボール運動は戦後初期以来、「民主的態度」（仲間づくり）の目標と密接に結びつけられてその教育的価値が評価されてきた歴史がある。特に、1953（昭和28）年の学習指導要領はそれが顕著であったと言える（「民主的態度」の目標は「団体的種目」での「子どもの主体的な問題解決学習」の中で育成していくことが推奨され、これはそれ以降、「B型学習」から「グループ学習」への発展を導く契機となった経緯がある）。ただしその後、「体力づくり論」の台頭や、「楽しい体育論」における学習の「個別化・個性化」の論調の中で、この目標は影を潜めてきた状況にあったと言ってよい。さらに、実際、仲間づくりの目標実現に向けた具体的な努力が払われてきたかについては非常に疑わしいところがある。

　このような経過を考えた場合、1998年の学習指導要領において最も重要なテーマの1つとして掲げられ、現行のそれでもより一層強調されている「心と体の一体化」を求めた体育理念は、この問題に対して新たな光を当てようとするものであり、仲間と豊かにかかわった体育学習が大いに期待されていると言

ってよい。

　しかしながら、仲間づくり（人間関係・社会性育成）への視点を大切にするという理念を掲げただけでは「絵に描いた餅」でしかない。当然ながら、集団的に活動するボール運動をしさえすれば仲間づくりができるというものではない。ここでは、先に記述した「戦術学習」の視座をこの「仲間づくり」の課題と絡めて考えていくことが必要であることを表明しておきたい。つまり、「戦術学習」において強調される「ゲームの戦術的課題について理解やその解決の仕方に関する認識」を媒介にしてこそ、チームのメンバーの相互交流を促し、深めることができ、また肯定的で受容的な人間関係を生み出すことができるということである。そうであるとするなら、前記した体育の学習内容としての「知識、思考・判断」の強調の視点とも密接に関わって、仲間づくりの観点からも「やさしい教材づくり」が求められていると言っても過言ではないのである。

[文献]
* 1　文部省（1989）小学校学習指導要領
* 2　文部省（1998）小学校学習指導要領
* 3　文部科学省（2008）小学校学習指導要領解説体育編、東洋館出版社
* 4　文部科学省（2008）中学校学習指導要領解説保健体育編、東山書房
* 5　岩田靖（2005）小学校体育におけるボール運動の教材づくりに関する検討―「侵入型ゲーム」における「明示的誇張」の意味と方法の探究、体育科教育学研究21（2）：1-10
* 6　文部科学省（2010）学校体育実技指導資料第8集・ゲーム及びボール運動、東洋館出版社、p. 5
* 7　Mitchell, S., Oslin, J., & Griffin, L. (2003) Sport Foundation for Elementary Physical Education: A Tactical Games Approach. Champaign, IL: Human Kinetics.

第1章-3

戦術中心の学習指導論に学ぶ

　先に確認したように、現在の学習指導要領におけるボール運動系領域の内容構成やそこでの指導内容の考え方、さらに積極的に推奨されているやさしいゲームの提供などの発想には、欧米圏におけるボール運動の指導理論の影響を見逃すことができない。特に、そこでのボール運動の教材づくりを考えるとき、筆者は欧米圏の「理解のためのゲーム指導論」(Teaching Games for Understanding)の中で提示されている「ゲームの修正論」(modification of games)の考え方に大いに学んできた。ここではそれについての理解を深めるために、まずはその「戦術中心の指導アプローチ」の基本的な立場を前提にして、ゲームの修正論の概略を把握してみたいと思う。

[1] ゲームでのプレイ・パフォーマンスに関心を寄せる戦術学習

　アメリカにおいて戦術中心のアプローチによるボール運動の指導論を展開しているグリフィンらは、1997年に"Teaching Sport Concepts and Skills: A Tactical Games Approach"と題する著書を出版している。この本は、高橋健夫・岡出美則らによって、『ボール運動の指導プログラム──楽しい戦術学習の進め方』として邦訳されているが、その中でグリフィンらが提唱するゲーム指導の「戦術アプローチ」では、「ゲームにおいてプレイすること」に最大の関心を向け、「ゲームでのプレイを理解すること」「ゲームにおいてプレイする能力の向上」が目指されていると言ってよい。彼女らは、「戦術アプローチ」を採用していく教授学的根拠として次の3つを掲げている。

＊

①すべての生徒に大きな関心と興奮をもたらす。とくに、伝統的な技術中心のアプローチは能力の低い生徒の要求を満たすことに失敗してきたが、このアプローチはこれらの生徒の関心を呼び起こす。
②とくに、ゲーム場面で技能を有効に発揮できない生徒の戦術的知識を向上させる。これらの生徒が『何を行うのか』ということについて多くの知識を得ることは、ゲームパフォーマンスを向上させる上で意味のあるステップとなる。
③ゲームでのプレイをより深く理解したり、その理解をあるゲームのパフォーマンスから他のゲームのそれに効果的に転移させる能力を発達させる。そのような能力があれば、プレイヤーは新しいゲームの活動や状況に柔軟に適合できる[*1]。

*

これらの指摘について付言すれば次のような記述ができるものと思われる[*2]。
- 「戦術アプローチ」は、従来の「伝統的アプローチ」に対するオルターナティブ（異なる選択肢）と言える。伝統的アプローチでは、ゲームにおける特定の運動技能の要素の獲得に焦点づけられている。しかしながら、このアプローチではすべての子どもにゲームの面白さを提供することができない。ここでは、運動技能が発揮されるゲームの「文脈的（状況的）性格」が欠如している。
- ゲームパフォーマンスには個別的要素となる運動技能が必要ではあるが、それとともに、ゲーム状況において「何をすればよいのか（what to do?）」、またそれを「どのようにすればよいのか（how to do it?）」についての適切な意思決定がまさに重要である。そこでは、「戦術的気づき(tactical awareness)」に向けての教師の働きかけを通して、子どもたちがよりよくゲームについての理解を深めるといった認識的側面が強調される。そのことが、ゲーム状況における子どもたちの問題解決を容易にし、しかもスキルフルな行為を促進する。特に、ゲームの中で上手く技能を使いこなせない子ども、ゲームに実質的に参加できない子どもにとって、「何を、どのようにすればよいのかについての知識」がプレイを向上させる第一歩として強調される。
- ゲームの基本的な理解は、たとえそこで用いられる個別的な技術が相違しても、類似した種目においては共通している。ここでは、「侵入型ゲーム」(invasion games)、「ネット・壁型ゲーム」(net/wall games)、「守備・走塁型ゲーム」(fielding/run-scoring games)、「ターゲット型ゲーム」(target games) といった4類型のゲーム分類システムが採用されている（表1-3）。

*

この「戦術アプローチ」では、ゲーム状況における戦術的気づきと運動技能

表1-3　ボール運動の分類

侵入型	ネット・壁型	守備・走塁型	ターゲット型
バスケットボール（FT） ネットボール（FT） ハンドボール（FT） 水球（FT） サッカー（FT） ホッケー（FT） ラクロス（FT） スピードボール（FT/OET） ラグビー（OET） アメリカンフットボール（OET） アルティメットフリスビー（OET）	〈ネット〉 バドミントン（I） テニス（I） 卓球（I） ピクルボール（I） バレーボール（H） 〈壁〉 ラケットボール（I） スカッシュ（I）	野球 ソフトボール ラウンダース クリケット キックボール	ゴルフ クロケー ボウリング ローンボウル プール ビリヤード スヌーカー

FT：ゴール、OET：ゴールが開かれた空間になっている、I：道具、H：手
この表はアーモンド（1986）の示した分類にグリフィンらが修正を加えたものである。

（スキルの選択と実行）を結びつけることによってゲーム・パフォーマンスの向上を意図するものと言ってよい。

　そこでグリフィンらの指導論の中では、ゲームの中で解決されるべき「戦術的課題」（tactical problem）を「攻撃」「守備」「ゲームのリスタート」の3つの側面に区分し、またそれらに対応する「ボール操作の技術」（on-the-ball skill）と「ボールを持たないときの動き」（off-the-ball movement）を描き出している。これらは、子どもたちがゲームを理解し、有効に行為できるようになるための基本的なフレームワークである。また、「戦術の複雑さ」（tactical complexity）のレベルに基づいた動き方やボール操作の段階的な構成を試みている。

　実際の授業では、「戦術的課題」に対応する「戦術的気づき」を促すゲーム、戦術に結合させたボール操作の技術習得を目指す練習課題、さらにそれらを融合させたゲームが、いわば下位教材群として設定されている。下位教材とは、この場合、ゲームの全体に対してその要素になる戦術的課題の学習を促すための下位になる教材を意味する。このような意味で、ここでは選択された戦術的課題に焦点を絞った教材・教具づくりに大きな関心が寄せられている。求められる運動の課題性を典型的に抽出し、クローズアップするとともに、子どもの能力に相応しい練習形式やゲームの工夫に力点が置かれていると言ってよい。それらはゲームの参加人数、ボール操作の制限・限定、コートや道具の条件の

工夫といった、課題を構成するルールの改変・修正として具体化されている。

また、これらのゲームや練習の過程では、子どものゲーム理解や戦術的気づきを促していくための教師の「発問」も重要な課題として意識されている。

[2]「戦術アプローチ」のベースに存在する「理解のためのゲーム指導論」

アメリカの「戦術アプローチ」は、グリフィンらも直接指摘しているように、イギリスにおける「理解のためのゲーム指導論」をそのベースとしているが、その主要となる理論的なフレームワークは、「ボール運動（ゲーム）の分類論」「ゲーム指導のステージ・モデル」「ゲーム形式の修正論」「ゲームを用いた授業過程の構成論」、そして「学習成果の評価論」として捉えることができる。

ここでは、とりわけ後述するボール運動の教材づくり論に直接関連する「ゲーム形式の修正論」を問題にしたいと思うが、上記のフレームワークは相互に結びついていることから、その思考の全体的な背景について述べておきたい。

「理解のためのゲーム指導論」（Teaching Games for Understanding = TGfU）はイギリスのラフバラ大学において開発されてきた経緯がある。そこでは、1960年代の中頃、学校におけるゲーム指導がおよそ「技術中心」（skill-based）で行われてきていること、またその成果が芳しくないことを確認していた。そして1968年にソープが「技術中心」の指導から離れ、「技術認識的」アプローチ（technical cognitive-based）に転換し、ネット型ゲームにおいて、空間の利用、攻撃と守備、そして角度などに方向づけられた指導の研究を開始したとされる。さらに、1972年にはバンカーがラフバラ大学のスタッフに加わり、侵入型および打撃・守備型のゲームにおいて類似した戦術の指導ストラテジーを開発していく。さらに、1975年には、カリキュラム開発に強い関心を示していたアーモンドを加え、スタッフ間の交流と学校を基礎にしたアクション・リサーチを通して、「侵入型」「ネット・壁型」「守備・走塁型」、および「ターゲット型」の4類型からなるゲームの分類論が提唱されるようになる。[*3]

このような過程で、「理解のためのゲーム指導論」の輪郭が定まってくるのは、1982年にバンカーとソープが提示したゲーム指導における「6ステージ・モデル」によってであったと言ってよいであろう（図1-3）。

このモデルの基盤をなす彼らの主張の大要は以下のようであった。[*4]

*

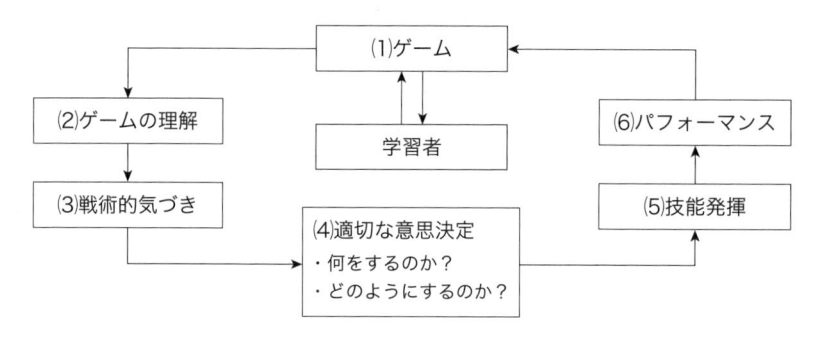

```
          ┌──────────→ (1)ゲーム ←──────────┐
          │              ↑↓                │
     (2)ゲームの理解    学習者         (6)パフォーマンス
          │                                ↑
     (3)戦術的気づき                   (5)技能発揮
          │         (4)適切な意思決定        ↑
          └──────→ ・何をするのか？ ────────┘
                    ・どのようにするのか？
```

図1-3　ゲーム指導の6ステージ・モデル（バンカーら、1982）

　現在のゲーム指導は、運動技術に強調点を置いた授業になっているか、あるいはゲームの面白さを支えるために、授業そのものを子どもたちに委ねているものとなっている。そこでは、パフォーマンス、すなわち「すること」（doing）に強調点が置かれているため、多くの子どもたちはほとんど成功を得ていない。多くの学校では、ゲームについて「知ること（わかること）」（knowing）を等閑視している。そのため、そこにおいて育てられている「技能を持った」プレイヤーとは、実のところ柔軟な技術を有しておらず、また意思決定の能力も貧困である。

　また、ここには教師養成における問題も存在する。さらに、レジャー社会においてスポーツが重要な楽しみごとになっている時代に、「考える」観衆や「わかっている」管理者を育成することに失敗している。

　体育のプログラムの中で、ゲームの指導に多大な時間が費やされているのにもかかわらず、ゲームの指導方法についてほとんど注視してこなかった実態がある。特にゲーム指導にあたっては、体育カリキュラムにおける他の活動とは異なって、今問題になるのは、「何をすべきか」、また「それをいつするのか」ということであって、「それはどのようになされるのか」ではない。

　伝統的な指導方法は、特定の運動技術に焦点を当ててきたため、ゲームの状況的性格（context nature of games）を考慮することに失敗してきた。バドミントンを例にとれば、子どもたちがゲームの中での運動技術の意義を理解しないうちに、オーバーハンド・クリアといったショットの仕方が指導されている。いわば、相手をコートのバックに下げることの意味を理解する以前にである。教師には「なぜ」ということを教える前に、「どのように」について教える傾向があるのである。

　しかしながら、もし指導の強調点がゲームにおける戦術的思考に移され、子どもたちが戦術的気づきに基づいた正しい意思決定行為を支援され、促されるならば、子

どもたちはゲームを面白いもの、楽しいものとして理解できるであろう。この時点においてこそ、子どもたちはゲーム場面において要求される特定の運動技術の必要性をわかっていくのであり、運動技術の学習が正当化される。

＊

彼らの主張の核心は、「パフォーマンスの絶対的なレベルは異なっても、戦術的気づきに基づいてそれぞれすべての子どもが意思決定に参加することができるのであり、それによってゲームの中での面白さや、ゲームへの関与が保たれる」というところに存在している。それはその後、「ゲームの独自性は、そこで用いられる技術に先立った意思決定の過程にある[5]」という指摘に繋がっていく。

ここでは、我が国の教育学あるいは教科教育学において用いられている「学習内容」（教科内容）の概念は明瞭ではないものの、「技術ベース」から「戦術ベース」への発想の転換は、明らかに教え学ぶべき内容の次元の問い直しとその構成の仕方が追究されていると言ってよい。このアプローチは「理解のためのゲーム指導」と呼称されているところからもわかるように、その強調される方向は「認知的アプローチ」と言い換えることもできる。

その学習内容の問い直しは、一方ではゲームの授業の本質的側面に関わる再検討を意味していると同時に、また他方、それはゲームに実質的に参加し、プレイする喜びを味わえない子どもへの働きかけ方の問題でもある。ここではそれらの事柄が表裏一体の問題意識、教授学的思考として位置づいていると解釈できる。

このような「理解のためのゲーム指導論」の考え方を基盤にしながら理論展開されているのが先の「戦術アプローチ」である。ミッチェルやグリフィンらはバンカーらの「6ステージ・モデル」を、このアプローチの基本的な過程の視点から単純化し、図1-4のような戦術アプローチモデルに修正している[6,7]。

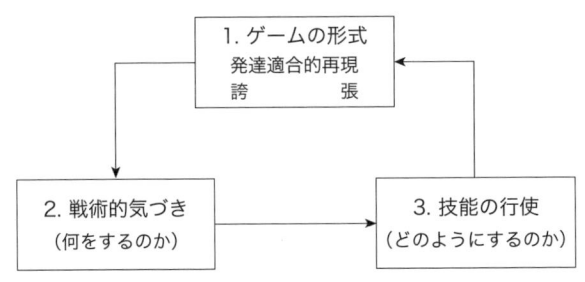

図1-4　戦術アプローチモデル（ミッチェルら、1994）

第1章-3　戦術中心の学習指導論に学ぶ　27

そこでは、「戦術的気づき」と「技能の行使」の結合を含んだものを「ゲーム・パフォーマンス」として捉え直している。つまり、バンカーらの示した「適切な意思決定」のうち、「何をするのか」についての判断・認知を「戦術的気づき」とし、また「どのようにするのか」の問題を「技能の行使」として整理して[※1]、そこでの「戦術的気づき」を次のように規定している。
　「戦術的気づきとは、ゲームの進展の中で生起する課題を見極め、その課題の解決に必要な技能を選択する能力である」[※8]

[3] ボール運動の教材づくりへの示唆——ゲーム修正論

　ところで、この戦術中心の指導の発想を実際に実現していくためには、まさにこのような学習を可能にしていくための、子どもに相応しい教材づくりが不可欠となる。そこから「ゲームの修正」(modification of games) という課題が提示されてくることになる。
　さて、ゲーム指導の「戦術アプローチ」を展開しているミッチェルらは小学校におけるボール運動について、「ゲーム指導のテーマ・アプローチ」(thematic approach) という考え方を提示している[※9]。そこでは、サッカーやバスケットボール、あるいはソフトボールといった個別の種目ではなく、類似した種目（ゲーム）間に共通した戦術的課題（類似したゲーム群の特性として理解できる戦術的課題）を学習内容の中心に据えた指導法を展開している。ここでの「テーマ」とは、共通した戦術的課題を有するゲームの分類枠（前述した4類型の分類）を意味している。この中では、個別のゲームの特殊的なボール操作技能のみに着目するのではなく、共通した戦術的課題の解決の学習をクローズアップし、中核的な学習内容として設定していくことが強調される。
　例えば、「侵入型ゲーム」では、パスやその捕球、サポート行動によってボールをキープすることが重要な課題となり、その学習はサッカー、バスケットボール、ハンドボール、ホッケーなどの類似したゲーム間において転移し、ゲームの戦術的理解が保持されるという主張が支持されている。その背景には、技能学習には相当な時間が必要であって、カリキュラム上において十分な学習成果が上がらないのに対し、戦術的学習の発展は可能であり、望ましいとの認識が存在している。
　そして、このようなテーマ・アプローチにおける教材開発 (development of instructional materials) では、まずもって小学校段階に相応しい戦術的課題の抽出・設定が重要であり、その戦術的課題の解決の仕方が、①意思決定、

28

②ボールを持たないときの動き、③ボール操作技能の選択と行使として示されるべきで、これらが「ゲーム授業における学習内容」(content of games instruction) を意味することが指摘されている。これは、教材づくりの前提となる学習内容の検討を示したものであるが、逆に言えば、子どもに学習させようとする内容は、教師が教材としてのゲームに課す条件 (game condition) によって引き出されるということである。つまり、子どもの発達段階に相応しいゲーム修正、また、学習してもらいたい内容をクローズアップできるようなゲームの修正が必要であることを意味している。ここに、「ゲーム修正」の視点やその方法論についての理論的・実践的研究の必要性が立ち現れてくる。

　この点でもう一度、「理解のためのゲーム指導論」において提供されている情報を掲げてみたい。

　エリスは、「ゲーム修正」について以下のように述べながらその視点について提案している[*10]。

＊

　ゲームのプレイ能力を向上させるために多くの論者がゲームの修正について推奨してきている。それらはミニ・ゲームの形式（Sleap）であったり、正式なゲームを参加者に相応しいものに改変すること（Morris, Lenel）を意味したり、あるいはプレイの過程にある気づきや戦術がその中で学習され、理解される構造を提供するための手段（Thorpe & Bunker）とされている。しかしながら、そのような修正の手続きの十全な意味を理解しないで修正をほどこしている多くの教師がいることも事実であるし、また勿論、ゲームを教える中でまったく修正の形式を利用していない教師も多い。そのような教師にとっては以下のリストを読むと有益であろう。

　次に示すものは考えうる修正の例である。リストは包括的なものとはなっていないが、読者に他の可能性を考えるための刺激になるであろう。

＊

　エリスは、「未熟なプレイヤーのために、特定の行動を促進、誇張、統制、排除していくゲーム修正」として以下の項目を掲げている。

---

(1)子どもや、体格の小さなプレイヤーのためにより適切な道具を提供する。
(2)より相応しいプレイおよびターゲットのエリアを提供する。
(3)学習やプレイのための安全な環境を提供する。
(4)ゲームの技術的な要素の練習機会を最大限に提供する。
(5)戦術的な気づきによるプレイ能力の向上を促進する。
(6)協力やチームワークに向けての機会を増大させる。

(7)成功や達成度を知る機会をより多く提供する。
(8)ゲームでの負担を軽減する。
(9)ゲームをスピードアップさせる。
(10)プレイヤーの能力や体格によるゲームの優位性を減少させる。
(11)特定の側面によるゲームの優位性を減少させる。
(12)ゲームの全体像のよりよい理解を保障する。

　これらの項目は、ゲーム修正の視点をかなり網羅したものであり、その方法論に具体的示唆を与えるものであるが、それらはいわば列記的性格に留まっていると言える。これらのゲーム修正の意味を、その中心的な骨格において捉え、その教授学的「機能」において示しているのがソープらによるゲーム修正論である。

　バンカーらは、先の「6ステージ・モデル」を提示した際に、子どもによって取り組まれるべきゲームについて、「子どもの年齢や経験に応じた多様なゲーム形式」の必要性を掲げていたが、そこでは、「ゲームの中に含まれる課題を子どもたちに提示しようと試みる際には、コートやそのゲームに参加する人数、そしてゲームで使われる用具について注意深く配慮することが重要である」ことを指摘し、「適切なゲーム場面が提供されれば、…（中略）…　そのミニ・ゲームは大人のゲームに近似的なパターンを生み出すことができる」ことを強調していた。[11]

　さらにその後、ソープらはカリキュラムを考える過程での「4つの原理」[12]を提示している。それらは次のように示されたものであった。

1. サンプリング（素材の抽出・選択）
2. 修正─発達適合的再現（representation）
3. 修正─誇張（exaggeration）
4. 戦術の複雑さ

　ここでの「サンプリング」というのは、多様なボール運動（ゲーム）をその戦術的構造の視点から先のような4類型に区分けした分類群をフレームワークにしつつ、カリキュラムの中でどのようなゲームを選択するのかについての問題領域である。我が国で言えば、「素材選択」のレベルを意味する。また、「戦術の複雑さ」は、これらのゲームのカリキュラムにおける配列に示唆を与えるものとして理解できる。そして、ゲームの「修正」についての部分がまさに「教材づくり」の原理を指している。

　ソープらはこのゲーム修正の課題について、次のような段階を指摘している

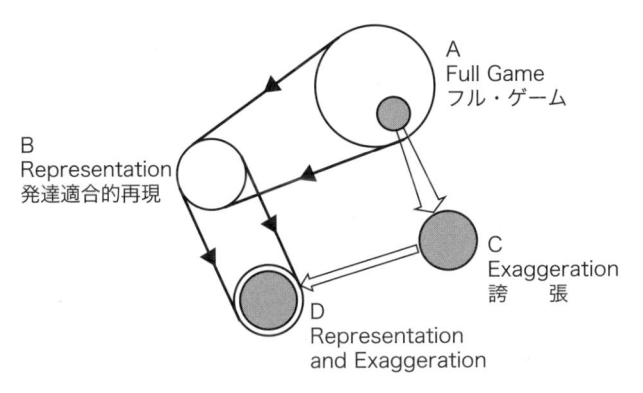

図1-5 ソープらによるゲーム修正の段階（1986）

（図1-5）。

＊

A：フル・ゲーム……すべての固有な技術や戦術を備えた、大人によってプレイされるゲーム。例えば、テニスのダブルス。
B：発達適合的再現……大人のゲームの戦術的な複雑さのほとんどを保持しつつも、子どもが技術的・身体的に未熟なために遭遇する問題を軽減するゲーム。例えば、ショートテニス、ダブルス。
C：誇張……フル・ゲームの基本的なルールを保持しつつも、問題になる戦術的課題を誇張するように修正されたゲーム。例えば、ダブルスのコートで行うシングルスは、横方向のバランスをとる必要性を誇張することになる。
D：BとCの融合……子どものゲームへの導入段階では、多くの場合Bおよびcの両方が操作されるであろう。技術的な未熟さが認識され、戦術的課題は単純化されなければならない。ショートテニスのコートを広くすることは、Cと同様の課題を誇張することになる。

＊

「発達適合的再現」（representation）とは、「大人のゲームと同じ戦術的構造を有しながらも、子どもの体の大きさや、年齢、能力に適合したプレイが展開されるようなゲームを開発する[*12]」ことを意味している。「同じ戦術的構造」とは、そのゲームにおいて、同じ原理、課題が適用されることで、その「本質的特性」（essential character）が維持されることを指している[*12]。それは、そのゲームの本質的な「魅力[*13]」として理解されるものである。多くの場合、コートの広さや、用具の工夫を伴いながら、ゲームの人数を減少させていくといっ

た「ミニ・ゲーム」化が図られていくと言ってよい。

　ここでの「発達適合的再現」という訳語はやや堅苦しい表現ではあるが、それは大人のゲームに含まれている基本的構造を、子どもの発達段階に合わせた修正ゲームの中に再現することを意味している。つまり、大人によってプレイされるフル・ゲームの中に包み込まれている面白さを、子どもの体格や技能水準に合わせた規格のゲームにおいて味わわせようとするものであると理解できる。

　しかしながら、このような「ミニ・ゲーム」の範囲内においては、依然として大人のゲームの持つ戦術的な複雑さをそのまま持ち込むことになる。例えば、コートを小さくし、そこで用いられる道具をやさしくしても、そのゲームの中で要求される状況判断の課題性は子どもにとっては難しいままである。つまり、発達適合的な修正によって、特に大人のゲームに要求される運動技能的な課題性を緩和したとしても、ゲームの中で同時に行わなければならない状況の判断に基づく意思決定の側面が子どもにとっては複雑なまま残されることを意味する。したがって、ソープらは、「もし、ミニ・ゲームが真に大人のゲームを発達適合的に再現しているとすれば、学習者にとってはその問題解決は難しい」[*12]とし、また、「伝統的なゲームは大人によって大人のために創られてきたものであって、ゲームに参加する人数を減少させた『ミニ・ゲーム』は、子どもが真にそのゲームを理解するには十分ではない」[*13]という認識を示している。

　そこで、子どもたちが探究すべき戦術的なポイントが「誇張」（exaggeration）されるようなゲーム形式が追究されることになる。「誇張」による修正では、そのゲームに本質的形式を与える「基本的ルール」（primary rules ＝ 例えば、サッカーで言えば、ゴールキーパー以外はボールを手で操作してはならず、そしてゴールにボールを進ませて得点しなければならない、といったようなルール）を前提にしながらも、そのゲームの中で解決を求める戦術的内容が誇張されるように、フル・ゲームのものとは異なる「副次的（補助的）ルール」（secondary rules）が導入される[*12]。

　このような指摘から「誇張」の方法的意味を解釈すれば、子どもたちが取り組むゲームの中で中心的に探究してもらいたい戦術的課題を積極的にクローズアップしたり、焦点化させたりすること、あるいは、そのゲームの中で要求されるところの、子どもにとっては複雑で難しい状況の判断についての選択肢を減少させていくことの大切さが理解できる。

　したがって、教師には「戦術的内容を誇張する適切なゲーム修正を選択し、なおかつその修正をフル・ゲームに類似させるように組み込む能力」[*12]が求めら

れることが強調され、まさに教師の教材づくりの必要性とその大切さが指摘されているのである。

　そしてソープらは、「結局、もしゲーム教育において強調されるべき中心的なテーマが、どのようにゲームでプレイしたらよいのかについての理解を育んでいくことにあるとするなら、どのようなゲームが選択されようとも、そのゲームはこの理解の発達を考慮するように修正されるべきことは言うまでもない」[*13]と指摘している。これについては、「戦術アプローチ」を主張するミッチェルらも、「戦術的気づきに向けての指導がなされる場合、ゲーム形式の本質的なアスペクトは、子どもの戦術的思考を促すようにゲームが修正され、条件づけられるべきだというところにある」[*6]と指摘しているのである。

[注]
‡1　ここでは特に、「戦術的気づき」と「意思決定」の関係については、より慎重な検討が必要であろうことを指摘しておきたい。「意思決定」はゲーム場面での判断を意味し、「戦術的気づき」はその判断の拠り所となるプレイ上の課題解決に関する認識（知識）であるとすれば、これらは相互に区別しておく必要があるであろう。例えば、教師の発問を通して子どもに学習させられるのは「意思決定」そのものではなく、「戦術的気づき」であろうからである。厳密に言えば、「意思決定」はゲーム場面での「能力」なのであり、その能力を高めるための認知的な学習内容が「戦術的気づき」であると捉えるべきであるかもしれない。

[文献]
*1　Griffin. L., Mitchell. S., & Oslin. J. (1997) Teaching Sport Concepts and Skills: A Tactical Games Approach. Human Kinetics. pp. ix〜16.　高橋健夫・岡出美則監訳（1999）ボール運動の指導プログラム―楽しい戦術学習の進め方、大修館書店
*2　岩田靖（1999）問われる球技の学習内容、学校体育52（5）：38-40
*3　Werner, P., & Almond, L. (1990) Model of Games Education. Journal of Physical Education, Recreation & Dance 61(4): 23-27.
*4　Bunker, D., & Thorpe, R. (1982) A Model for the Teaching of Games in Secondary School. Bulletin of Physical Education 18: 5-8.
*5　Thorpe, R., & Bunker, D. (1986) Is There a Need to Reflect on our Games Teaching? In Thorpe, R., Bunker, D., & Alomnd, L. (Eds.), Rethinking Games Teaching. Loughborough: University of Technology. pp. 25-34.
*6　Mitchell, S., Griffin, L., & Oslin, J. (1994) Tactical Awareness as a Developmentally Appropriate Focus for the Teaching of Games in Elementary and Secondary Physical Education. Physical Educator 51(1)：21-28.
*7　Griffin, L., Mitchell, S., & Oslin, J. (1997) Teaching Sport Concepts and Skills: A Tactical Games Approach. Chanpaign, IL: Human Kinetics. p. 15-16.　高橋健夫・岡出美則監訳（1999）ボール運動の指導プログラム―楽しい戦術学習の進め方、大修

館書店、p. 14
* 8 Mitchell, S., Griffin, L., & Oslin, J. (1994) Tactical Awareness as a Developmentally Appropriate Focus for the Teaching of Games in Elementary and Secondary Physical Education. Physical Educator 51(1): 21-28.
* 9 Mitchell, S., Oslin, J., & Griffin, L. (2003) Sport Foundation for Elementary Physical Education: A Tactical Games Approach. Champaign, IL: Human Kinetics.
* 10 Ellis, M. (1986) Modification of Games. In Thorpe, R., Bunker, D., & Almond, L. (Eds.), Rethinking Games Teaching. Loughborough: University of Technology, pp. 75-77.
* 11 Bunker, D., & Thorpe, R. (1982) A Model for the Teaching of Games in Secondary School. Bulletin of Physical Education 18: 5-8.
* 12 Thorpe, R., Bunker, D., & Almond, L. (1986) A Change in Focus for the Teaching of Games. In Pieron, M. & Graham, G. (Eds.), Sport Pedagogy: The 1984 Olympic Congress Proceedings, Vol. 6. Champaign, IL.: Human Kinetics. pp. 163-169.
* 13 Thorpe, R., & Bunker, D. (1997) A Changing Focus in Games Teaching. In Almond, L. (Ed.) Physical Education in Schools (2ed.), Kogan Page: London. pp. 52-80.

第1章-4

「ゴール型」の教材づくりの課題意識とその方向

　「ゴール型のボール運動は、子どもにとって難しい。このことにもっともっと気づくべきである」……かつてこのように指摘したことがある[*1]。この難しさに対して、筆者が試みてきた教材づくりの方法とその背後にある思考について説明してみたい。

[1]　子どもにとってのゴール型の難しさ

　ボール運動は総じて、常にゲーム状況の判断を前提にしながら運動技能を発揮しなければならないことから、どのようなタイプのゲームであっても子どもにとって難しい側面を持ち合わせている。その中でも「ゴール型」では、以下の事柄を大いに意識しておく必要があるであろう。
　それはまず、ゲームの状況判断において、「味方」「相手」、そして「ゴール」の位置といった多くの「契機」（判断の拠り所となるモメント）が包み込まれていることである。例えば、今、攻撃側のボールを持たないプレイヤーであるとすれば、ボールマン（味方のボールを持ったプレイヤー）と少なくとも自分の周囲に存在する相手、そしてゴールとの関係の中で、自分の役割（ボールを繋ぐ、シュートチャンスに飛び込むなど）と位置取りを意思決定しなければならない。まずこのことに大きな課題性が潜んでいると考えられる。
　また、ゲーム展開が非常に速く、常に流動的な様相になることである。そこではゲーム状況の判断の「対象」となる「空間」（スペース）の意味が刻々と変化することも、子どもたちにとっての困難性の前提になっていると考えられる。
　このような事柄の基底にさらに次のような指摘が可能であると思われる。既

存のバスケットボールのゲームを例にとれば、ゴールに対して180度の攻撃空間が存在するが、基本的にはボールをどこに持ち込んでも、どこに走り込んでも自由である。また、ドリブル・パス・シュートの選択もでき、パスにおいても誰を受け手として選び出すかも自由である。

しかしながら、ゲームの中で「何をしたらよいのかわからない」「どこへ動けばいいのかわからない」という子どもたちにとっては、この自由が実は「不自由」を生み出しているのではなかろうか。

[2] ゴール型ゲームの修正の一手法としての「明示的誇張」

今述べたように、「意思決定の契機の多様さ」「空間の流動的な変化」、そしてその根底にある「行動の自由性」が子どもたちにとっての「ゴール型」のゲームの難しさであるとすれば、これらに関わって、特に、子どもたちにとっての「意思決定」を促すよりわかりやすい条件を生み出していくこと、またその行動の選択を意識しやすくすることに向けてゲームの修正を試みていくことがポイントになると考えられる。

さて、何度か指摘したように、筆者はボール運動の授業のコンセプトを「意図的・選択的な判断に基づく協同的プレイの探究」と捉えているが、特に「ゴール型」の授業を構想していくための前提となる「メインゲーム」（単元展開の中で子どもたちが主要に取り組む「単元教材」としてのゲーム）づくりにおいてこれまでいくつか意識的に試みてきた1つの発想は、「誇張」(exaggeration)の視点のバリエーションとしての「明示的誇張」と表現している方法論である（「誇張」とは先に示した戦術中心の学習指導論の中で記述されているソープらの「ゲーム修正」の1つの視点である）。それは、「戦術的課題をクローズアップすることにおいて、子どもの戦術的気づき（判断）に基づいた『意図的・選択的なプレイ』を促進させることに向けてなされる、子どもにとって明瞭な付加的ルールを伴ったゲーム修正の方略」*2,3 を意味している。

そこでは特に、「ボールを持ったプレイヤー」と「ボールを持たないプレイヤー」相互の戦術的気づきを促し、結びつけていくことを意図したゲームの実現形式が問題となっている。おそらく、ここで工夫しようとする「付加的ルール」の挿入については次のような事柄が求められるであろうと考えている。

①子どもにとってわかりやすさを提供するものであること。
②ゲームの戦術的課題の解決に向けて主要な手掛かりを生み出すものであるこ

と。
③また、その手掛かりがチームのメンバーによる認識（戦術的課題についての理解とその解決の仕方に関する認識）の共有を促進しうるものであること。

[3] 子どもたちに課題解決の手掛かりを与える「付加的ルール」

　以下に示した図は、小学校中・高学年を対象に想定して構成した「ゴール型」のゲームのコートを示している。バスケットボール、ハンドボール、サッカーといったシュートタイプの種目を素材にしたものである。前記した「付加的ルール」を「特定のエリア」や「ゴール」、あるいはそれらの複合的な設定・改変によって示し、子どもたちの戦術的思考を促そうと試みている。

　図1-6は、特定のエリアを設定した例としての「セイフティーエリア・バスケットボール」である[*4]。攻撃側がセイフティーエリア内でパスを受けることができれば、守備側に防御されずにエリア内からフリーシュートが打てるルールを挿入している。3対2のアウトナンバーゲームを前提としているため、セイフティーエリアを1つの重要な基点としながら、ゴール下の両サイドを併せた選択的な有効空間の奪取を学習内容の中心に据えたものである。また、図1-7

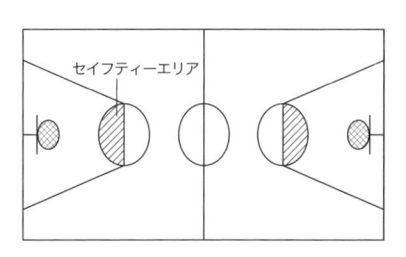

図1-6　セイフティーエリア・バスケットボール

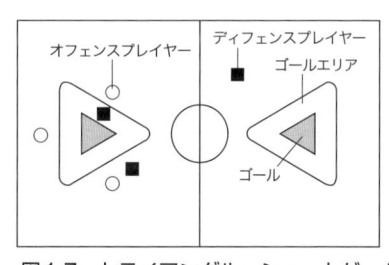

図1-7　トライアングル・シュートゲーム

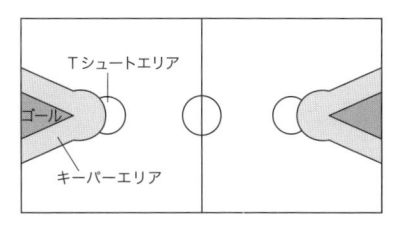

図1-8　V字ゴール・ハンドボール

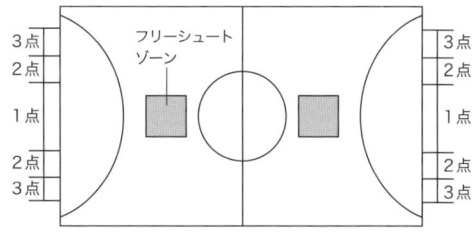

図1-9　ドーナッツボール・サッカー

は、ゴールを3面に修正した「トライアングル・シュートゲーム」であり、これも3対2のアウトナンバー状態で攻撃し、パスを回しながら守備側がマークしていないゴール面を選択・判断してシュートを試みることを促すことを意図している（第2章-2参照）。

図1-8および図1-9は、特定のエリアとゴールを複合的に設定・改変した例であり、前者は、「V字ゴール・ハンドボール（修正版）[*5]」、後者は、「ドーナッツボール・サッカー」である。

それでは以下に、ドーナッツボール・サッカーの具体的な実践事例を取り上げて、「明示的誇張」の意味合いを補足説明してみたい。

（研究協力者：鎌田望・石黒泰之）

[4] エリアとゴールの複合的な明示的誇張 ——「明示的誇張」の教授学的根拠

ここでの「ドーナッツボール・サッカー」は、体育館で行えるように構成した5年生での教材づくり、および授業例である。通常のサッカーの授業におけるボール操作の困難さとそれに起因する戦術学習の不成立から脱却することを意図したもので、体育館のフロアーを滑らせて動くボールを採用して授業実践した最初の例である（真ん中に穴の開いた円盤形のクッションをボールとして利用したため、「ドーナッツボール・サッカー」という名称になっている）。

そこでは、バスケットボールのコートを用い、図1-9に示したように「フリーシュートゾーン」、および得点システムを工夫した広めのゴール（約7m）を設定している。つまり、ゲーム修正における「誇張」の具体的手法として、「特定のエリア」とサイド空間の重要性を誘発させる「ゴール」の工夫を併用したものである。

センターラインで区切ったグリッド方式を適用し、ゴールキーパーをも含めて3対2（フィールド・プレイヤーでは3対1）のミニ・ゲームを採用している。したがって、フロントコートで3人が攻め、バックコートでディフェンダー1人とゴールキーパーが守る方式である。フリーシュートゾーンは、この場所でオフェンス側がパスを受けることができれば、ここからキーパーと1対1でのフリーシュートを打つことができるという設定である。

ところで通常、サッカーのミニ・ゲーム化を図り、小さなコートを考えていく際には、往々にしてゴールも小さくしてしまう傾向にある。その場合、たいていゴール正面にボールを持ち込まなければシュートが決まらず、また、ディ

フェンス側はゴール前さえ防御すれば、失点をほとんど防げる状況を生み出してしまう。これではコートの有効な空間を意図的・選択的に判断していくという、このタイプのゲームの本質的な面白さを削いでしまう。したがって、戦術的思考を促すゲームからは大きく乖離していくことになろう。

そこで、両サイドの空間をゴールキーパーの位置取りとの関係を意識しながら攻撃していく学習機会の増大を意図して、大きなゴールを準備するとともに、ゴール中央よりも外寄りの部分が高得点になる得点システムを導入した。つまり、これらを手掛かりとした選択的な判断行為を促進させ、チームでの戦術的課題の解決の学習をより具体化させたいというねらいである。

なお、円盤形のクッションをボールとして利用したのは、ボールへの恐怖心を取り除くことに加え、ボールをバウンドさせずに、床を滑らすように2次元的に移動させ、ボール操作の運動技能を緩和し、ゲームの中での状況判断を容易にしていくためである。

この単元は8時間扱いで実践されたが、毎時、授業において各チーム5分ハーフ（計10分）のゲームを2回ずつ行っている。ここでは2チームを抽出し、第4時以降、継続的にゲームの攻撃場面をVTR撮影し、ゲーム分析の対象とした。そこで、上記のような明示的誇張の効果に関し、抽出した2チームのゲームにおける攻撃場面の様相を、特にシュートが打たれた地点を3区分して、そのシュート数、シュートの出現率を算出した（表1-4）。「総シュート」は上記の各シュート数の合計であり、括弧内の数値はゴールが決まった数を示して

表1-4　攻撃の回数、およびシュート数・シュート率

		第4時	第5時	第6時	第7時	第8時
攻撃回数		68	88	67	86	86
Fシュート	シュート数 シュート率	41 (28) 93.2%	36 (14) 78.3%	29 (17) 51.8%	12 (8) 36.4%	19 (11) 38.0%
Sシュート	シュート数 シュート率	0 (0) 0.0%	8 (4) 17.4%	19 (10) 33.9%	16 (8) 48.5%	24 (7) 48.0%
その他の シュート	シュート数 シュート率	3 (3) 6.8%	2 (0) 4.3%	8 (1) 14.3%	5 (1) 15.1%	7 (1) 14.0%
総シュート		44 (31)	46 (18)	56 (28)	33 (17)	50 (19)

※「Fシュート」：フリーシュートゾーンからのシュート
　「Sシュート」：フリーシュートゾーンより外側（サイド）からのシュート
　「その他のシュート」：その他（フリーシュートゾーンの前から）のシュート

いる。

　第4時では2チーム合計で68回の攻撃場面が現れ、その中でシュートに持ち込めた回数は44回であり、そのうち93.2％を占めたのがフリーシュートゾーンからのシュートであった。ゲームを理解し始めた単元中盤であったと言えるが、この時点では積極的にフリーシュートゾーンを奪うことがチームの課題として意識されていたことが示されている。

　しかしながら特徴的なのは、その後、フリーシュートゾーンからのシュートの割合は単元の時間を追うごとに減少していき、コートの両サイドから高得点をねらうシュートが徐々に増大していったことである。単元終末ではその割合に逆転が起こっている。

　つまり、単元序盤から中盤では、有利なシュートが実現できるフリーシュートゾーンの奪取が意図的に学習され、時間の経過とともに、ディフェンスの位置取りとの関係で（ディフェンスもフリーシュートゾーンを守るべき重要な空間として意識するため）両サイドも有効な空間として選択的に利用されていったことを示している。このことは、フリーシュートゾーンの優位性を前提にしながらも、サイドのスペースが「判断」の対象として学習されたことを意味している。換言すれば、特定のエリアやゴールの修正がゴール型のゲームの中心的な課題となる有効な空間の奪取に向けての子どもたちの戦術的思考を大いに促進させうる機能を果たしていると解釈できるであろう。

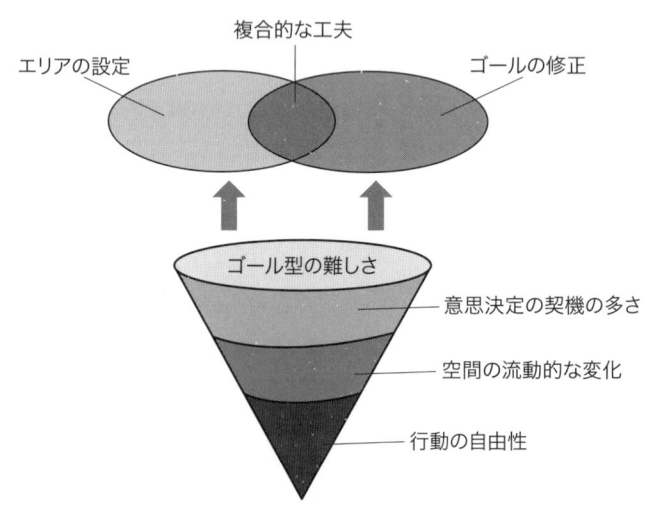

図1-10　ゴール型の難しさと明示的誇張

ここで説明した「明示的誇張」の発想は、より基底的には何を意味しているのであろうか。ゲームでの成功は得点することであり（攻撃側）、それはゴールにシュートを決めることである。この意味では、ゴール型のシュート・タイプのゲームの目指すべきところは子どもにとっても極めて自明であると考えてよいであろう。しかし、そのレベルでの目標の自明性だけでは、この種のゲームの複雑な戦術的課題を解決していくことは難しいのが現実である。そのため、少なくとも小学校段階では、シュートに有効な空間を明示したり、味方との関係でシュートチャンスを選択的に判断する見通しや手掛かりを与えたりすることによって、どのような行動やコミュニケーションをとればよいのかについて集団的に探究させることが中核的な学習テーマに迫るための授業づくりの重要なアイディアになりうるのではないかということである。ここに、「明示的誇張」の教授学的根拠が存在していると言える。

[5] 判断の「契機」の視点からゲームの複雑性を考える

　さて、ゴール型の教材づくりを考え、その発達段階における発展性の軸や創られたゲームの位置づけを検討する場合、ゲームに要求されている「判断」（意思決定）の複雑さに着眼する必要がある。そうだとすれば、既存のゲーム、あるいは教材化されてきたゲームを「判断」の契機となっているそのゲーム条件（game condition）の観点から再評価してみることも重要な視点になるであろう。それは以下のような検討を意味している。

　ゴール型では、先に述べてきたように基本的にゲームの中で、味方、相手、ゴールの位置が「判断」の契機の中心を占めるが、これらの関係がそれぞれのゲームに応じて異なるものになることに注目することである。ここでは例示的に、第2章において具体的な教材づくりの例を掲げている「タグラグビー」、および「セストボール」におけるゲーム条件について触れてみよう。

　まず、この「意思決定の契機」の視点を「タグラグビー」に向けた場合、ゴールがエンドライン全体に広がっており、「シュートタイプ」のように特定のゴールとの位置関係が自分の動きによって大きく変化してしまうことがない。さらに、攻撃側の「スローフォワード」（前パス）が許容されていないため、攻撃側のボールを持たないプレイヤーの観点からすると、パスを受けるための「ボールを持たないときの動き」のための意思決定（判断）をする際に、ボールを持った味方もそして相手もすべてゴール方向（エンドライン方向）に位置していることになる。つまり、パスを受けるための「ボールを持たないときの

動き」の意思決定の「契機」となる「ボールを持った味方プレイヤー」と「相手ディフェンス」をゴールとともに同方向の視野の中で認知することができる可能性が非常に高いのである。

　ゴール型のゲームの中において、とりわけボールを持った味方との適切な位置関係を生み出しながら、同時に相手プレイヤーを意識しなければならないところに子どもにとっての難しさが存在していることを踏まえると、このタグラグビーのゲーム条件は、攻撃側の「ボールを持たないときの動き」の学習にとって1つの易しいステップを提供してくれるものと解釈することができる。

　それでは同様な視点をセストボールに向けてみよう。セストボールを素材にしたゲームにおいてこれまで試みられてきた授業実践では、ほとんどの場合、円形のシュートエリアが設定されてきている。そこでは、ディフェンスはそのエリアを画するシュートラインよりも中に入ってオフェンスをマークすることができ、またオフェンスはラインの外からシュートをする形式が取られているのがほぼ共通する教材化の形式である。

　この「教材化されたセストボール」では、円形のシュートエリアの中心にゴールが配置されているため、とりわけシュートエリア付近でのセットプレイの場面では、シュートチャンスを創出するための「意思決定の契機」はおよそ「味方」と「相手」に限定される。ゴールがエリアの中心にあることから、シュートライン付近で移動しても、ゴールはほとんど同じ距離の位置にある。したがって、内側にいるディフェンスからずれてパスを受けることができれば、シュートチャンスを創出できることになる。攻撃側のボールを持たないプレイヤーは、ボールを持った味方のプレイヤーと自分をマークする相手の位置取りを手掛かりにして「ボールを持たないときの動き」をすればよい。このように考えると、「教材化されたセストボール」は技能的側面ばかりでなく、「意思決定」の視点からもその位置づけに関わって新たな評価を導くことができる。

　このようにゲームの中で要求される「意思決定の契機」の視点から既存の素材や教材化されているゲームを再解釈し、ゴール型ゲーム群の中での位置づけを検討し直してみることも重要な作業であろう。そしてまた、その「意思決定の契機」の観点をさらに有効にクローズアップしていく教材づくりを追究していくことはゴール型のゲームにおける大切な着眼点になるに違いないと思われる。

[文献]
* 1 岩田靖・菅沼太郎（2008）学びを深める教材づくり（第9回）もっと楽しいボール運動②「センタリング・サッカー」の教材づくり、体育科教育 56（13）：58-63
* 2 岩田靖（2005）小学校体育におけるボール運動の教材づくりに関する検討—「侵入型ゲーム」における「明示的誇張」の意味と方法の探究、体育科教育学研究 21（2）：1-10
* 3 岩田靖（2012）体育の教材を創る、大修館書店、pp. 127-159
* 4 中村恭之・岩田靖（2004）小学校体育におけるバスケットボールの教材づくりと授業実践、体育授業研究 7：21-29、および岩田靖（2012）体育の教材を創る、大修館書店、pp. 151-159
* 5 岩田靖（2012）体育の教材を創る、大修館書店、pp. 127-140

第1章-5

「ネット型」の教材づくりの課題意識とその方向

[1] ネット型の教材づくりの経緯

　1998年の小学校学習指導要領の改訂において、中学年のゲーム領域では、それまでのポートボール・ラインサッカー・ハンドベースボールといった教材化されたゲーム名での内容表記から、「バスケットボール型ゲーム」「サッカー型ゲーム」「ベースボール型ゲーム」といった「型」表記に変更され、「バレーボール型ゲーム」が学校等の実態に応じて付加的に指導できるものとされていた。また、高学年のボール運動では、それまでのバスケットボールおよびサッカーに加えて、「ソフトボール又はソフトバレーボール」が新たに位置づけられた[*1]。

　このような変化の中で、筆者は、ここでの「バレーボール型ゲーム」はより広く「ネット型」として理解すべきであるとともに、「もっとやさしい戦術的構造の教材の導入」といった視点から、2002年に小学校中学年段階において「ネット型」をクローズアップする必要性を主張しつつ、4年生での「ワンバンネットボール」の教材開発について報告した[*2]。

　また、2003年、『体育科教育』誌における特集「みんなが伸びる『ボール運動』『球技』の授業」の中で企画された座談会「球技の分類と学習内容を考える」においても、子どもからみた「わかりやすさ」の視点から「ネット型」ゲームのカリキュラムへの位置づけについて検討すべきことを提案した[*3]。

　さらに、このような経緯において、2004年、小学校中学年における「バレーボール型ゲーム」の位置づけについて次のような指摘をした[*4]。

44

＊

　1998年改訂の新学習指導要領ではゲーム及びボール運動の領域において大きな変化がみられた…（中略）…ここには、ゲームに要求される「戦術的構造」に着眼点を置いたボール運動の分類論的発想が看取される。つまり、欧米圏や我が国において語られ始めてきていた「侵入型ゲーム（invasion game）＝攻守入り乱れ型」、「ネット・壁型ゲーム（net/wall game）＝攻守分離型」、および「守備・走塁型ゲーム（fielding・run-scoring game）＝攻守交代型」の類型をボール運動の面白さを生み出す源泉としてのフレームワークとして採用していることを意味している。

　ただし、ネット型（壁型をも含む）のゲームに相当する「バレーボール型ゲーム」は、これまで中学年での位置づけを得てこなかった経緯からか、また積極的に位置づける授業成果の蓄積がないためか、未だオプション的な評価しか与えられていないと言える。学習指導要領では、「地域や学校の実態に応じてバレーボール型ゲームなどその他の運動を加えて指導することができる」とされているに過ぎないからである。

　しかしながら、ボール運動における「戦術的行動の複雑さ」の観点を考慮すれば、「ネット型」のゲームは子どもたちによりやさしいゲームを提供するという意味においてもっと評価されるべきであると考えている。なぜなら、この広くネット型として括られるゲームでは、子どもたちにとってチームの攻撃や防御のできばえの善し悪しが自分たちの努力次第であるということを実感させることができる可能性が他のタイプのゲーム以上に高いであろうと思われるからである。換言すれば、そこで用いられる運動技術がそれほど難しくなく、子どもたちにとって相応しいものであれば、戦術的課題の難易性（そのゲームに要求される「状況判断」の難易性）の側面から考えて、十分に子どもたちの学習を成立させることができると言えるからである。

＊

　このようなところから、ドイツ発祥の「プレルボール（Prell-Ball）」を素材とし、それを改変した「アタックプレルボール」を新たに構成した（2004年：当初は4年生対象）。先の「ワンバンネットボール」は、「ネット型」の中でも、卓球・テニス・バドミントンといったネット越しに自陣に入ったボールやシャトルを直接相手コートに打ち返す「攻守一体プレイ」タイプのゲームであったが、この「アタックプレルボール」は、自陣の中でチームのメンバーがボールを繋いで攻撃を組み立てることのできる「連携プレイ」タイプのゲームとして創出したものである。

　なお、このゲームはその後、バレーボールへの発展性を考慮するとともに、「セット―アタック」の連携の実現性を高める方向で修正を加え、現在、小学校高学年から中学校1年生段階の教材として位置づけている[5,6]。また、その発展上に、

中学校段階における「ダブルセット・バレーボール」の教材提案を試みてもいる[*7]。

　このような経過の中で、筆者は「ネット型」の戦術的課題を、「分離されたコートの向こうにいる相手に対し、ボールをコントロールさせないように攻撃したり、自陣の空間を守ること[*8]」として捉え、その戦術的課題の特徴から、特に「連携プレイ」タイプのゲームでは、「意図的なセットを経由した攻撃」を授業の中で期待されるゲームの「テーマ」として把握してきた。

　さて、2008年の学習指導要領の改訂によって、小学校中学年段階での「ネット型ゲーム」が新たな実践課題の対象として位置づけられることになった。また、『解説・体育編』では、「ソフトバレーボールを基にした易しいゲーム」「プレルボールを基にした易しいゲーム」が「例示」として掲げられている（なお、学習指導要領では、1-2、3-4、5-6学年の2学年の区分で内容が提示され、特定の学年段階に限定してその内容が配当されているわけではない）。

　これを受けて、先に掲げた「意図的なセットを経由した攻撃」というテーマを重視する観点から、中学年でも3年生段階で初めてこの下位領域を単元化する場合には、『解説・体育編』の例示よりも運動技能的にやさしい教材において「連携プレイ」タイプ特有の状況判断や役割行動が学習されるべきではないかと考え、「フロアーボール」の教材開発を行い、2009年にその授業実践について報告している[*9]。このゲームは、体育館のフロアーでボールを転がして連携を組み立てる形式をとっている（ネット下でボールを通過させて攻防する）。

　ただし、同じ中学年でも、4年生段階で単元設定を試みるとすれば、ここで大切にしているテーマをより発達段階に適した運動技能の課題性をもったゲームによって実現していくことが必要になると考えられる。そのため、「フロアーボール」からの発展性を見通すことが可能で、さらに高学年での学習への結びつきを考慮した教材の創出・配置を探究した。この観点からゲームを構成し、授業実践を2010年に試みたのが「キャッチセット・アタックプレルボール」[*10]である。このゲームは、先に触れた高学年段階以降を想定している「アタックプレルボール」において要求されている連携プレイ（レシーブ―セット―アタック）の中で、「セット」の運動技能を緩和させたものといってよい。ゲーム名の通り、レシーブされたボールの「キャッチ＆セット」を許容する方式である（第2章-10参照）。

[2] ネット型（「連携プレイ」タイプ）のゲームの系統性

　筆者は、連携プレイタイプのテーマとして捉えている「意図的なセットを経由した攻撃」を発展軸にしながら段階的にゲームの条件を工夫していくことが大きな指針になるのではかと考えている。このことを大切にしながら、ソープらのゲーム修正論の視点を適用してみるとすれば、系統的・発展的な教材づくりに向けてどのようなアイディアを提示できるであろうか。

　筆者の提案のポイントは、一方で、「意図的なセットを経由した攻撃」をこの「型」の学習が開始される初期的段階（小学校中学年）から「誇張」（exaggeration）し、それを貫きながら、他方、「発達適合的再現」（representation）の視点において、とりわけ子どもたちに要求するボール操作の課題性（難度）を漸進的に高めていく道筋・方策である。

　まず、「意図的なセットを経由した攻撃」に関わったゲームの中の役割行動とその判断を「誇張」する側面について説明してみよう。先に教材づくりの経緯を説明した中で取り上げた小学校段階のゲーム（単元教材）では、すべて1チーム3人のメンバー構成で、個々のプレイヤーが必ず1回ずつ関与する3回触球制のルールを共通の土台としている。このことの中心的な発想は、プレイヤーすべてに連携プレイの役割行動への実質的な関与を促し、役割行動に向けた判断行為に参加することを意味している。

　確かにこのルールは、チームのメンバーのゲームにおける学習機会を平等に保ち、個人の学習機会をより豊富に提供することにも大いに貢献するが、学習内容の側面からその重要性を強調するとすれば、「意図的なセットを経由した攻撃」についてのイメージを子どもたちに増幅・共有させ、それを成立させることに向けてのコミュニケーションを増大させていくことにあると言ってよい。3人による3回触球というルールによる行動の制限は、役割行動への判断と関与を個々の子どもに要求するという意味で、「誇張」の機能を担ったゲーム修正の側面として理解できる。[*11]

　また、「意図的なセットを経由した攻撃」というテーマを小学校の中学年段階から前面に押し出しうるのは、基本的に「ゴール型」や「ベースボール型」に比較して、ゲームにおいて要求される「判断」の構造がそれほど複雑ではないからであるが、そのテーマの設定可能性は「ボール操作の課題性」に大きく依存していると言っても過言ではないであろう。ネット型のゲームにおいて、やみくも（無意図的）に返球を繰り返すことが珍しくないのは、子どもたちの

```
        ┌─────────────────────────────┐
        │  ダブルセット・バレーボール      │
        │    （中学校必修段階）          │
    ┌───┤                             │
    │ アタックプレルボール              │
    │  （小学校高学年）                 │
┌───┤                                 │
│ キャッチセット・                     │
│ アタックプレルボール                  │
│  （小学校中学年）                    │
├───┤                                 │
│フロアーボール                         │
│（小学校中学年）                       │
└─────────────────────────────────────┘
```

　　　　　ボール操作の課題性の工夫（on-the-ball skill）

「意図的なセットからの攻撃」を生み出す連携プレイ
　連携プレイのための「役割」の判断と「準備行動」
　ボールを持たないときの動き：off-the-ball movement

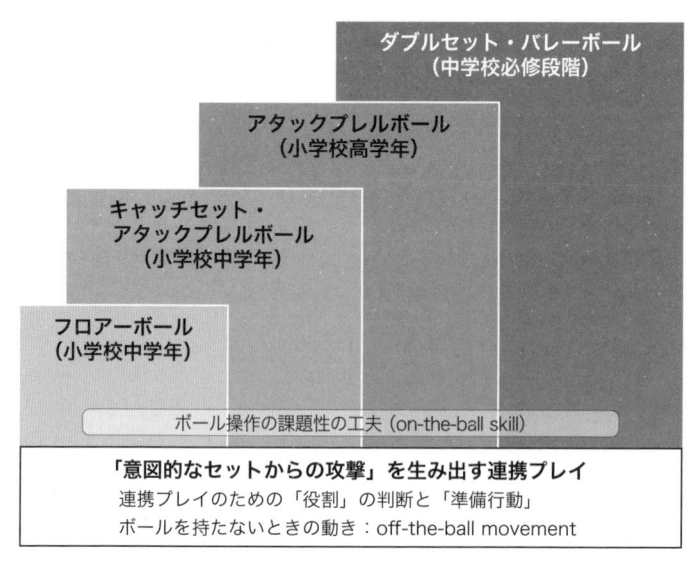

図1-11　「意図的なセットを経由した攻撃」をテーマにしたネット型（連携プレイタイプ）のゲーム発展例

能力段階において難易度の高すぎるボールコントロールの技能を要求している傾向が強いからであろう。

　その意味で、ネット型のゲームにおいては、移動してくるボールの状況やそれに対応する操作に関した条件を柔軟に改変していくことが、意図的な攻撃の集団的達成を促す大きな前提となる。したがって、そこではボール操作の課題性に関わったゲーム修正の「発達適合的再現」の視点が運動課題の発展性を導く重要なモメントになるであろうと考えられる。ただし、運動技能を易しくすることが、必要以上に技能学習の課題性を低めてしまったり、また意図的な連携プレイへの「判断」や「行動」の学習の必然性を消失させてしまったりするような結果に陥ることは避けるべきであろう。例えば、触球の条件をほとんどキャッチ・アンド・パスにしたような場合には、役割行動への判断やボールを持たないときの動きはその学習対象として浮かび上がってこなくなるであろうし、チーム内でボールを経由し、攻撃を組み立てる必要性から乖離したゲームになってしまう可能性が高くなると考えられる。

　さて、図1-11は先に触れてきた連携プレイタイプのゲーム群（単元教材）をもとに、学年段階によるゲームの発展例を示したものである。どの教材でも、「意図的なセットを経由した攻撃」を生み出す連携プレイのための「役割」の

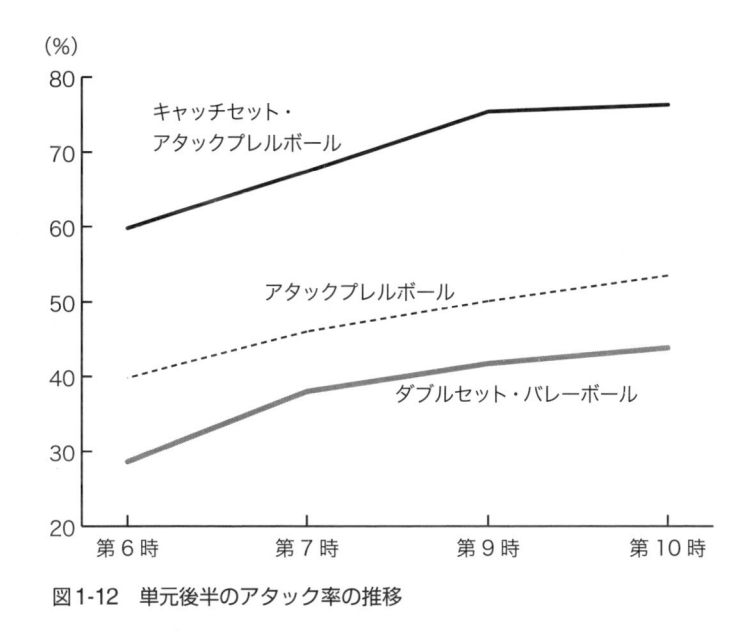

図1-12　単元後半のアタック率の推移

判断とその「準備行動」の学習を土台としている。ネット型の連携プレイタイプのゲームでは、原則的に「レシーブ—セット—アタック」の役割行動が触球制限においてプレイの時間経過に沿って出現するため、誰がいつどの役割を遂行するのか（どのような「ボール操作」の技能を発揮するのか）についての判断と、その準備のための「ボールを持たないときの動き」が非常に重要になる。これは、連携プレイタイプのゲームの面白さを支える基盤として強調される視点である。

具体的には、「フロアーボール（3年生）」「キャッチセット・アタックプレルボール（4年生）」「アタックプレルボール（5〜6年生）」では、3対3のゲーム条件において、メンバーすべての3回触球によって相手コートに返球できるルールを構成している。すなわち、すべてのプレイヤーがゲーム状況の判断に基づいて何らかの役割に取り組む機会が保障されている。中学校での球技必修段階を想定している「ダブルセット・バレーボール」では、4対4での4回触球制を採用しているが、ここでもすべてのプレイヤーが連携プレイに常に関与することを大前提にしている。

このような考え方をベースにしながら、ボール操作の条件に関して次のような段階性を設けている。つまり、「フロアーボール」では、床を転がるボール

への対応を課題とし、「キャッチセット・アタックプレルボール」以降では、バウンドするボールを連携する形式をとっている。ただし、中学年段階では、先にも指摘したように第2触球をキャッチできる方式に緩和し、高学年の「アタックプレルボール」では、すべてボールを止めずに攻撃を組み立てることを要求している。さらに、中学校での「ダブルセット・バレーボール」の段階においては、「レシーブ─予備セット」まではバウンドボールでの連携を前提にしているが、引き続き組み立ては、「オーバーハンド・トス」からのジャンプ・アタックに子どもたちみんながチャレンジすることになる。

　図1-12のグラフは、特に3つのゲームについて、単元後半の授業の中で得られた「アタック率」（ラリー中を含めて、攻撃を組み立てることを要求される全場面において、連携による「セット─アタック」が成立した割合）を示している。学年段階が上のゲームになるにつれてアタック率が低くなっているが、それでも40％以上のスコアが認められることから、このタイプの本質的な面白さを体現したゲームになっていることを想像してもらえるであろう。

[3]「攻守一体プレイ」タイプのゲームの教材づくり

　学習指導要領「解説」に例示されている小学校段階のネット型のゲームは「連携プレイ」タイプに位置づけられるものである。プレルボールやソフトバレーボールの易しいゲーム、簡易化されたゲームである。ただし、中学校での卓球、テニス、バドミントンなどに繋がっていくような「攻守一体プレイ」タイプのゲームの教材化も当然ながら可能である。

　このタイプでは基本的に少人数でのゲームが想定されるため、クラスサイズによっては、授業時間の中での運動学習を保障する観点から実践に持ち込むことをためらう状況も少なくないであろう。また、通常、このタイプのゲームはもともとラケットによるボール操作を要求しているため、それに慣れていない子どもたちにとっては運動技能の難易度が非常に高いと言ってよいから、その点からも教材化を躊躇してしまうことも多いかもしれない。

　しかしながら、ネット型に共通する戦術的課題を解決していく攻防の過程において、相手のポジションを認知し、スペースを攻めたり守ったりする学習は、「攻守一体プレイ」タイプのゲームの方が強調しやすいものと考えられる。つまり、相手にボールをコントロールさせないように攻撃するプレイの特徴を味わいやすいと言ってよい。そうだとすれば、「攻守一体プレイ」タイプにおいても、この戦術的課題から生まれてくるゲームの面白さ、魅力が実際のプレイ

において豊富に経験できるようなゲーム条件の工夫が教材づくりのターゲットになるに違いない。当然ながら、そこでは子どもたちにとってよりプレイフルな状況を生み出すボール操作技能の要求度の設定が非常に大切になってくるであろう。

　筆者が「攻守一体プレイ」タイプの教材づくりに初めて携わったのは前記したように小学校中学年を対象にした「ワンバンネットボール」においてであった（第2章-8参照）。そこでは、ボールを両手で操作し、自陣にワンバウンドさせたボールを相手コートに返球するという技能的条件をゲームの基本的な前提にしていた。また、バドミントンよりもやや低めのネットの高さで、相手コートから跳ね上がってネットを越えてくるボールを落とさずにキャッチすることが緩和されたボール操作の課題となっている。

　なお、小学校高学年を対象にした「ダブルバウンド・テニス」では70cm程度の低めのネットで、よりスピード感のあるダブルスゲームを構成しようと考えた（第2章-9参照）。そのゲームでは、後衛のグラウンドストロークに相当するプレイでは、両手での捕球、片手でのスローを原則にしたボール操作の緩和を試みている。さらに、基本的な攻防におけるラリーは自コートおよび相手コートでそれぞれワンバウンドするボールに対応するように条件づけている（したがって、「ダブルバウンド」）。

[注]
‡1　ここに取り上げた「フロアーボール」「アタックプレルボール」「ダブルセット・バレーボール」を実際に取り上げて行った授業実践の具体例については、拙著『体育の教材を創る』（大修館書店、2012）において記述しているので参照いただきたい。

[文献]
＊1　文部科学省（1998）小学校学習指導要領、大蔵省印刷局
＊2　小野和彦・岩田靖（2002）小学校中学年のネット型ゲームの実践―もっとやさしい戦術的構造の教材の導入、体育科教育50（3）：60-63
＊3　藤井喜一・岩田靖・佐藤靖（2003）座談会「球技の分類と学習内容を考える」、体育科教育51（5）：10-17
＊4　秋山昇・岩田靖（2004）小学校中学年におけるバレーボール型ゲームの教材開発と授業実践の検討―連携プレイ型教材の積極的導入、信州大学教育学部・学部附属共同研究報告書（平成15年度）：158-167
＊5　鎌田望・斎藤和久・岩田靖・北村久美（2005）小学校体育におけるネット型ゲームの教材づくりに関する検討―「連携プレイ」の実現可能性からみたアタック・プレルボールの分析、信州大学教育学部附属教育実践総合センター紀要・教育実践研究（6）：111-120

＊6 中村恭之・岩田靖・吉田直晃（2006）中学校体育におけるネット型ゲームの授業研究—「連携プレイ」の役割行動を誇張するアタック・プレルボールの検討、信州大学教育学部附属教育実践総合センター紀要・教育実践研究（7）：1-10
＊7 岩田靖・北原裕樹・中村恭之・佐々木優（2009）学びを深める教材づくり・第19回・もっと楽しいボール運動⑧「ダブルセット・バレーボール」の教材づくり、体育科教育57（12）：60-65
＊8 岩田靖（2005）技術指導からみた体育―体育における技術・技能・戦術の意味、友添秀則・岡出美則編、教養としての体育原理―現代の体育・スポーツを考えるために、大修館書店、pp. 70-77
＊9 岩田靖・竹内隆司・両角竜平（2009）学びを深める教材づくり・第20回・もっと楽しいボール運動⑨「フロアーボール」の教材づくり、体育科教育57（14）：66-71
＊10 岩田靖・両角竜平・竹内隆司・斎藤和久（2011）小学校体育における「ネット型ゲーム」の授業実践―「キャッチセット・アタックプレルボール」の教材づくりとその検討、長野体育学研究18：15-24
＊11 岩田靖（2010）ゲーム・イメージへの誘い込みとその発展、体育科教育58（11）40-43

「ベースボール型」の教材づくりの課題意識とその方向

[1] ベースボール型の教材づくりへの問題提起

　筆者は当時宮崎県の小学校教師であった授業づくりの共同実践研究者とともに、「ベースボール型」の教材づくりの論理に関して、その発想の転換を問題提起的に論じつつ、2000年に実践した新たな授業例を報告した。[*1] そこでの事例は「修正版・並びっこベースボール」であったが、その説明の中で、子どもにとっての「ベースボール型」のゲームの難しさを取り上げながら次のように指摘した。

＊

　本来、ボール運動（ゲーム）には、集団的達成の喜びを味わうこと、また友達との豊かな関わりが生じる可能性が大いに秘められている。しかし一方で、…（中略）…ゲームに実質的に参加できずに友達と関われないままに終わってしまうケースも少なくないことを、ボール運動の課題として認識してきた。
　こうした関わり合いが上手く持てない子どもについて、かつては「運動技能が低いからゲームに有効に参加することができず、そのため消極的になるのだ」と捉え、基礎的なボール操作能力向上のための練習と、ハンディキャップ・ルールによるゲームを生命線とする様々な工夫を試みてきた。しかし、これらが有効にゲームに反映されたとは言い難いのが実状であった。
　それは一体なぜであろうか。端的に言えば、ベースボールは子どもたちにとって非常に「難しい」のである。確かに、ボールの捕球・送球といった運動技能もさることながら、ゲーム中に求められる状況の「判断」が複雑過ぎるのである。「どんな場面で、どのようなことをすべきなのか」、これがわからなければ、ゲームを「面白

いものだ」と感じるはずもなく、チームの仲間と関わりようもない。ゲームやその練習段階における「関わり」行動を濃密にするためには、「ゲームの理解」を通して、ゲームの「目標」が明瞭に意識化され、さらにそれに至る解決方法の探究、いわばその「手段」がチームのメンバーにおいて共有化される必要がある。おそらくその中核になるのは、ゲームにおいて要求される「判断」すべきことの内容を共有していくことであろう。子どもに寄り添うべきは、ゲームの中で表面的に立ち現れる「運動技能」以前に潜んでいるとも言える。

　そのように考えると、…（中略）…はじめて学習するゲームでは、ボールを操作する仕方やその技能よりも、むしろゲームの中で「何をしたらよいのか」、「どのように行為するのか」といった戦術的認識（あるいは、「戦術的気づき tactical awareness」）、いわばゲームの中での「判断」こそ問題にすべきではないかとの発想に転換する必要がありそうである。さらに言えば、ゲームを支えている「判断」をクローズアップし、そして単純化し、「もっと易しくそのゲームの本質的な面白さに子どもたちを誘い込めないか」、これが筆者らの問題意識である。

＊

　この指摘の背後には、従来、頻繁に取り上げられてきたベースボール型のゲーム教材に対する問題性の認識も少なからず含まれていた。それは以下のような観点であった。

＊

　「キックベースボール」、「ハンドベースボール」は、総じて小学校低・中学年段階でのなじみのあるゲームである。これらは既にベースボール型の種目を改変した、いわば教材化されたゲームといってよいであろう。換言すれば、一般に既存のスポーツ種目に発展させていくための「簡易ゲーム」として位置づけられてきたものと考えられる。

　それでは、これらの教材は一体何が「簡易化」されているのであろうか。キックベースボールの場合、足でボールを操作すること、いわばボール蹴りゲームの意味合いや意図が含められていることもあろうが、総じてここでは、動いてくるボール（ピッチャーから投げ出されたボール）をバットなどの道具を用いて打撃することの難しさを緩和したものと考えることができるであろう。加えて、硬いボールへの不安を取り除き、ボールをグラブで捕球することの困難さを軽減し、素手でボール操作ができるようにしている点もある。

　確かにここでは、ボール操作に関わる運動技能を易しくする視点が存在するが、そのままではこれらのゲーム中に要求される「判断の複雑さ」はほとんどそのまま保持されることになる。そのことを銘記しておきたい。

＊

　ここには、ゲームの中での「判断」にゲームの面白さの源泉が存在し、その学習こそがゲーム学習の中心に位置づけられるべきとの主張がある。したがって、そのことはゲーム修正（教材づくり）の重要な視点として反映されなければならないのではないかとする議論である。

[2] ベースボール型の教材づくりの傾向と課題

　戦後の学習指導要領の変遷において、このタイプのゲームはその位置づけが非常に不安定であったと言える。とりわけ、体育科教育の主要な目標の推移において、この種のゲームの意味づけが大きく揺れ動いたことも見逃せないが（例えば、民主的な人間関係が強調された時代や、技能主義・体力主義が前面に押し出された時期などの相違）、それ以上に、総じて「ベースボール型」の学習指導の難しさが大きく横たわっていたのも事実であろう。その原因としては、子どもにとってルールが非常に複雑で、運動技能的にも戦術的にもプレイの課題性が高く、ゲームの本質的な面白さを保障しにくいことや、ゲームの中で個々の子どもがプレイに直接関与する学習機会が他のゲームに比較して少なく、さらに運動量の低さの問題が掲げられてきたと言ってよい。

　ただし、これらのマイナス要因を一方に抱えながらも、いやこのような要因が顕著に認識されていたからこそ、授業実践現場ではこの種のゲームに関わって、教材化における多様な工夫が行われてきたのも間違いない。つまり、「既

表1-5　ゲーム修正の視点を大別した枠組み

（ア）子どもにとっての適切なプレイ性を確保するための条件づくり	運動技能の緩和やゲームの負担の軽減	ボールなどの用具やコートを工夫することによって、運動技能を緩和したりゲームの負担を軽減していくことのほかに、複雑なルールを削除することや安全性を考慮することなどを含めて考えることができる。
	学習機会の増大や平等化	ミニ・ゲーム化に加え、多様なルール変更により個々の子どもやチームの攻撃機会を増大させたり平等化していくこと、また、成功の機会をより多く提供することも含まれる。
（イ）	戦術学習に焦点を当てた積極的なゲーム修正	ゲームの中で遭遇する問題を解決していくための意思決定の過程に着目し、それに焦点づけたゲームづくりをしていくこと。

存のゲームの修正」に多大な関心が払われてきたと言える。
　そこで、1989（平成元）年の学習指導要領の改訂以降の十数年間に記述されたベースボール型のゲームの授業実践報告を分析し、教材づくりの傾向と課題を提示したことがあるので[*2]、その概要について再論してみたい（分析対象にしたのは、『体育科教育』『学校体育』誌に掲載された20編弱の報告論文である）。そこでは、前述した欧米圏における「戦術中心のアプローチ」の中で記述されているエリスやソープらのゲーム修正論の視点を参考に、表1-5に示した枠組みから整理している。

❶子どもにとっての適切なプレイ性を確保するための前提条件づくり

　ここでは「運動技能の緩和やゲームの負担の軽減」、および「学習機会の増大や平等化」の2つに区分して考えることができる。

■運動技能の緩和やゲームの負担の軽減
〈攻撃、特に「打撃」の修正の視点〉
　とりわけ「動いてくるボールをバットで打つことの困難さ」をいかに緩和するかが課題とされている。これを打撃に関する感覚運動の難しさの問題として捉えれば、そこにはこのような運動課題に慣れ親しんでいない子どもにとって、少なくとも以下の3つの要因が絡んでいることが指摘できるであろう。

- 動いてくるボールのスピードや空間的な移動を感じ取り、打撃のタイミングを予測することが難しいこと。
- 打撃に関して用具を用いる場合、自己の身体ではなく、その延長線上にある対象（バットの特定の部位）にボールを当てる空間感覚的認知が難しいこと。
- 投運動がままならない学習者にとっては、それと類縁する動きの構造を有する打撃動作（用具を使ったスウィング動作）が難しいこと。

　したがって、すべての子どもたちが打撃行為に当たる場面での行為にプレイフルに参加し、技能を発揮するためには、これらの難しさに対応した緩和策が探究され、適用されることになる。「攻撃」では、「打つことの楽しさ」が強調される場合が多いことから、それらの工夫は重要な事柄として認識され、かなり多様な修正が施されてきたと言える。
　例えば、「バッティングティー」を利用して静止したボールを打つルールは最もその条件を易しくしたものである。また、運動の課題性を持たせていけば、自分でトスしたボールを打つ、さらに攻撃側のチームの仲間によって易しく投げられたボールを打つ、といった条件づくりがなされたりする。中には、バッ

ターがピッチャーに打ちやすいボールを要求できるとするものもみられた。

　当然ながら、既存のゲームで用いられる道具としてのバットを軽量化したり、短くしたり、また片手で操作できるものに変更していくことも忘れられていない。小学校の中学年段階では用具を利用しないで素手で打つハンドベースボールを採用することも多いが、その中学年をも含めてそれ以降の段階では、他のスポーツ種目で用いられるラケットで代用したり、プラスチックのバットが選択されたりしている。さらには、子どもたちに相応しい手作りのバットが工夫されているのも目につく。これらは一方で安全面への配慮が意図されていることは改めて指摘するまでもないであろう。

〈守備、特に「アウトのとり方」の修正の視点〉

　守備の難しさはまさに「アウトのとり方」にあると言ってよいが、中心的なゲーム修正は捕球・送球の運動技能の緩和に向けられている。当然ながら、アウトにできる可能性が低ければ一方のチームの攻撃ばかりが続くゲームになってしまいかねないし、全体的に間延びしたものとなる。ただし、分析した報告においてこの視点からのゲーム修正はそれほど多くなされているものではない。因みにその事例となるものでは、特に女子やボールの捕球に苦手意識を持つ学習者を念頭において修正が加えられている。

　例えば、「外野飛球はワンバウンド捕球でもアウトにできる」「ファーストおよびフォースアウトプレーのとき、女子はグローブに当てただけでアウトにできる」といったルールが設定されている。また、「各チームのノーバウンドのボールが上手に捕れない児童のうち1人は、ノーバウンドのボールに手で触ったらアウトにする」という条件を加えている。さらには、アウトにするためのボールの捕球を確実にするために、ファーストのプレイヤーにグローブではなくネット（網）を利用させるといったルール設定も試みられている。

　なお、ゲームのプレイ性を確保していくことには、安全についての配慮や恐怖心の緩和といった側面も含まれている。これらは子どもたちのプレイにおける技能発揮に大きな影響を与えるため、非常に多くの授業実践において工夫がなされている。ここでは「ボールの選択」、および「守備と走者の交錯の回避」がゲーム修正の視点として重要視されている。特に、ボールの選択や工夫は子どもにとってのゲームのプレイ性を考える上で極めて大切な要素である。ここではほとんどの実践において、当たっても痛くないボール、投げやすいボール、適度な大きさのボール、打撃による飛距離を考慮したボールが選択される傾向にあった。

■学習機会の増大や平等化

　ベースボール型の場合、とりわけ守備側においてメンバーのプレイへの参加状況は様々で、特にポジションによってプレイに直接関与する機会や頻度はかなり異なる。そのことはチームの人間関係の中で、能力の高い者と低い者との一層の格差を生じさせやすい。また、通常の3アウト制での攻守交代を採用すると、攻撃（守備）が極端に長くなったり短くなったりすることが頻繁に起こる。このように既成のルールではすべての子どもの打撃や守備の学習機会を保障していくことに大きな困難を伴う。さらに、得点するまでの過程がやや長く、ホームインによる形式では得点できない場合も往々にしてある。

　したがって、子どもの学習機会の側面に目を向けた場合、「プレイの頻度（実際にボールを操作する機会）やその不平等さ」、および「得点機会の少なさ」の2つが特に大きな問題として認識されている。そのため、一人ひとりの子どもに豊富な学習機会を保障していくためのゲームの修正が多くの実践において課題とされていると言ってよい。

　まず、「プレイの頻度やその不平等さ」については、とりわけ個々の子どもの学習機会を保障しつつ、さらに間延びしたゲームになることを避けるために「ゲームに参加するチームの人数を減少させること」や「打者一巡で攻守交代する」ことが多くの実践で取り入れられている。また、ゲームのスピードアップを図るために「ファウル3本でアウトにする」「ピッチャーが6球投げる間にヒットを打たなければアウトにする」といったルールが付与されている実践もみられる。「得点機会の少なさ」では、ゲームが得点を競うからこそその面白さを味わうことができ、また得点しやすくすることが子どもの学習意欲を喚起できるといった意味から、「1ベース進むごとに1点が加算される」という工夫が多数みられた。また、「打って走った塁が得点（1塁打＝1点、2塁打＝2点、……）となる」という得点形式の採用が取り上げられうる。ここでは、特に攻撃側におけるプレイの成功や達成をより多く経験させる意図が大切にされていると言ってよいであろう。

❷戦術学習に焦点を当てた積極的なゲーム修正

　分析の対象にした十数年間におけるベースボール型の授業づくり、教材づくりにおいて、その全体的傾向を結論的に指摘すれば、前記に取り上げてきた「子どもにとっての適切なプレイ性を確保するための前提条件づくり」、いわばソープらが掲げるゲーム修正の「発達適合的再現」に関わる側面が大いに強調されてきた一方で、「誇張」の視点に相当する「戦術学習に焦点を当てた積極的

なゲーム修正」への着眼は残念ながら欠落していたと言わざるを得ない。
　確かに、「発達適合的再現」に関わったゲーム修正の多様な工夫は、ゲームにおける子どもの意思決定（状況判断）の促進に間接的に貢献する。用具やコートを工夫し、そこにおいて要求される運動技能を緩和し、ゲームでの負担を軽減していくことなどは、子どもの意思決定に余裕を与えることになるからである。
　しかしながら、「戦術学習に焦点を当てた積極的なゲーム修正」の視点が等閑視されていた状況は、ボール運動におけるそれまでの「学習内容」観を裏書きしていたと言ってよい。つまり、ゲームにおいてとりわけボール操作に関わる運動技能の緩和が教材づくりの中心的なテーマになっていたことは、既成のスポーツ（大人の種目）の技能の側面さえ易しくすれば子どもはゲームに参加でき、それを楽しむことができる、という認識が少なからず存在していた証左であろう。それは、ボール運動のゲームでプレイし、楽しむための能力がボール操作技能を中心に成り立っているとする考え方を反映させていたものと理解することもできる。ここから、ゲームにおける戦術的気づき・状況判断がプレイのパフォーマンスを向上させる学習内容の重要な構成要素として捉えられていなかったことが明瞭となる。その意味で、先に掲げた「問題提起」は少なくともこのタイプのゲームの教材づくりのこれまでの動向についての批判的見解として位置づくものである。そして、ここにこそ、求められるべき教材づくりの新たな基点が据えられるのである。

[3] ベースボール型における守備側の判断の「誇張」

　ベースボール型において、学年段階の進展の中で、「何を核にしながら、どのようなゲームの発展を指向し、期待するのか」という問いを立てた場合、筆者は、「『どこでアウトにするのか』（進塁の阻止）を軸にした役割行動と技能的発展」をその指針として考えることができるのではないか、と提案している[*3]。このとき教材づくりの中心的な視点として取り上げられるのが、これまでほとんど希薄であった「誇張」への着眼である。「誇張」に対する筆者の理解を繰り返し述べれば、その主要な観点は複雑なゲーム状況の判断の対象を焦点化したり、その選択肢を減少させたりすることを通して戦術的課題をクローズアップし、子どもにとってわかりやすいゲームを創出していくことに向けられている。
　ベースボール型では、攻撃側の走者（走塁）が早いのか、守備側の協同的な

フィールディングが早いのかを特定の塁上で競い合うところにゲームの構造の中心があり、そこにゲームの面白さや魅力の源泉が存在していると考えられる。*4 これがこのタイプのゲームにおいて追究すべき共通した「テーマ」であると言える。この競い合いに向けて攻守双方にそれぞれ戦術的課題が立ち現れるが、子どもたちにとっては、とりわけ守備側のプレイに大きな難しさが横たわっている。野球やソフトボールなどの既存の種目では、ゲームの状況に応じた守備側の行動の判断が極めて複雑なのである。

そこで重要になるのが、この「テーマ」をそれぞれの発達段階に応じて際立たせる「誇張」の論理である。先に触れた「『どこでアウトにするのか』(進塁の阻止) を軸にした役割行動と技能的発展」というのは、特に、守備側の判断の「誇張」を視点とした段階的なゲーム修正が、ベースボール型ゲームの教材の系統性を考えるための1つのモデルになるということでもある。ここでは攻撃側の走者を進めるための判断について無視しているわけではないが、子どもたちのレベルで攻守の均衡を保ち、リズムのある攻守の交代を生み出していくためには、まずは守備側に着目していくのが考えられうる教材づくりの方法になろうかと思われる。

なお、ゲーム修正についての「発達適合的再現」の視点からは、それぞれの段階のゲームの中で、子どもたちに相応しいボール操作の技能 (捕球・送球、バッティングなど) を要求できるような、その条件や用具の工夫が大切になる。

[4] ゲーム状況の判断の「契機」と「対象」からみた教材の系統性

それでは、筆者が実際にその教材づくりと授業実践に直接関与してきたいくつかの教材を取り上げて1つの発展的なモデルを説明したいと思う。教材の具体例は以下のようである。

①あつまりっこベースボール (小学校低学年)[*5]
②修正版・並びっこベースボール (小学校中学年)[*6]
③フィルダー・ベースボール (小学校高学年)[*7]
④ブレイク・ベースボール (小学校高学年〜中学校球技必修段階)[*8]

これらのゲームは基本的に4〜5人のプレイヤーのミニ・ゲーム構成であり、攻撃側の全員の打撃で攻守を交代する形式をとっている。ここではそれぞれのゲームのルールの詳細は割愛するが、ゲーム構成の骨格部分を理解していただきたい。[‡1]

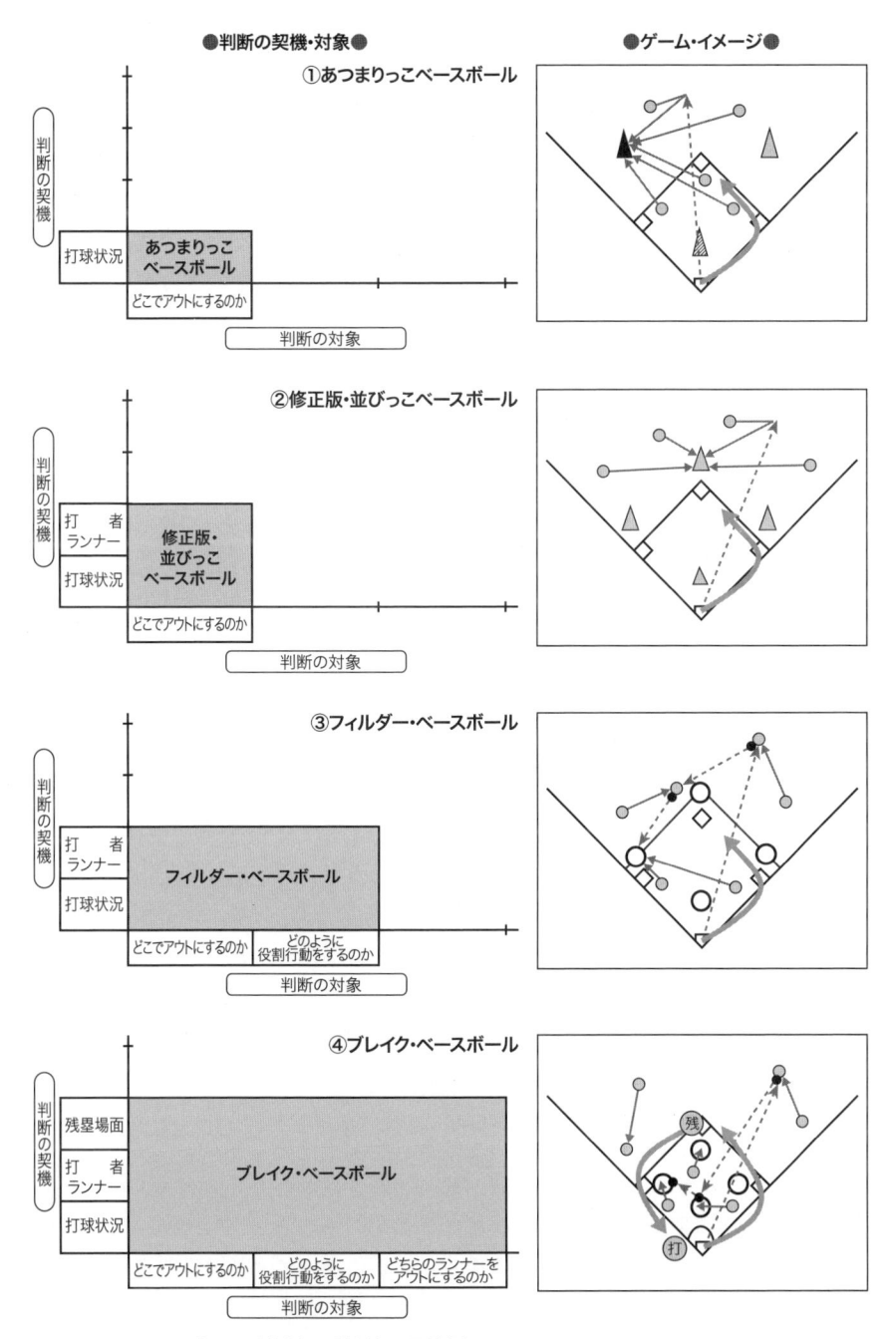

図1-13 ベースボール型教材の系統性の具体例

ここでは、先の「誇張」の側面からのゲーム修正の方略を、ゲームの中の判断の「契機」と「対象」という次元で捉え、ここで示すゲーム群について解説してみることにする。それは、①～④のゲームにおいて、「打球状況」→「打者ランナーの走塁状況」→「残塁場面の状況」といった判断の「契機」を段階的に付加していくことに伴って、「どこでアウトにするのか」→「どのように役割行動をするのか」→「どちらのランナーをアウトにするのか」という判断の「対象」を累積的に複雑化させていくことを意図しているのである。図1-13は、上から順にこの複雑化の段階を示したものである。

　①の「あつまりっこベースボール」は、小学校低学年の「ボールゲーム」に位置づくものである。それゆえ、「ベースボール型」以前のゲームと言ってよいものであるが、打球状況（攻撃側によって操作されるボールの方向や距離＝この段階では、コートにボールを投げ入れたり、止まったボールをキックしたりする）に応じて、どのアウトゾーンに捕球したボールを持ち込み、守備側のメンバーが集まればより早くアウトが取れるのかを判断して行動することを課題としている。ここでの判断の契機は打球状況のみで、打者ランナーの走塁は直接関係ないものとして設定されている（第2章-11参照）。

　②の「修正版・並びっこベースボール」は小学校中学年を想定しているものである。このゲームでは、ボールの捕球後、打者ランナーを先回りした塁に集まることでアウトが取れるルールが採用されている。したがって、判断の対象は「どこでアウトにするのか」に限定されているが、打球状況に加えて、打者ランナーの走塁の状況が判断の契機として加わることになる（①・②のゲームともに、特定のメンバーによる捕球の操作があるが、基本的に守備側ではみんなが同じ判断のもとに、同じ行動をとることになる）。なお、中学年段階くらいから、攻撃側のティー・バッティングが可能になるであろう。

　次に③の高学年のゲーム、「フィルダー・ベースボール」では、守備における役割行動の分化を大きなねらいとしている。学習指導要領でも、「チームとして守備の隊形をとってアウトにする動き」が内容として取り上げられているが、ここでは打球の捕球（送球）役、ベースカバー役、中継役、バックアップ役など、アウトにするために何をするのか（状況に応じてどのような役割行動をとればよいのか）についての判断が加わることになる。②のゲームからの繋がりの観点から補足すれば、特定の塁に全員が集まる方式から、ベースカバー役に必要な人数を限定する（少なくする）ことによって、他の役割を担うプレイヤーを生み出す場面をルール化しているのである。ただし、判断の契機は②のゲームと同様で、打者ランナーのみと競争する設定となっている。また、こ

のゲームからボール操作技能に関わって送球プレイが求められることになる（第2章-12参照）。

　最後の④「ブレイク・ベースボール」は、塁上にランナーが残っている状況下において、次の打撃に対応した守備側のプレイが主要な学習対象になるように構想したゲームである。学年段階的には中学校の必修段階程度が適切であると思われるが、小学校高学年の教材として位置づけることも十分可能である。ここでは、守備側のプレイの難度を大きく飛躍させることのないように、イニングの第2打者以降で1塁～3塁までの間に1人だけランナーが残るルールを工夫している。つまり、このゲームでは塁上に残っているランナーと打者ランナーのどちらを優先的にアウトにするのかという判断の対象がクローズアップされることになる（第2章-13参照）。

[注]
‡1　ここに取り上げた「修正版・並びっこベースボール」「フィルダー・ベースボール」を実際に取り上げて行った授業実践の具体例については、拙著『体育の教材を創る』（大修館書店、2012）において記述しているので参照いただきたい。

[文献]
＊1　宮内孝・河野典子・岩田靖（2002）小学校中学年のベースボール型ゲームの実践―ゲームの面白さへの参加を保障する教材づくりの論理を中心に、体育授業研究5：84-91
＊2　滝澤崇・岩田靖（2004）体育におけるベースボール型ゲームの教材づくりの傾向と課題―「戦術中心のアプローチ」の視点からの分析、信州大学教育学部附属教育実践総合センター紀要・教育実践研究5：101-110
＊3　岩田靖（2009）改訂学習指導要領で求められる体育授業づくり、スポーツ教育学研究28（2）：59-63
＊4　竹内隆司・岩田靖（2006）小学校体育における守備・走塁型ゲームの教材づくりとその検討、信州大学教育学部附属教育実践総合センター紀要・教育実践研究7：81-90
＊5　井浦徹・岩田靖・竹内隆司（2009）小学校体育におけるボールゲームの教材開発、信州大学教育学部附属教育実践総合センター紀要・教育実践研究10：61-70
＊6　岩田靖・竹内隆司・大野高志・宮内孝（2009）もっと楽しいボール運動⑥修正版「並びっこベースボール」の教材づくり、体育科教育57（10）：66-71
＊7　岩田靖・竹内隆司・大野高志・石井克之（2008）もっと楽しいボール運動①「フィルダー・ベースボール」の教材づくり、体育科教育56（11）：60-65
＊8　石井克之・大野高志・竹内隆司・岩田靖・土屋健太（2009）小学校体育におけるベースボール型教材の開発とその実践的検討、信州大学教育学部附属教育実践総合センター紀要・教育実践研究10：71-80

第1章-7

ゲーム修正の理論からみた「誇張」の手法の探究

[1]「誇張」とゲームにおける「意思決定」

　先に記述した「戦術中心の学習指導論に学ぶ」の節の最後に取り上げたように、ソープらは、「もしゲーム教育において強調されるべき中心的なテーマが、どのようにゲームでプレイしたらよいのかについての理解を育んでいくことにあるとするなら、いかなるゲームが選択されようとも、そのゲームはこの理解の発達を考慮するように修正されるべきことは言うまでもない[*1]」と指摘している。

　当然ながら、「理解」に結びついているのは、戦術的課題の解決に向けての「意思決定」（判断）であろう。子どもたちにとって戦術的課題の複雑さの主要な側面は、ゲームに求められる「意思決定」の複雑さであると言える。したがって、ソープらが掲げているゲーム修正の視点における「誇張」（戦術的課題を誇張する修正）とは、実は子どもが取り組むゲームに要求される「意思決定」のあり方を操作し、条件づけることがその中心的なターゲットになると考えられる。したがって、これまで筆者は「誇張」について、「複雑なゲーム状況の判断の対象を焦点化したり、その選択肢を減少させることを通して課題をクローズアップ[*2]」していくこととして理解してきた。

　このことに関わって、次のことを付言しておきたい。ゲーム修正のもう1つの視点としての「発達適合的再現」と「意思決定」の関係である。子どもの身体的・技術的な未熟さからくる問題を軽減するために、特にゲームにおいて必要とされる運動技能を緩和したり、道具やコートの工夫を伴ってゲームの条件を修正していくこと（「発達適合的再現」）は、ゲームに参加する子どもの意思

64

決定の対象を間接的に明確にすることに繋がる可能性があるとともに、またその行為に余裕を与えることにもなるであろう。*3 したがって、「発達適合的再現」による修正は、ゲームの中で求められる「意思決定」と無関係ではないものの、本質的にこの「意思決定」のあり方を条件づけていくのは「誇張」の側面であると考えられる。

ただし、戦術中心の学習指導論の中で記述されているゲーム修正の視点としての「誇張」は、その方法的な観点から「意思決定」との関係において記述され、説明されているとは言い難い。

例えば、「戦術アプローチ」(tactical approach)の立場では、ミッチェルらが「戦術的気づき」と「技能の行使」の結合において「ゲーム・パフォーマンス」を捉え直し、先のソープらが示した「発達適合的再現」と「誇張」の視点から修正されたゲーム形式のもとでの学習指導を強調している。*4 そこでミッチェルらは、「戦術的気づきに向けての指導がなされる場合、ゲーム形式の本質的なアスペクトは、子どもの戦術的思考を促すようにゲームが修正され、条件づけられるべきだというところにある」と指摘している。ここでの戦術的気づき(tactical awareness)、あるいは戦術的思考(tactical thinking)というのは、実際のゲームのプレイ場面では「意思決定」として具体化していくのである。

このような指摘の発展上に、グリフィンらによる戦術アプローチの総論と具体的なプログラム事例が示されていくが、ゲーム修正の一般的な手法論の問題には直接的な関心が寄せられているように思われない。*5 ただし、その後、小学校段階におけるゲーム指導論として展開されているミッチェルらの「テーマ・アプローチ」(thematic approach)においては、「個別の特殊な種目」にではなく、「共通の戦術的課題を有する種目群の類似性」にこそ学習内容の中心を据えるべきとの主張がなされている。*6

その「テーマ・アプローチ」における「教材開発」(development of instructional materials)に際しては、その前提として、小学校段階に相応しい戦術的課題を抽出・設定することが必要であり、加えて、その戦術的課題の解決の仕方が、「①意思決定、②ボールを持たないときの動き、③ボール操作の選択と行使」として示されるべきであるとしている。まさにこの３つがゲーム(ボール運動)の授業における「内容」(content of games teaching)であり、教材開発の前提に位置づく学習内容の検討を意味している。そのことは逆に、子どもに「教えるべき内容(teaching content)は、教師がゲームに課す条件によって引き出される」という記述と重なっている。*2 いわば、学習内容のあり

方に応じて、提供されるべきゲームの条件（game condition）を生み出す必要性の指摘である。ここに、学習内容と教材の明確な関係性を読み取ることができるものの、このゲーム条件の創出に関わる一般的な方法的議論は希薄である。

　なお、グリフィンとバトラー編によるTGfU（Teaching Games for Understanding）の総説的な書籍『理解のためのゲーム指導論—理論・研究・実践』において、グリフィンらはおよそ20年間にわたるTGfUの史的な概説をしており[*7]、ゲーム修正の問題についてもソープらの原理的記述を取り上げているが、その発展的な検討については触れられていない[‡3]。

　さて、筆者は、前述したようにソープらが論じてきたゲーム修正における「誇張」の問題は、ゲームの「意思決定」（判断）と密接不可分に結びついているものとして理解しているのであるが、このことについてのさらなる知見を得るために、筆者が教材づくりに携わってきたものを対象にして検討を試みたいと思う。

[2]「誇張」の視点の検討

　先に、「ゴール型」「ネット型」「ベースボール型」の3つのタイプにおいて、筆者が取り組んできた教材づくりについて、その課題意識と主要な方向性について記述してみた。そこでそれらについて説明する中で取り上げてきた教材づくりの事例に基づいて「誇張」の視点とその方法論に関する思考を増幅させる議論を展開し、整理したいと思う。問題とするのはゲームの中で求められる、あるいはゲームの中で直面する「意思決定」（プレイ状況の判断）とそれに結びつくゲーム形式（game form）の改変の方策である。

　ここでは、「誇張」の視点を概略的に浮き彫りにする意味で、ゲームの戦術的課題の解決に向けてなされる「意思決定」（判断）の「対象」と「機会」と

表1-6　戦術的課題を「誇張」する方策の枠組み

戦術的課題の誇張	意思決定の「対象」の明確化	意思決定（判断）の対象を減少させることによってクローズアップし、明確化させる。
		意思決定（判断）の対象を生み出す選択肢を創出することによってクローズアップし、明確化させる。
	意思決定の「機会」の提供	ゲームの中の役割行動に結びつく意思決定（判断）に、すべてのプレイヤーができる限り関与できる機会を保障する。

いう枠組みが提示できると考えられる。この観点から「誇張」に相当するゲーム修正として表1-6に示した「意思決定」（判断）との関係性を指摘しうる。

以下では、これらについて具体的な記述を試みるが、「誇張」の対象となるボール運動領域の教材づくりの事例は、子どもたちがおよそ単元で主要に取り組むゲーム（「単元教材」＝メイン・ゲーム）のレベルのものである。

[3] 意思決定(判断)の「対象」と「誇張」の手法

表1-6に示したように、戦術的課題の「誇張」の視点としての「意思決定」（判断）の「対象」に関わって、「意思決定（判断）の対象を減少させることによってクローズアップし、明確化させる」こと、「意思決定（判断）の対象を生み出す選択肢を創出することによってクローズアップし、明確化させる」ことを大別して考えることができる（図1-14）。

ここでは、その具体的事例を「ベースボール型」と「ゴール型」を取り上げて説明してみることにする。

❶「意思決定」の対象を減少させることによる「誇張」

まず、「ベースボール型」について記述してみたい。ベースボール型のゲームは、英語圏において、fielding/run-scoring game と表記されることもある

図1-14　意思決定に視点を置いた「誇張」の手法論

ように、攻撃側の走者が速いのか、守備側のフィールディングの協同的プレイが速いのかを、特定の塁上で競い合うものであると言ってよいであろう。このように理解した上で、ソープらのいう「フル・ゲーム」、いわば既存の種目における守備側の意思決定の複雑さは、次のように指摘できる。

　野球でもソフトボールでも、通常、守備側は9人のプレイヤーにそれぞれ異なるポジションに相応しい組織的なフィールディングの役割が期待される。それは、同一の目的遂行のためであることは間違いない。なるべく多く失点しないように、またランナーを先の塁に進ませないようにする共通の課題認識のもとになされる協同的プレイである。このことから、守備側プレイヤーには攻撃側の打球状況に応じて、そのボールをどこに（どこの塁に）持ち込めばよいのか、またそのためにどのような役割行動をとるべきなのかについての意思決定（判断）が求められる。したがって、その判断が適切でなければ、攻撃側の進塁を許してしまい、さらには大量失点を招くことさえある。つまり、打球状況に応じて遂行されるべき行動がかなり確定的に絞られるという「意思決定」の特徴がみられると言ってよいであろう。したがって、野球やソフトボールなどの既存のゲームでは、判断を誤り、ボール操作に失敗すれば、「フィルダース・チョイス」（守備側の行動の、特にボールの送り先の判断の誤り）や「エラー」ということになってしまう。

　さらに、これらの一般的なゲームでは、塁上に位置しているランナー、アウトカウント、イニング、得点差などといった多くの変数に加えてその時々の打球状況に対応することが要求されるため、子どもや初心者にとっては極めて複雑な「意思決定」の「対象」を含み持っていることになる。

　このような、守備側の戦術的課題に包み込まれている「意思決定」（判断）の対象を減少させ、判断の選択肢を焦点化させることを、子どもの発達段階（学年段階）を想定しながら構成してきたのが「あつまりっこベースボール」（小学校低学年）―「修正版・並びっこベースボール」（小学校中学年）―「フィルダー・ベースボール」（小学校高学年）―「ブレイク・ベースボール」（小学校高学年から中学校必修段階）などのゲーム群である。

　これらのゲームはとりわけ「戦術の複雑さ（tactical complexity）」の段階を、「どこでアウトにするのか」「どのように役割行動をするのか」「どちらのランナーをアウトにするのか」といった判断の「対象」として抽出し、明確化しながら発展的に組み合わせていく発想において創出されてきたものである。そこでは判断の「契機」となる「打球状況」「打者ランナー」「残塁場面」をどのようにゲーム形式に組み込むのかが「誇張」の具体的手法となる。[*8]

❷「意思決定」の対象を生み出す選択肢を創出することによる「誇張」

　次に、「ゴール型」のゲームにおける「誇張」の事例とその考え方について触れてみる。

　「ゴール型」は、「敵と味方が同じコートを共有する中で、有効な空間を生み出しながらボールをキープし、ゴールやゴールラインに持ち込むこと」が戦術的課題（攻撃側）となると言ってよいであろう。[*9] この「ゴール型」のゲームに慣れ親しんでいない子どもたちにとって、その課題解決は非常に複雑で難しいものであるが、先の「ベースボール型」とはその様相が異なる。そのことについて、ここで問題としている「意思決定」の視点に着目してみた場合、先にゴール型の教材づくりの課題意識を述べた節で指摘したように、①ゲームの状況判断において「味方」「相手」「ゴール」の位置といった多くの「契機」が包み込まれていること、②ゲームの展開が速く、常に流動的な様相を呈すること、またそこではゲーム状況の判断の「対象」となる「空間」（スペース）の意味が刻々と変化すること、③ボールを持ったプレイヤー、およびボールを持たないプレイヤーの行動の「自由性」が高いことを挙げることができる。

　ここに前記の「ベースボール型」の守備場面とは相違する意思決定の特徴が存在すると解釈してよい。打球状況によって、とるべき適切な行動がほぼ決まるベースボール型と異なって、多数の可能性の中から行動を選びとらなければならないのである。したがって、特にここでの意思決定の「自由性」に関わって、学習者に積極的な行動の手掛かりを提供していくゲーム修正を考えていくことが教材づくりの重要な視点になりうる。と同時に、そこに「誇張」の手法を求めていくことが大きな１つのアイディアになるものと思われる。それは意思決定の「対象」を生み出す選択肢を意図的に創出することによって、子どもたちのプレイを方向づけていく仕掛けづくりでもある。これが先に取り上げた「明示的誇張」の論理である。

　ここでは子どもにとって明瞭な付加的ルールは、「ゴール型」ゲームの中で用いられる「ゴール」やコート上に設定される特定の「エリア」に向けられており（「ゴール型」の中でも、最終的にシュートに持ち込むタイプが想定される）、シュート・チャンスを創ったり選んだりすること、またそのためにチームの他のメンバーをよりよく意識することを誘発する仕掛けづくりが意図されている。

　そこでは、「ゴール」や「エリア」の付加的ルールが、戦術的課題を誇張する「教具」の機能を果たしていると言ってよい。

[4] 意思決定（判断）の「機会」と「誇張」の手法

　ボール運動では常に「意思決定」（プレイ状況の「判断」）が要求される。したがって、そこではゲームの状況判断に積極的・能動的に参加できるようになることが、その面白さ、楽しさの源泉になる。このことから、修正されるゲームの前提として、プレイヤーのゲームへの実質的な参加を保障することが最も重要になろう。それはボール運動の指導における強調点であるとともに、教材づくりの基本的な立脚点になる。そこで、その論理について「誇張」の視点からの探究を試みるとすれば、そこには、ゲームに参加するメンバーにそのゲームでの意思決定（判断）に関与する「機会」を最大限に提供していくことが求められるであろう。換言すれば、ゲームの中で達成すべき協同的プレイに向けて、個々のプレイヤーがその役割行動に豊富に参加していくことのできるゲーム形式やゲームの条件に関する修正の必要性である。

　この視点から取り上げられうる典型的なゲームの具体的事例は、「ネット型」の教材群である。例えば、「フロアーボール」（小学校中学年）―「キャッチセット・アタックプレルボール」（小学校中学年）―「アタックプレルボール」（小学校高学年～中学校必修段階）―「ダブルセット・バレーボール」（中学校必修段階）など、先に取り上げてきたゲーム群はすべてこの発想に貫かれている。

　「ネット型」（ここでは自陣でボールを組み立てられる「連携プレイ」のタイプに限定しておく）のゲームは、例えばバレーボールなど、ゲームで要求されるボール操作の技能が高度であるため、近年まで小学校段階では取り上げられていなかったが、その戦術的課題の側面からみた場合、特に初心者に親しまれるレベルでは、「ゴール型」や「ベースボール型」に比較してそれほど複雑ではない。なぜなら、自陣でボールを組み立てるその連携の仕方（役割行動）は時間軸に沿って選び取られるからである。そのためボール操作の仕方やその条件を子どもたちに相応しい要求度に変更することができれば、ネット型の本質的な面白さを十分味わえる可能性が高い。そこで問題になるのはすべての子どもたちがゲームの中で要求される役割行動に参加できるかどうかである。

　上記に掲げた4つのゲームのうち、前の3つのゲームは、3人のプレイヤーが3回触球制の中で、どの場面でも必ずボールを組み立てる連携に必然的に参加するようにルールが構成されている。最後に取り上げた「ダブルセット・バレーボール」は、4人4回触球制である。3人3回触球制の場合（必ずそれぞれ1回ずつ触球する）には、通常、「レシーブ―セット―アタック」のいずれ

かの役割行動をプレイ状況に応じながら判断し、遂行する「機会」が確実に保障される。この場合、「レシーブ」「セット」「アタック」というのはプレイヤーの固定された分担ではなく、プレイ状況に対応した「意思決定」を学習する機会をも提供することになる。このように、ゲームに参加している個々の子どもに「意思決定」への関与を意図的に導くことも、ゲーム修正における「誇張」の論理として解釈することができるであろう。

　このことは「ネット型」のみでの工夫ではない。例えば、先に引き合いに出した「ベースボール型」のゲーム群においても同様である。「あつまりっこベースボール」「修正版・並びっこベースボール」においては、守備側は全員のプレイヤー（たいてい4～5人）が早くアウトにするためのゾーンやランナーを先回りした塁に集まって「アウト」にするゲーム形式が採用されている。つまり、「どこでアウトにするのか」についての「意思決定」への関与に、守備側のすべてのプレイヤーが参加する「機会」を保障していると言ってよい。さらに、守備側の行動に「捕球・送球」「ベースカバー」「中継プレイ」「バックアップ」などの役割分化を戦術的な課題として要求している「フィルダー・ベースボール」「ブレイク・ベースボール」においても、守備側プレイヤーのほぼすべてがそれらの役割行動に関与できるゲーム形式が構成されている。

[注]
‡1　なお、「誇張」について、ゲームの中での意思決定との関係から解釈したのは以下の拙稿がその最初である。
　　岩田靖（2000）ボール運動・球技の教材づくりに関する一考察―「課題ゲーム」論の「戦術中心のアプローチ」からの再検討、体育科教育学研究17（1）：9-22
‡2　このことについては以下の拙稿の中でも触れている。
　　岩田靖（2005）技術指導からみた体育―体育における技術・技能・戦術の意味、友添秀則・岡出美則編、教養としての体育原理、大修館書店、p. 76
　　岩田靖（2011）教材論、日本体育科教育学会編、体育科教育学の現在、創文企画、pp. 117-118（なお、この書籍はその後、岡出美則ほか編として同社から新版が2015年に刊行されているので付記しておく）。
‡3　なお、オスリンらがバンカーとソープが提示したTGfUモデルに由来する「ゲーム中心のアプローチ」（game-centered approach）に関する研究成果をレビューした文献においても、残念ながらこのゲーム修正論については取り上げられていない。
　　Oslin, J. & Mitchell, S. (2006) Game-centered Approaches to Teaching Physical Education. In Kirk, D., Macdonald, D., & O'Sullivan, M. (Eds.) The Handbook of Physical Education. Sage Publications, pp. 627-651.
‡4　例えば、アーモンド（1986）が提示しているゲームの分類枠組みなど。ただし、近年の「戦術アプローチ」論の中では、striking/fielding game（打撃・守備型ゲーム）という表記もなされている（ミッチェルら、2003）。

Almond, L. (1986) Reflecting on Themes: A Game Classification. In Thorpe, R., Bunker, D., & Almond, L. (Eds.) Rethinking Games Teaching. Loughborough: University of Technology.

Mitchell, S. A., Oslin, J. L., & Griffin, L. L. (2003) Sport Foundation for Elementary Physical Education: A Tactical Games Approach. Champaign, IL.: Human Kinetics.

[文献]

*1 Thorpe, R., & Bunker, D. (1997) A Changing Focus in Games Teaching. In Almond, L. (Ed.) Physical Education in Schools (2ed.), Kogan Page: London. pp. 52-80.

*2 岩田靖(2010)ゲーム修正の論理(コラム)、髙橋健夫・岡出美則・友添秀則・岩田靖編著、新版・体育科教育学入門、大修館書店、p. 60

*3 岩田靖(2000)ボール運動・球技の教材づくりに関する一考察―「課題ゲーム」論の「戦術中心のアプローチ」からの再検討、体育科教育学研究17(1):9-22

*4 Mitchell, S. A., Griffin, L. L., & Oslin, J. L. (1994) Tactical Awareness as a Developmentally Appropriate Focus for the Teaching of Games in Elementary and Secondary Physical Education. The Physical Educator 51(1): 21-28.

*5 Griffin, L. L., Mitchell, S. T., & Oslin, J. L. (1997) Teaching Sport Concepts and Skills: A Tactical Approach. Champaign, IL.: Human Kinetics.

*6 Mitchell, S. A., Oslin, J. L., & Griffin, L. L. (2003) Sport Foundation for Elementary Physical Education: A Tactical Games Approach. Champaign, IL.: Human Kinetics.

*7 Griffin, L. L., & Patton, K. (2005) Two Decades of Teaching Games for Understanding: Looking at the Past, Present, and Future. In Griffin, L. L., & Butler, J. I. (Eds.) Teaching Games for Understanding: Theory, Research, and Practice. Champaign, IL.: Human Kinetics.

*8 岩田靖(2011)ベースボール型ゲームの教材の系統性を探る、体育科教育59(5):10-14

*9 岩田靖(2005)技術指導からみた体育―体育における技術・技能・戦術の意味、友添秀則・岡出美則編、教養としての体育原理、大修館書店、p. 74

ボール運動領域における
階層的な教材づくり

　「階層的な教材づくり」……この表現そのものは未だ一般に定着しているものではないが、図1-15の左側に示した「単元教材」と「下位教材（群）」という考え方はかなり浸透してきているものと思われる。このことはボール運動の教材づくりにもそのまま適用できるものである。

[1] 教材の階層性

　授業において用いられる教材には、単元を通して提示されるものもあれば、その単元の中で部分的に利用されるもの、個々の認識的・技能的内容に対応した下位レベルの教材もある。一般教授学の知見を援用すれば、その相対的な位置づけの違いに応じて、前者のような大きなサイズの教材を「単元教材」、後者のような下位レベルの教材を「下位教材」と呼ぶことができるであろう[*1]。
　このような単元教材と下位教材（群）からなる「階層的な教材づくり」は単元構成やその展開に向けての重要な視点になる。特に、子どもたちの学習の意欲や成果を拡大させていくことが期待される。子どもたちが「面白そうだ」「やってみたい」「私も頑張れそうだ」と思えるような「単元教材」へ誘い込む中で、「わかる」ことや「できる」ことへの必要感を高めるとともに、「下位教材群」によって知識の獲得や技能の向上を図ることによって、単元教材に取り組むさらなる意欲を増幅できるような関係が求められると言ってよいであろう[*2]。
　これをボール運動の領域において考えるとすれば、単元を通して子どもたちが取り組む「メインゲーム」が単元教材づくりの対象に位置づく。メインゲームを中心にした学習活動を通して、単元後半から終盤にかけて、子どもたちが自分たちのチームに対して、「勝ち負けはいろいろあったけど、みんな上手に

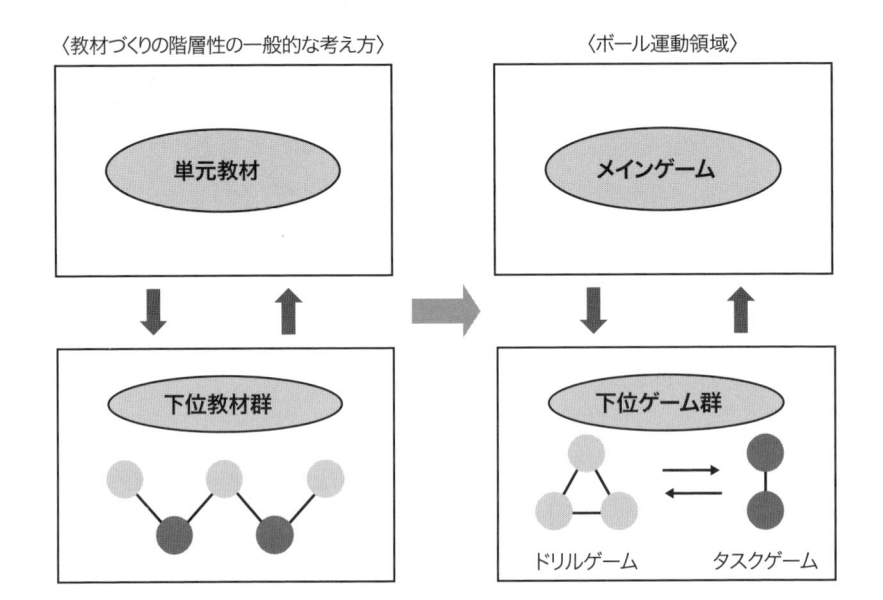

図1-15 階層的な教材づくり──単元教材と下位教材（群）

　なったし、いいプレイがいっぱいでたね」といった振り返りをしてくれることを大いに期待したいものである。
　そこで単元展開の限定された時間の中で子どもたちの達成度を保障していくには、一方で、メインゲーム自体が子どもたちの能力に適したものでなければならないのは言うまでもない。ただし、実際、子どもたちが取り組むメインゲームのパフォーマンスを高めていくためには練習が必要である。それも、メインゲームの中での技能や行動の向上に大いに貢献する練習形式が求められる。ここに、下位教材（群）を挿入していく必然性が浮かび上がる。そのような下位教材として「ドリルゲーム」や「タスクゲーム」と呼称されている練習形式を典型的なものとして取り上げることができるであろう。
　これらはその名称が示しているように、「ゲーム化」された練習形式である。授業で用いる練習のあり方はかならずしもゲーム化されている必要はないものの、それらは子どもたちの学習意欲を高め、練習の達成度をフィードバックしてくれる仕掛けとして捉えることができる。この「ドリルゲーム」と「タスクゲーム」とはどのようなゲームであり、そこにはいかなる相違点があるかについては注意深く考えておく必要がある。

[2] 「ドリルゲーム」と「タスクゲーム」の違い

　この2つのゲーム形式の違いは、ボール運動の運動特性とそこでの学習内容との繋がりの中で検討することが重要であろう。ボール運動は今まで確認してきたように、ゲームの中で常にプレイ状況を判断しながら技術的・行動的な対応をとることが求められる運動特性を有している。学習指導要領では、特に「ボール操作」(on-the-ball skill)と「ボールを持たないときの動き」(off-the-ball movement)の2つの枠組みから「技能」に関わる学習内容が示されているが、今述べた運動特性から理解すれば、ゲームの中での「意思決定」(decision-making)に結びついてボール操作やボールを持たないときの動きが発揮されるということを押さえておく必要がある。実は、このことを前提にすることが、ドリルゲームとタスクゲームの違いを理解し、それらをどのように開発し、利用するのかを考えるポイントになる。

　ドリルゲームはメインゲームで要求される技能、とりわけボール操作を中心にした練習を意味している。ボールを投げたり、捕ったり、蹴ったり、打ったりといった技能を一定程度高めなければならない場合、個々の子どもにできる限り豊富な練習機会を提供する必要がある。しかしながら、ドリルゲームの場合では、基本的にメインゲームの中で要求される「意思決定」（判断）と直接的に結びついているわけではない。この意思決定を強調するのがタスクゲームであると理解するのが重要である。

　例えば、筆者はゴール型のバスケットボールを素材としたタイプのメインゲームに対応して、「スリーズ」（フープを三角形の頂点の位置になるように設定して、3対2で攻防し、フープの中でボールを受けることができれば得点となるゲーム）をタスクゲームに用いることは非常に有用であると考えている。そこでは特に、得点できるゾーンにチャンスメイクで「飛び込む」のか、それ以外のエリアでボールを「繋ぐ」のかという異なる意味を持った「ボールを持たないときの動き」をディフェンスの位置取りに応じて判断していく学習が強調できるからである。

　この2つの練習形式としてのゲームの違いについては、これらを最初に提唱した高橋健夫の議論（「課題ゲーム」論）にまで遡って再吟味してみることが不可欠であろう。

[3] 高橋健夫の「課題ゲーム」論

　かつて岡田和雄[*4]は、小学校における「ボール運動指導の問題点」として以下の5点を掲げていた。
　(1) うまい子だけが活躍する学習になっていないか。
　(2) 子どもまかせのゲームになってはいないか。
　(3) ルールを固定的にとらえていないか。
　(4) ボールコントロールばかり練習させていないか。
　(5) 多すぎる人数で練習させていないか。
　これらはまさに事柄の要点を手際よく整理したものであると言ってよい。
　さて、このような岡田の指摘に直接呼応したわけではないが、その後、同様な問題意識を有しながら、高橋健夫はボール運動のよい授業づくりの基底として、「課題ゲーム」づくりの重要性を指摘している。ここでは先に論述した欧米の「戦術中心のアプローチ」の視点を踏まえながら、「課題ゲーム（タスクゲーム）」のあり方を再吟味したい。なぜなら、高橋がいくつかの体育専門雑誌において「課題ゲーム」の考え方を提示して以来、この用語を用いた授業実践報告やゲームのアイディアが提供されることが少なくなかったが、実際のところ、考案された諸々のゲームは「タスクゲーム」というよりも「ドリルゲーム」として理解できるものが大半を占めていることに気がかりを感じてきたからである。
　まずは、高橋の述べる「課題ゲーム」について簡潔に要約しておくことにしよう。高橋は「課題ゲーム」を次のように規定していた。
　「単元目標や各時間の目標（到達目標、行動目標）に対応した明確な課題を含み、そのことがゲームの中で意図的に練習され、しかもその課題が実現されたかのフィードバックが得られるようなゲーム[*5]」
　このようなゲームの開発の必要性は以下のように説明されている。
　「子ども達はゲームを好み、勝ち負けだけに関心を向けるように見える。なにかというと『先生、早くゲームをしようよ』と催促する。しかし、学習のねらいが不明確で、低次元のゲームを繰り返し行っても、大部分の児童はゲームの楽しさを味わえないばかりか、そこではほとんど学習が行われないで終わってしまう[*6]」
　「ボール運動の学習指導に関わって、みんなにできる喜びを保障していくためには、基本的な技術や戦術が正確に、意欲的に、そしてできるだけ数多く学

習されるような有効な教材をつくりだす必要がある。体育の授業で、加工されないそのままのゲームをあたえているようでは、子ども達は勝敗にのみ関心が向き、習得させたい技術や戦術的内容はほとんど学習されない。逆に、これらの内容を強調し、部分的・要素的な技術のドリルに比重をおけば、子どもの学習意欲は高まらず、また学習成果も上がらない」[*7]

　これらの指摘の背景には、従来のボール運動指導における問題点、つまり、個別の要素的な運動技術の練習を積み上げてもゲームに生きない、また無意図的なゲームを繰り返しても質的発展がみられないことの認識があることは当然で、「課題ゲーム」ではそれへの解決の糸口が探究されていたと言ってよい。

　そこで高橋は、「課題ゲーム」づくりの「原則」として以下の３点を掲げている。[*6]

　①そのゲームで習得させたい技術的・戦術的課題が明確であること。
　②課題に応じて人数のミニ化を図ること。
　③本来のゲームの特性を失わないこと。

　①では、練習の課題を鮮明にするためのゲーム修正（ルールや場面の工夫）が求められる。②ではゲームに参加する人数を減少させたやさしい課題づくりが意図されているが、それとともに一人ひとりの子どもの学習機会を増大させることを含んでいる。さらに③は、それぞれのボール運動種目固有の面白さを保有しつつ、子どもの興味や能力に合ったルール修正についての指摘である。

　ところで、高橋の「課題ゲーム」づくりの考え方は、先に取り上げた欧米圏の戦術中心の学習指導のアプローチにおける「ゲーム修正論」とかなり近似した発想を有していることに気づかされる。高橋が記述した「課題ゲーム」づくりの原則は、ソープらのゲーム修正における２つの視点（「発達適合的再現：representation」と「誇張：exaggeration」）の意味するところと大いに重なり合うからである。

　ただし、もともと高橋の「課題ゲーム」づくりに関する指摘は、戦術中心のアプローチの側面から記述されたものではなかったことから、「技術ベース」から「戦術ベース」への指導の転換といったゲームづくりの基本的視点を明瞭にしているわけではない。確かに、高橋は「課題ゲーム」づくりにおいて、「技術」とともに「戦術」的課題の明確性を指摘してはいるが、「戦術的気づき」(tactical awareness)、およびゲーム状況における「意思決定」の過程の重要さについて摘出し、強調しているわけでもなかった。つまり、「課題ゲーム」づくりの視点として、ゲームに参加する子どもの認識的側面への着眼は一見薄いように捉えられるかもしれない。その点からすれば、これまで「課題ゲーム」

第１章-8　ボール運動領域における階層的な教材づくり

は体育授業づくりの現場において、一般的にゲームに必要な運動技術のドリル的要素の強い練習形式として理解されてきた傾向がなかったわけでもない。しかしながらそれは高橋の本意ではなかろう。そのことについて以下の2点から論じておきたい。

❶ボール運動と認識的側面

　高橋は「課題ゲーム」づくりに関わって次のように述べる。

　「子ども達は、スポーツ選手のように、学習すべき運動に対して強い内発的動機をもっているわけではない。したがって、スポーツ選手が行うように、個々の技術を1つ1つ時間をかけて練習し続けるような忍耐力を備えてはいない。また、それらの個々の技術が、意味のある全体（ゲーム）の中でどのように位置づき、活用されるのかということについても十分理解しているわけでもない」[*6]

　ここでは、ボール運動指導の発想の転換を明瞭に押し出しているわけではないが、「技術」学習をゲームの意味やそれについての理解との対応から問題化させていることは明白である。ここでは、高橋がボール運動指導において認識的側面を重要視していたことを明確にしておきたい。例えば、高橋は体育授業における「わかる」と「できる」の関係論について指摘した中で、「感覚運動系」の学習と「戦術行動系」の学習との対比において、特に「戦術行動系」の運動学習においては、「論理的に『わかる』」ことの意味を指摘し、「明確な行動認識の上に始めて適切な行動が実行できる」ことを強調している。[*8]

　ここで高橋が記述している「行動認識」とは、まさにゲーム状況における判断と行動の選択がそれに基づいて行われるところの「戦術的気づき」（戦術的認識）を意味していると理解できる。実際のところ、「戦術」そのものはゲームに参加する子どもの思考や判断から離れて存在するものではなく、むしろ思考や判断を前提にして成り立ちうるものである。

　さらに我が国においてボール運動の分類論について、「戦術的行動」の側面から積極的にアプローチする先鞭をつけたのは高橋であった。[*7,9]「Ⅰ．攻守入り乱れ系（①シュートゲーム型・②陣取りゲーム型）」「Ⅱ．攻守分離系（①連携プレイ型・②攻守一体プレイ型）」「Ⅲ．攻守交代系」による分類である。

❷「課題ゲーム」と「ドリルゲーム」の区別論

　次に、高橋が提案している「課題ゲーム」を「ドリルゲーム」と区別する視点から、もともと「課題ゲーム」が戦術的な判断・選択という子どもの認識的

側面に関わって設定されるべきものとして構想されていることを読み取っておきたい。

　高橋は「子ども達が意欲的に学習活動に従事し、しかも大きな学習成果を上げるためには、学習課題が明確で、しかもすべての子どもがその学習課題に十分取り組めるような『課題ゲーム(task game)』や『ドリルゲーム(drill game)』を作り出すことが必要である」と述べていた。先に示した「課題ゲーム」の規定もほぼ同時期に記述されたものである。ここでその規定をもう一度取り上げてみる。

　「単元目標や各時間の目標（到達目標、行動目標）に対応した明確な課題を含み、そのことがゲームの中で意図的に練習され、しかもその課題が実現されたかのフィードバックが得られるようなゲーム」

　この規定自体は「課題ゲーム」（タスクゲーム）にも「ドリルゲーム」にも当てはまる。ここではまさに学習成果の向上を目指した「学習課題の明確性」と「学習機会の増大」の視点が掲げられているのである。この意味では、タスクゲームもドリルゲームもその意図に違いはない。したがって、上記の規定は、ドリルゲームとは区別されるところのタスクゲーム独自なものではない。問題はその双方における学習課題の中身・性格の相違にある。

　高橋は「ドリルゲーム」について次のように説明している。まずそれは、「本来のゲームではないが、練習内容をゲーム化したもの」で、ゲームを楽しむために最低限必要とされる「個人的技能」の向上を意図するものである。つまり、特にボール操作に関わった「個々の技能を高める」ための練習ゲームと言える。そのような個々の技能は、「ゲームを漫然と繰り返すだけでは習得されない」ものであって、意図的に、そして意欲的に学習できる条件設定が問題とされる。高橋は、「はっきりと評価できるような明確な行動目標が設定されれば、それは一種のゲームになることを知っておくべき」だとする。

　したがって、「ドリルゲーム」とは個々の技能の反復的学習を、特に子どもの学習意欲を喚起する視点からクローズアップしたものであり、個々の技能の練習そのものがゲームになるような教材づくりの手法といってよい。そこでは基本的に、学習対象となるメインゲームに内包された戦術的課題に類縁する「意思決定」は要求されていない。このドリルゲームとの対比においてこそ、タスクゲームの課題性を描き出すことができる。まさにメインゲームの中で求められる戦術的課題の解決に必要になる「意思決定」と結びついたパフォーマンスを練習対象に仕組むところにタスクゲームの中心的な意味が存在しているのである。

[4] ドリルゲーム・タスクゲームの質と量

　ドリルゲームやタスクゲームなどの下位教材の単元における質・量に関わる事柄もボール運動の授業づくりにおいてはかなり重要な問題である。
　まずは当然ながら、それらの下位教材がメインゲームでの課題解決に密接に結びつく学習内容を担った練習形式であるかどうかが問われる。もしもそれらがメインゲームに繋がるものでないとしたら、それはもはや「下位教材」を意味するものではない。また、子どもたちにとってその練習の意味がわかり、必要感が生まれるものでなければならない。そうでなければ、これらの下位教材を導入した授業は、一種の「形式主義」に陥ってしまうことになりかねない。
　これらのことを指摘した上で、次の事柄に注意深く配慮すべきであろう。
　子どもたちはゲームを理解し、それに慣れるのに時間がかかる。これはメインゲームにも、またそれらの下位に位置づくゲームにおいても同様に指摘できることである。そうだとすれば、異なる練習教材が単元の中に数多く導入されることは、その系統性を考慮してもマイナス面が表面化してくることが当然予想される。「ゲームに慣れるのに手いっぱい」の状況が生まれるからである。[11]
　時折、非常に多くのドリルゲームやタスクゲームで埋め尽くされている単元計画に出会うことがあるが、メインゲームに取り組む時間の保障の観点からも、意味ある精選された下位教材群の設定が重要であろう。

[注]
‡1　ここに示されている「攻守入り乱れ」「攻守分離」「攻守交代」といった系に相当する名称そのものは、攻撃と守備が生起する場やその様態から選び取られているが、分類の基本的視点はそれぞれの種目（ゲーム）において課題となる戦術行動の特徴に求められている。
‡2　高橋の指摘するドリルゲームに類似の発想は、かつて1960年代初めの教育学者・梅根の指摘にもみられた。梅根は、「要素的技術練習のゲーム化」という考え方において、要素的な技術の学習も単なる反復練習に終始するのではなく、より楽しく、生き生きと活動ができるように、練習自体をゲーム化することも可能であることを示唆していた。
　　梅根悟ほか（1960）授業分析のこころみ—5—／単元・送別レクリエーション、生活教育12（5）：60-71

[文献]
*1　岩田靖（2010）体育の教材・教具論、高橋健夫・岡出美則・友添秀則・岩田靖編著、新版・体育科教育学入門、大修館書店、pp. 54-60

＊2　岩田靖（2012）体育の教材を創る、大修館書店、pp. 27-30
＊3　竹内裕（2010）ハンドボール、高橋健夫・立木正・岡出美則・鈴木聡編、新しいボールゲームの授業づくり、体育科教育58（3）：57
＊4　岡田和雄（1980）たのしくできる体育5・6年の授業、あゆみ出版、pp. 149-151
＊5　高橋健夫（1988）ボール運動のよい授業―よい授業を生み出すための前提、たのしい体育・スポーツ（26）：48-53
＊6　高橋健夫（1989）新しい体育の授業研究、大修館書店、p. 90
＊7　高橋健夫（1992）ボール運動教材の再検討、楽しい体育の授業5（2）：4-6
＊8　高橋健夫ほか（1989）「わかる」と「できる」をめぐって、体育科教育37（11）：56-61
＊9　高橋健夫（1993）これからの体育授業と教材研究のあり方―「運動の教育」と教材選択の基準、体育科教育41（4）：19-21
＊10　高橋健夫（1994）ゲームの授業を創る、体育科教育42（2）：12-18［別冊⑪・ゲームの授業］
＊11　岩田靖（2010）ゲーム・イメージへの誘い込みとその発展、体育科教育58（11）：40-43

ボール運動領域の学習と「仲間づくり」

　先に「やさしい教材づくり」の論拠としてボール運動領域の授業づくりの前提になる課題意識を記述した節において、ボール運動領域と仲間づくりの問題を取り上げたが、そのことについてここで改めて詳述してみたい。

[1] 「内在的価値」と「外在的価値」の区別論を再考する

　さて、巨視的にみて、1998（平成10）年改訂の学習指導要領において提起された「心と体の一体化論」は、少なくともこれまでの体育、あるいはその中心的な位置を担っている「運動（スポーツ）の教育」論の再構築を求めたものと考えられる。その背景には、現代の学校問題と子どもを取り巻く状況への認識が存在したと同時に、最近の四半世紀の間、ややもすると背後に隠れがちになっていた「運動（スポーツ）による教育」の機能を再評価する動きがあったと言ってよいであろう。
　したがって当然ながらそこでは、「文化としてのスポーツの教育」とともに、子どもの人間的・人格的成長（あるいは子どもの身体性や社会性）に働き掛ける教育の意味との複眼的な視野から体育の価値が問われている。また、学校教育全体における体育の役割やそれに向けての期待が込められているのは間違いない。そのような中で筆者は、「心と体の体育」の意味するものは、「自己の身体を機能させうるからだの喜びと運動を介した他者との交流の喜び」を体育授業に共通する重要なベースとして考えるべきだとするメッセージであると捉えている[*1]。なお、欧米諸国における体育カリキュラム改革の動向も、スポーツの持っている多視点的な意味の評価を通して、学校教育におけるその存在意義を提起している[*2]。

我が国では、1970年代末以降、運動を手段として子どもの多様な発達を促す「運動による教育」の立場から、運動を目的・内容とする「運動の教育」の考え方に転換させてきた。そこでは、運動を媒体として実現可能な教育の一般的価値（体力・運動能力、社会性などの人格形成）、言い換えれば運動の「外在的価値」(extrinsic value) によってではなく、運動に固有な「内在的価値」(intrinsic value) を尊重し、それを中心に体育授業を意義づけ、方向づけてきたと言える。とりわけ、運動参加によって体験される「意味ある経験」「楽しさの経験」が重視されてきた。

　このような「内在―外在的価値」を区別するその仕方は、総じて「運動の教育」の立場への転換を主張していた時代においてはわかりやすい論理を提供してきたと言ってよいのかもしれない。つまり、特に1950年代後半から1970年代前半にかけての技能主義・体力主義の体育に代わる新しい体育の提唱として、1つの中心的な理論的骨子を形づくってきた意味においてである。ただしそれは、ややもすると教育的価値の二者択一的な議論に陥りやすいとともに、教科の成立基盤としてのスポーツの意味を非常に狭隘に捉えてしまう傾向を有しているのではないかと思われる。なぜなら、例えば実際のところ、体育授業において子どもの人間関係や仲間づくりを問題にすると、「運動手段論的体育への後退」といった理解を生み出している議論に直面することも少なくないからである。

　ここではおそらく、「スポーツの文化性」と教育の価値をどのように結び付けて把握するのかが大いに問われている。特に、社会性や人間関係の問題をスポーツの「外在的価値」として位置づけてきたこれまでの議論に対して再考を促す必要があるのではないかと思われる。

[2] スポーツの文化性の理解と教育的価値
──達成行動としてのスポーツ

　人間は身体を有した生物学的存在としての「ヒト（人）」であると同時に、他者と結び合い、関係し合う「間」を共有した社会的存在であると言ってよい。スポーツが時代や社会とともに変化しつつも、人間が取り組み、親しむ活動として継承されていくのは、それがまさに人間の「身体性」と「社会性」を軸にした文化であるところにその特徴が求められる。

　「体育」が広義な意味でスポーツを内容とし、またそれを媒介にして営まれるところの教育活動でありうるのは、この文化性に存在基盤を置いているから

である。言い換えれば、この文化は「自己の身体を機能させる喜び」と「他者との交流（コミュニケーション）の喜び」を前提としていると理解できる。だからこそ、人間はスポーツに誘い込まれ、楽しみ、味わうのであり、まさにそこに教育的価値があると言ってよい。

このような文化性を担っているスポーツはさらに、楽しみを求めて人間自らが「課題を設定してプレイ」するものであり、解決すべき身体運動の課題性を生み出すことによって、その達成に向けて努力し、面白さを追求できる「構造」を創り出している。したがって、スポーツとは人間自らが設定し、創出した運動課題の「達成行動」をその中心としていると考えてよい。この運動課題の解決のプロセスが、それぞれのスポーツの楽しさや面白さの探究に人間を誘い込み、そのプロセスの「共有」によって、人と人との相互のコミュニケーションを増幅させ、スポーツ参加者の結びつきを強めていく可能性が開かれているのである。[*3]

このような「達成行動」としてのスポーツの特質からみれば、達成すべき課題とそれに向けての解決の手段を探究し、それらを共有していくことがスポーツの面白さの1つの大きな源泉になるはずである。そして、そのプロセスがまさに「仲間づくり」だと言ってもよい。

そうだとすれば、仲間づくりを強調することを一面的な「手段論的体育」として理解すべきではないし、その必要もない。仲間と関わり合う能力は、まさにスポーツの能力の一部であり、基底であると考えられる。それは、スポーツの楽しさを生み出せる能力の育成に向けた、「スポーツの目的的学習の大切な一側面」としてクローズアップすべきなのである。

換言すれば、仲間と関わり合い、結び合う活動の喜びは、スポーツの中において生み出されるものであり、スポーツの「意味ある経験」の重要な構成要素であると理解し、強調したいということなのである。[*4]

[3] ボール運動と仲間づくり

先に述べたように「仲間づくり」ということを、「運動手段論」として切り捨てたり、この領域に限らない一般的な問題に解消してしまうことは妥当ではないと思われる。必要なのは、この領域の学習対象が包み込んでいる固有の運動の課題性との対応の中で、学習者間の「相互交流」（情報の確認や共有）の必然性といった視点を軸に、この問題を吟味してみることである。

今ここで述べた「達成行動としてのスポーツ」という基盤は、当然ながらス

ポーツの一領域を占めるボール運動にも当てはまるものである。ボール運動のゲームでは、それぞれの「戦術的課題」に向けての「達成行動」がプレイの中心になる。ここまで何度も指摘したが、ボール運動の特性理解の上に立って授業のコンセプトを「意図的・選択的な判断に基づく協同的プレイの探究」として捉えることは、とりわけチームにおける「集団的達成」に向けての思考や行動を大切にしていくことである。

　ここで最も重要になるのが、「戦術的気づき」を対象にした、あるいはそれを媒介にしたチームのメンバー間のコミュニケーションであろう。これこそが達成行動の過程における子ども同士の結びつきを濃密にするキー・ポイントである。

　ところで、実のところ、ボール運動において「集団的達成」に導くのは実は難しいものであり、むしろ陸上運動のリレーや器械運動における集団マット運動などの方が有効な成果が得られるという指摘がみられる。そのことについて、例えば高橋は集団的に取り組む器械運動の意味について説明する中で次のように記述している。

*

　……このような集団的達成の経験は、器械運動よりもボール運動の方がより豊かに経験できるようにみえますが、事実は逆です。ボール運動は、技術的・戦術的な難しさがあって、仲間が協力して作戦を立てても、これをゲームのなかで、みんなで実現できたという経験を得ることはきわめて少ないのです。その点、器械運動では、みんなができるようになった技を用いて演技を構成し、協力して練習すれば、比較的容易に集団的達成の喜びを味わうことができます。ちなみに、そのような可能性は、集団表現水泳や陸上競技のリレーなどにも備わっています。[*5]

*

　この指摘をどのように考えたらよいであろうか。ボール運動の仲間づくりに向けての教育的価値を低く見積もらざるをえないのであろうか。筆者は、この指摘を十分認めつつも、従来、子どもたちが真に関わりを深め、考えたり工夫したりしたことがまさに実現でき、協同的な達成の経験が生み出されるようなゲームが提供されてきたのかといった点にこそ、深くそして大きな反省を加える必要があると考えている。

　加えて、現行の学習指導要領の基盤として大きな影響を与えたボール運動における戦術中心の学習指導の発想は、仲間づくりの課題とは別個の問題ではなく、表裏一体のものとして理解することが大切であると主張したい。なぜなら、チームの人間関係を生み出していく最も重要な核になるのはゲームに対する認

識であり、その共有にあるからである。つまり、ゲームについての理解が子どもたちを結びつける媒介項であり、戦術的思考の授業論的強調はまさに仲間づくりと密接な関係を有していると言ってよい。「子どもたちが真に関わりを深められるゲームの提供」ということは、そのような「認識の共有化」を実現しやすい教材づくりがまさに課題となっていることを示しているのである。

[文献]
* 1 岩田靖（2004）学習指導要領の変遷、体育科教育52（2）：160-167
* 2 岩田靖（2002）21世紀の学校体育の創造―国際的な学校体育カリキュラム改革の動向に学ぶ、スポーツ教育学研究22（1）：25-27
 なお、『スポーツ教育学研究』の同号の中では、アメリカ、ドイツ、イギリスの学校体育の動向について、それぞれ友添秀則、岡出美則、木原成一郎の各氏が報告している。
* 3 岩田靖（2005）技術指導からみた体育―体育における技術・技能・戦術の意味、友添秀則・岡出美則編、教養としての体育原理、大修館書店、pp.70-77
* 4 岩田靖（2005）スポーツ教育、いま何が問題で、何をどうすべきか、体育科教育53（1）：26-29
* 5 高橋健夫（2001）仲間とつくる器械運動、学校体育54（11）：6-7

第1章-10

体育授業の質を高める
ストラテジーとボール運動

　授業の質を高めるストラテジーとは何か。
　「授業の質を高める」ということは、「よりよい授業を創る」ことと同義であろう。言い換えれば、子どもの学習意欲を喚起することができ、より大きな学習成果が得られる授業を生み出すことである。そこでそのための学習指導のストラテジー（方略）が問題になる。教授学的には一般に「教授ストラテジー」(teaching strategy) と言われるが、それは一定の教育理念や教科観を背景にしながら、授業において目指す具体的な教育目標（単元目標）や子どもの先行経験、学習レベルとの対応の中で、どのような教授＝学習過程を組織し、展開しようとするのかといった、教師の授業構想についての見通し（その方針や考え方）と言ってよいであろう。通俗な言い方をすれば、「授業の攻め方」とでも表現できるかもしれない。
　授業づくりは、子どもとの相互作用においてなされる極めて「創造的」な仕事である。教師はそこに「専門性」を期待されているとともに、「責任」を負っているわけであるが、この「創造性」を支えているのは、授業を構想し、展開していく教師の「意思決定」(decision-making) に関する力量である。ここではこれについて概説し、ボール運動の授業において具体的な記述をしてみたい。

[1] 多面的・構造的な意思決定の対象

　授業を創る際の教師による意思決定の対象は、言うまでもなく多岐にわたっている。それは授業を構成する諸要素が多面的であり、構造的に存在しているからである。それらを区分して考えれば、次のような事柄を主要なものとして

取り上げることができるであろう。

　その第1は、授業のねらいや目標をどのように描き出し、いかなる学習内容を中心的なものとして抽出するのかについてである。現在、「指導と評価の一体化」の重要性が認識されているが、ここで明確に指摘しておきたいのは、評価を考えることは当然のことながら、まさに授業において教え学ばせるべき目標・内容の検討と表裏であり、常にその捉え直しを意味しているということである。

　そのことを認識した上で、スポーツ（運動）がわかり、でき、そして実際に楽しめるようになるための有意味で典型的な学習内容の探究が必要になる。ここでは特に、教師の運動解釈力（運動認識）が問われると言える。

　第2は、このような目標の実現、学習内容の習得を可能にする教材・教具づくりに関するストラテジーである。授業の成否を左右する最も大きな要因は子どもたちが実際に取り組み、チャレンジする教材の善し悪しに置かれていると言っても過言ではない。そこでは授業において取り上げる運動学習の特質、例えば、「新たな動きを形成する学習」「動きの達成力を高める学習」「他者とともに協同してプレイする学習」などの違いに応じた工夫のバリエーションを適用していくことの大切さを掲げておく必要があるであろう。特にここでは、学習内容の視点とともに、子どもたちの学習意欲を喚起することへの配慮や積極的な仕掛けづくりが必要になるのは言うまでもない。

　第3には、授業スタイル、特に教師と子どもの関係における学習の形態や組織に関するストラテジーが掲げられうる。授業スタイル（teaching style）には唯一絶対の方式は存在しておらず、子どもたちに習得させたい内容や学習段階に応じて選択的に用いられる必要がある。例えば、すべての子どもに共通な基礎として習得させたい知識や技能として強調したい学習場面、あるいは個々の子どもやグループの多様性に対応して追究・発展させたい学習場面など、そのねらいに相応しい学習形態や指導の手法が選び取られるべきなのである。一斉学習、集団学習、個別学習などもその意味で柔軟に取り扱われることが大切であろう。

　最後に第4として、実際の授業場面における教師行動に関するストラテジーが重要になる。体育授業における教師の四大行動（マネジメント行動＝management、直接的指導行動＝instruction、観察行動＝monitoring、相互作用行動＝interaction）の問題であり、特に学習課題に密接に結びついたところでは教師の教授行為（説明、指示、発問、賞賛、助言といったフィードバックや励まし）の問題として捉えることができる。

ここで明記しなければならないのは、学習内容の適切な抽出、それに即した教材、妥当な授業スタイルの創出・選択を前提にしながらも、子どもたちの目的意識的な学習活動を確実に促進し、強化していくのは、学習を方向づけ、焦点化させ、活気づかせていく刻々の教師の働きかけであることである。先に述べた3つの事柄が主要には授業前に構想・計画されるものであるのに対し、ここでの意思決定は授業の進展や子どもの様態・変化などを実際に見取り、感じとることを通してなされるものである。したがって、教師の運動観察能力が問われ、また授業に対する感性も大いに反映されるところである。是非とも、肯定的で情熱的な教授学的タクトの発揮が期待される。

[2] 授業を方向づける「時間的思考」

　一般論としては、これまで述べてきたような教師の意思決定の対象を想定し、列挙することができるが、実際に特定の授業について具体的に考えようとすれば、それらの意思決定は授業の時間的・空間的な広がりを意識せざるをえないことが理解できる。それは、そもそも限定された授業時間の中で、施設や用具などの制限された物理的諸条件を土台に、ある一定のクラスサイズの子どもたちを対象に学習成果の期待できる授業を構想する必要があるからである。また、それは、教師や子ども間の一定の社会的関係を前提に、変化・進展していく動的な流れを生み出していくものであるからでもある。それゆえに、これらの意思決定がストラテジックなのである。

　それではここから、ボール運動の授業づくりに焦点を当てて考えてみることにしよう。先に、授業成果の評価に関わって、目標や内容の設定は、常にそれらの問い直しを含み持っていることの必要性について指摘した。つまりここでは、ボール運動の授業のねらいを決め出すことが、ボール運動の授業の本質的課題やコンセプトの再検討を意味していると言ってよい。授業の「質」を問うているのであるから、そのことを抜きにして語ることはできないであろう。

　本書における記述の全体がそれを基礎にしているように、筆者はボール運動の授業は、「意図的・選択的な判断に基づく協同的プレイの探究」にその共通のねらいを置くべきであると考えている。繰り返すことになるが、ゲームとはそこに面白さの源泉があるのであり、それに参加できることがプレイなのだと考えるためである。したがって、この観点から、「ゴール型」「ネット型」「ベースボール型」のボール運動の面白さを生み出す構造の相違を見極めながら、子どもたちに達成してもらいたいゲームの様相をイメージし、特に、「単元終

末には、子どもたちがこんなふうにゲームができるようになれば100点」といった目標像（ゴールイメージ）を頭の中に描き出すことが重要である。

しかしながら、そのイメージされたゲームは子どもたちの能力にマッチした、実現可能なものでなければならないであろう。これはとりわけ、単元に費やせる時間と、子どもたちが取り組むゲームの課題性（難易性）の吟味を通した複眼的視点からのイメージである。そこで例えば、チームのメンバーがどのようなことを理解し、共有し、具体的なコミュニケーションができるようになって欲しいかも併せて考えることになる。そして同時に、ゲームの中での「判断」を中核としながらも、ゲームにおいて実際にプレイし、楽しめるようになるための運動技能や動き方（ボール操作の技能・ボールを持たないときの動き）を焦点化し、絞り込むことが重要になろう。「あれも、これも」では子どもたちに消化不良を起こさせてしまうばかりでなく、一定の限定された時間の中ではその達成に導くことができなくなるからである。

授業の「創造」性にとって、これらの「想像」力（イマジネーション）が実は極めて重要で、授業構想力にとって欠くことのできないものである。なぜなら、そのイメージがあるからこそ、その実現に向けて教師は種々の手段を講じ、子どもに多様に働きかけていくその方途について思考を巡らすことができるようになるからである。まさにこれが、授業の「時間的思考」の出発点である。

実際、このような事柄に思いをはせているときには、既に授業の中で子どもたちが取り組む中心的なゲームの条件（game condition）を並行して考えることになる。多くの場合、直接的には大人のゲームを修正していく課題として立ち現れる。ここでは、そのゲームの「魅力」を保ちながら、子どもの体格や運動能力に適合したゲームの規格の修正に関わる視点と、ゲームの戦術的課題を鮮明にし、誇張する方策の視点が教材づくりのストラテジーの基本になるであろう。

さて、教材としての「メインゲーム」が創出・選択されたとすれば、そのゲームの学習をどのように子どもたちに解きほぐし、具体的に展開していくのかを考えることになるが、そこにこそ教師の「時間的思考」の核心部分が表出されることになるであろう。つまり、学習内容として導き出された「意思決定」や「ボール操作」「ボールを持たないときの動き」を並列的に位置づけるのではなく、教師の働きかけを通しながら子どもたちがうまくなっていく筋道をおおよそ先取りすることによって、それらの配置を構想していくことである。

例えば、ネット型の連携プレイタイプの学習において、子どもたちが意図したボールの組み立てのイメージも持たない段階で、個別の技能をゲームと絶縁

したかたちで反復練習したり、チームの中でのポジション取りや動き方を工夫させようとしたりしても、子どもたちを意味の分からない活動に追いやるだけであり、また過大な要求を突きつけることにしかならないであろう。そこでは、目標となるゲームのイメージに接近していく学習活動を想定していく中で、焦点化した学習内容が原動力となって発展していくプロセスを追究していくことが重要なのである。

　ゲームのパフォーマンスを高めるために不可欠な技能は、子どもたちの必要感を掘り起こしながら単元の早い段階からその学習に取り組む必要があるであろうし、ゲームに習熟していく中でより良い気づきが生まれるであろうと予想される事柄は、その段階を見通しておく必要がある。単元の中で取り上げようとする「下位教材」（例えば、ドリルゲームやタスクゲームなど）もこのような教師の思考と結びつけられて生かされるべきなのである。

　このような単元展開のイマジネーションに連動して、授業の中での教師の教授行為のあり方も大いに探究されるべきであろう。例えば、クラス全体に対するインストラクションの場面で、何にターゲットを絞って問いを投げかけようか（子どもたちの戦術的思考を促す発問）、また、ゲームの中のどこをモニター（観察）し、積極的なフィードバック（賞賛や助言）をしようか、などこれらはすべて描かれたゲームのイメージと子どもたちの学習状況の見取りの中で豊かに発想されるからである。

　さらに、このような単元展開での問題と同時に、1時間の授業の流れをどのように構成するのかも「時間的思考」の重要なポイントである。子どもたちにゲームやチームでの練習場面をできるだけ潤沢に保障しようとすれば、集合したり、場面を転換して移動したり、授業に必要な場の設定や用具を準備するなどのマネジメント場面に費やす時間は極力減少させ、明瞭で簡潔、かつインパクトのあるインストラクション（特に、学習課題の把握に関わった発問、説明や指示など）が求められると言ってよいであろう。

[3] 授業の現実的条件をベースにした「空間的思考」

　授業の目標や内容、教材、学習形態は、一方では確かに体育の理念や考え方、運動の特性などから解釈されなければならない。しかし、その授業は現実に拠って立つ諸条件を無視して成り立ちようのないのも事実である。クラスの子どもたちが同時に活動できる場がどれほど提供できるのか、練習を保障する用具はどうか、これらは、コートの確保や、チーム編成の数やその人数、またゲー

ムに直接参加する人数を構成していく重要な前提になる。これらに折り合いをつけることも授業構成のかなり重要なファクターになる。

　例えば、一人ひとりの子どもに意味あるゲーム学習を提供したい、学習機会を豊富に生み出したいと考えれば、大人のゲームの複雑性を緩和した「ミニ・ゲーム」の工夫が推奨されるであろう。しかし、ミニ化すれば、一定の時間・空間の中で、ゲームに参加できる絶対的な人数が減少してしまい、何の学習も保障されずに学習課題から外れた行動（off-task）や無意味な待機の時間に位置づけられてしまう子どもたちが大勢出てきてしまう可能性が高まってしまうことも視野に入れておく必要がある。このような場合には、できる限りすべての子どもの満足を引き出す方向を最大限に考慮しつつ、直接的にゲームに参加していない場面での役割分担（審判、スコア係、ゲームの記録係）を設定したり、ゲームの理解を促進させる積極的な観察学習を挿入していくなどの工夫が取り上げられるべきであろう。

　そしてまた、当然ながらクラスの子どもたちには、そこで取り組むゲームと類似する運動経験の差、運動技能の個人差、動機づけの違いなどが必然的に存在している。これに関しては、特にボール運動の苦手な子どもたちにフォーカスを当て、ゲームにとって最も本質的で基本的な事柄の学習を組織することが、得意な子どもにとってもさらなる向上と楽しさを保障することに繋がるのではないかと考えている。

　これらは授業を支える物理的条件や、それに参加する学び手の多様性といった「空間的思考」の必要性を浮き彫りにする。ここでは先の「時間的思考」とこの「空間的思考」を区別して取り上げたが、授業づくりのプロセスではこの両者は分かちがたいものであって、これらをどうのように織り成すかに教師の意思決定は向けられていくと言ってもよいであろう。

［注］
‡1　体育の授業づくりの構想に関する筆者の基本的な考え方については次の拙稿で触れたことがある。
　　岩田靖（2000）体育の授業づくりの構造―意味ある明確な学習課題の創出とその展開、体育科教育48（8）：66-68

第2章

ボール運動の
教材づくりの実際

第2章-1【ゴール型】

シュートチャンスの意思決定を軸に据える①（3年生）
「ダブルゴール・サッカー」の教材づくり

　小学校3年生。学習指導要領では「型」ベースの学習の入り口に当たる。ここでは中学年における「ゴール型ゲーム」の学習の導入段階に相応しい教材づくりを考えたい。

　学習指導要領では、その「技能」の指導内容が「ゴール型ゲームでは、基本的なボール操作やボールを持たないときの動きによって、易しいゲームをすること[*1]」として示されている。因みに、要領の「解説」では、以下の説明と例示が掲げられている。

ア　ゴール型ゲーム
　㈠コート内で攻守入り交って、ボールを手や足で操作したり、空いている場所に素早く動いたりしてゲームをする。
　㈡ゴールにシュートしたり、陣地を取り合って得点ゾーンに走り込んだりするゲームをする。
　［例示］
　　○ハンドボール、ポートボールなどを基にした易しいゲーム（手を使ったゴール型ゲーム）
　　○ラインサッカー、ミニサッカーなどを基にした易しいゲーム（足を使ったゴール型ゲーム）
　　○タグラグビーやフラッグフットボールを基にした易しいゲーム（陣地を取り合うゴール型ゲーム）
　　　・ボールを持ったときにゴールに体を向けること。
　　　・味方にボールを手渡したり、パスを出したりすること。
　　　・ボール保持者と自分の間に守備者がいないように移動すること。

学習指導要領やその解説からすると、ゴール型ゲームは、攻守が入り交じった状況で、ボール操作およびボールを持たないときの動きをすること、またそこにはシュートに結びつくタイプと陣取りタイプのゲームを想定できることがゲームの構造、条件として説明されている。ただし、求められている「易しいゲーム」という点からすると、実はそれがどのようなゲームなのかということについては解説されているわけではない。第1章において子どもにとってのゴール型の難しさについて記述したように、「意思決定の契機の多さ」「空間の流動的な変化」、そして「行動の自由性」といった問題が子どもたちに降りかかってくるとすれば、「易しいゲーム」づくりというのは、このような視点から子どもたちにとっての「わかりやすさ」を提供するためのゲーム条件に関わる限定を加えていくことに大きな配慮が求められることだと言ってよいであろう。

　さて、かつて筆者は、学年段階の進展の中で、何を核にしながら、どのようなゲームの発展を指向すればよいのかという問題について、ゴール型では、「『みんなでチャンスを創り、選ぶ』ことを軸にした役割行動と空間的・技能的発展」を見通していくことが1つのアイディアではないかと指摘した。[*2,3]

　それは例えば、シュートタイプのゲームであれば、まさに「シュートに結びつくチャンスの創出に向けての協同的プレイ」を教材づくりの中核に据えることはできないか、そして学年段階に応じて、より複雑な空間利用やそこで求められる技能的要求を高めていくことが課題になるのではないか、ということであった。このような考え方が1つのアスペクトとして支持できるとすれば、ゴール型（シュートタイプ）の学習の入り口として、「シュートチャンス創りの協同的プレイ」を易しく、楽しく、そして豊富に学びうるゲーム条件をまずもって工夫してみることが大切になると思われる。実際、大人のゲーム、例えばバスケットボールやハンドボール、サッカーなどでは、攻守の入り交じったコートの中での意思決定、ボール操作、およびボールを持たないときの動きが求められるが、小学校中学年のゲームでは、それらの要素を大胆に緩和していくことも必要であろう。その意味では、攻守が入り交じらない段階を意図的に挿入し、より易しい条件下で味方、相手、ゴールを意識してプレイすることを学ぶゲームが1つのステップを提供してくれるかもしれない。

　そこでここでは、攻守入り交じる状況でのボールを持たないときの動きの学習の負担を軽減し、相手の動きに対応してボールを進めたり、シュートチャンスを生み出したりする協同的プレイに焦点を当てたゲームを一例として提案してみたい。サッカータイプのボール操作でのゲームである。

[1]「ダブルゴール・サッカー」の教材づくりの構想

　シュートタイプのゴール型では、プレイにおける意思決定の契機として、味方、相手、そしてゴールの位置を常に意識しなければならない。これらの関係を大いに単純化しつつも、子どもたちにとって適度な課題性を含み、チャンスづくりの協同的プレイの楽しさを大いに味わえるようなゲームを意図して「ダブルゴール・サッカー」を構想した。

　このゲームは2つの「ゲート」と2つの「ゴール」をめぐって2対1で攻防するものである。表2-1は、単元のメインゲームのルールの概要である。

　ゲームの展開の概略は次のようになる。バックコートから始まるゲームはまず、バックプレイヤー2人がコート上を滑らすボールによって協同的なパスの交換を用い、ディフェンダーを動かしてどちらか空いた空間のあるゲートにボールを通す。このボールは、フロントコート内で止めるか、フロントプレイヤーがフロントコート内で受けなければならない。そのボールがキーパーエリア内に入ってしまったり、エンドラインを通過してしまった場合には相手ボールとなり攻守交代。また、ゲートを通すことができず、ディフェンスエリアにボールを入れてしまったり、ディフェンダーにボールを奪われたりしたら、相手ボールとなり、攻守交代となる。さらに、フロントコートへボールを通すこと

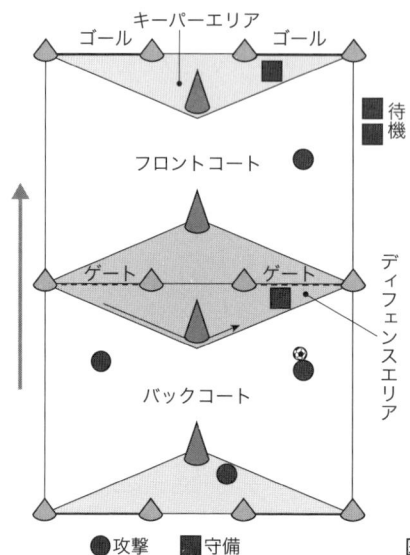

写真2-1　手作りボール

図2-1　ダブルゴール・サッカーのコート

表2-1 「ダブルゴール・サッカー」のルールの大要

■チーム
- チームは4〜5人で構成。ゲームは攻撃側3人、守備側2人。
- 攻撃側はバックコートに2人、フロントコートに1人。守備側は、ディフェンスエリア内に1人、キーパーエリア内に1人。

■コート
- 縦16m×横7.5mのコート。
- エンドライン側の両サイドに2つのゴール（幅2.5m）、センターラインの両サイドに2つのゲート（幅2.5m）を設定する（ミニコーンを置く）。
- ゴールおよびゲートを防御するための三角形のキーパーエリア、ディフェンスエリアを設ける（三角形のエリアの頂点にカラーコーンを1つずつ置く。三角形の頂点はエンドライン、センターラインから2m程度）。

■ボール
- 直径20cm、厚さ8cm程度の円柱形ボール。重さ約300g（ポリエチレン製の包装用クッションマット・俗称「プチプチ」を用いてドーナツ型の芯を作り、その表裏を2枚の円椅子用カバーで被った自作のボール：写真2-1)。

■基本的なルール

〈攻撃〉
- 攻撃側のバックコートにいる2人のうち、どちらかがボールをキックしてプレイを始める。攻撃側はボールを滑らせて操作しなければならない。
- センターライン上にある2つのゲートのうち、どちらかにボールを通過させることができれば、フロントコートでプレイできる。その際、ゲート内にボールを通過させたプレイヤーではない方のプレイヤーがバックコートからフロントコートに移動して、フロントコートに位置していたプレイヤーとともに続けてプレイする。
- ゲートを通過できれば1点、さらにゴールにシュートが成功すれば2点追加される。したがって、1回の攻撃側のインプレイで3点まで得点することができる。
- バックコートからゲートを通過したボールがフロントコートのキーパーエリアに入ってしまったり、エンドラインを通過してしまったりしたら、守備側のボールとなる。
- ディフェンスエリア内、またはキーパーエリア内にボールを入れてしまったり、そこで守備側にボールを奪われた場合には攻守交代で相手ボールとなる。

〈守備〉
- ディフェンスエリア内、キーパーエリア内で、それぞれ1人ずつプレイする。
- 守備側プレイヤーは、ディフェンスエリア内、キーパーエリア内に蹴り出されたボールを手を使って奪取することができる。
- 守備側プレイヤーは、ディフェンスエリア内、およびキーパーエリア内を移動するときには、エリア中央に置かれたカラーコーンの前を通過しなければならない。

■攻守の役割ポジションの交代ルール──4人チームの場合
- 攻撃側：バックプレイヤー2人、フロントプレイヤー1人、もう1人は、守備の際のキーパーとして待機。守備に転じた場合には、フロントプレイヤーがディフェンダーになり、バックプレイヤーは待機となる。
- 守備側：ディフェンダー1人、キーパー1人、残りの2人は待機。攻撃に転じた場合には、待機していた2人がバックプレイヤー、ディフェンダーがフロントプレイヤーになる。

に成功すれば、バックコートからバックプレイヤーの1人がフロントコートに移動し、フロントコートでの2人の協同的なパスによってどちらかのゴールへのシュートを狙うことになる。シュートが成功すればゲートを通した得点と合わせて3点奪取となる。ここでボールをキーパーエリア内に入れてしまったり、キーパーにシュートを防御されたりすれば、ゲート通過の1点のみで相手ボールになる。攻守が交代した場合には、反対側のコートからのプレイになる。なお、このゲームではサイドラインをボールが越えてもゲームを続行するルールとしている。

実際、「易しいゲーム」を想定するのなら、足でのボール操作よりも手によるボールコントロールを介したゲームの方を選択すべきかと通常ならば考えるであろう。しかし、体育館のフロアを2次元的に滑って動いてくれるボールであれば、小学校中学年の子どもたちにとって格好の操作対象になると思われる（特に、インサイドキックでのパス―シュート）。また、このボールを滑らす身体操作自体が子どもたちにとっての大きな「体の喜び」になるであろうことは、これまでの筆者の経験から想像されるところでもあった。さらに、ボールはそれほど重さがあるわけではないので、練習を積んでいけば動いてくるボールをワンタッチで相手に戻したり、方向転換させてシュートしたりすることができる。このことも非常に重要で、プラスの判断材料であった。シュートチャンスをのがさず蹴り込むことができるからである。

ディフェンスエリアとキーパーエリアの頂点部分にカラーコーンを置き、守備側プレイヤーがその前を通過するように動きを指定したのは、左右のゲート間、ゴール間の移動に時間がかかるようにするためで、それはもちろん攻撃側のシュートチャンスを生み出しやすくすることがその意図である。これに加え、守備側プレイヤーがよりハッスルしてゲートおよびゴールを防御してくれるのではないかと考えたためである。

[2] 単元展開の概略

本実践のクラスは29人（男子15人、女子14人）。単元は9時間構成とした。毎時の授業展開は、およそ「用具の準備・ウォーミングアップ → チームでのパス・シュートドリル → 全体での学習課題の把握 → チームでの課題練習 → ゲーム① → チームでのミーティング → ゲーム② → 全体での学習のまとめ」の流れで進めている。ゲームは①・②それぞれ4分ハーフ、計8分で行った。

1チーム4～5人で、クラス全体で6チーム編成。体育館に3コート設け、

表2-2　「ダブルゴール・サッカー」の単元の概略

第1時	第2時	第3時	第4時	第5時	第6時	第7時	第8時	第9時
【ステップ①】（ミニゲーム）チャンスを選んで、フリーでシュートしよう。			【ステップ②】（メインゲーム）2人のパスでシュートチャンスをつくり、フリーでシュートしよう。					
						リーグ戦		

表2-3　各時間における中心的な学習課題

第1時	ゴールにキーパーがいなかったら、シュートをしよう。
第2時	パスを回して、キーパーのいない状態をつくろう。
第3時	パスをしたら、もとの場所に戻り、シュートの準備をしよう。
第4時	シュートしやすいところへパスをしよう。
第5時	パスをしたら、後ろへ下がって、シュートの準備をしよう。
第6時	ゴールの方へ体を向けて、シュートの準備をしよう。
第7時	完全なフリーでシュートをしよう。
第8時	チャンスを逃さないように、パスをしたらシュートのことを考えよう。
第9時	ボールを持ったら前を向き、キーパーを引きつけ、チャンスをつくろう。

すべてのチームが授業の中で同時に練習やゲームに取り組めるようにした。

表2-2は、単元展開の概略を示している。また、表2-3は各時の中心的な学習課題とした事柄である。

第1～3時までのステップ①では、メインゲームのハーフコートで、攻撃2人と守備側のキーパー1人が攻防するゲームを中心に授業を進めている（メインゲームと同じように、2つのゴールを設定した）。そこでは、「ゴールにキーパーがいなかったら（フリーな状態）シュートし、キーパーがいたら味方へパスをする（味方のシュートチャンスを創る）」ことを学習課題としている。また、第4～9時のステップ②では、ステップ①で学んだことを生かしてメインゲームに取り組んでいる。そこでは、フリーでシュートするために、シュートチャンスを2人の協同的なプレイとして生み出せるように、「味方がシュートしやすいパスを送ること」と、ボールを持たないときは、「次にシュートできるように、パスを待つ場所や、パスを受ける構えなどの準備をしっかりすること」をさらに強調して学習を展開している。なお、

写真2-2　キーパーを振り切ってシュート

第4時は第5時以降に取り組むメインゲームへのオリエンテーションに加えて、それまでのハーフコートでのゲームの振り返りを含めた練習に充てている。

[3] ゲーム・パフォーマンスに関する学習成果の分析

単元の第2〜3時、第5〜9時に体育館の3コートにおいて取り組まれた全ゲームを対象にゲーム・パフォーマンスに関する分析を行っている。

❶得点パターンの様相

前述したように、このゲームではバックコートでの攻防によって、攻撃側が2つのゲートのうちどちらかにボールを通過させることができれば1点（ゲートを通過させられなければ0点で攻守交代）、またゲートを通過させた後のフ

表2-4 得点パターンの各頻度

		第5時	第6時	第7時	第8時	第9時
3点	回数 割合	43 39.4%	48 37.5%	44 41.5%	54 42.5%	63 53.8%
1点	回数 割合	29 26.6%	36 28.1%	35 33.0%	34 26.8%	27 23.1%
0点	回数 割合	37 33.9%	44 34.4%	27 25.5%	39 30.7%	27 23.1%
回数総計		109	128	106	127	117

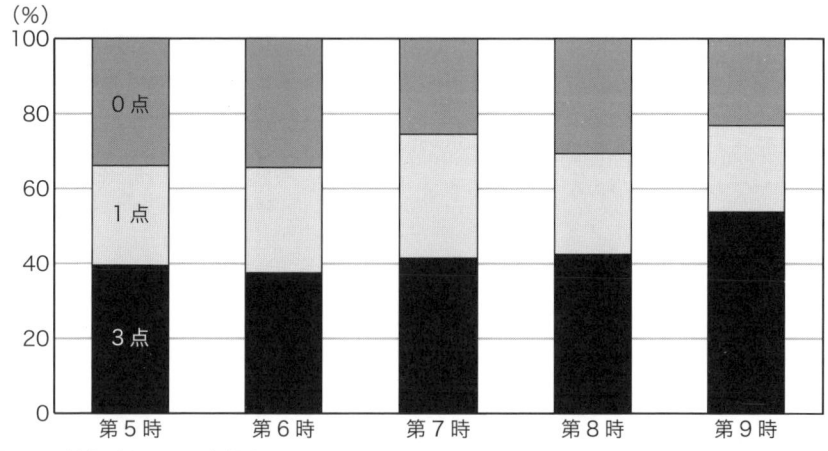

図2-2 得点パターンの各頻度

ロントコートでの攻防によって、さらにゴールへのシュートが成功すれば2点の加点（合計3点）が与えられることになっている。そこで、メインゲームに取り組んだ第5時以降の全ゲームを対象にした得点パターンの頻度の時間的推移を確認したところ表2-4のような結果が得られた。図2-2はそれをグラフ化したものである。なお、回数総計はバックコートから始まる全攻撃回数である。

写真2-3　味方がシュートしやすいコースへパス

　単元中盤からの推移であるため、結果的に大きな変化は示されてはいないが、最初のゲートを通過し、そして次のゴールも成功できた3点のパターンが漸増し、最初のゲートの通過失敗に終わった0点の割合が減少傾向であったことは、このゲームにおける攻撃側の面白さを増幅できるものであったと言ってよいであろう。その意味では、課題が易しすぎることもなく、得点の奪い合いのゲームが提供できたのではないかと考えられる。

❷攻撃側のシュート・パフォーマンス分析

　得点パターンの様相からすれば、当然ながら攻撃側のバックコートでのゲート通過やフロントコートのゴールに向かった協同的プレイが向上したことは想像できる。つまり、シュート・パフォーマンスであるが、果たしてそこには実際どのような学習成果がみられたのであろうか。

　ここでは、ゲームの中心的な課題となる「ゴールに向かってキーパーに防御されずにフリーでシュートする」（ゲートの場合も、ディフェンダーに防御されずにボールを通過させる）ことの達成度（シュートチャンスの意思決定に基づいた技能発揮）が成果を判断する重要な情報になる。そこで、表2-5のようなAからCまでの区分によってバックコートおよびフロントコートでの攻撃場面を評価し、それぞれの出現頻度を確認してみた。なお、単元序盤のハーフコートゲームも基本的にメインゲームと同じ課題に取り組んでいるので、第2～3時も含めて時間的推移を比較してみたい。表2-6はその結果、図2-3はそれをグラフに示したものである。

　図表にみられるように、単元序盤に40％弱であったAパターンの割合が単元終末には70％を超えるところまで増加しており、フリーの状態の判断を伴

表2-5 攻撃場面（シュート・パフォーマンス）の区分のカテゴリー

Aパターン	フリーの状態でシュートし、ゴールできた（ゲートを通過できた）場合
Bパターン	フリーの状態でシュートしたが、ゴールできなかった（ゲートを通過できなかった）場合
Cパターン	フリーではない状態でシュートした場合

表2-6 攻撃場面（シュート・パフォーマンス）のパターンの出現頻度

		第2時	第3時	第5時	第6時	第7時	第8時	第9時
Aパターン	回数	26	51	83	93	100	123	132
	割合	39.4%	58.6%	56.8%	52.5%	65.4%	69.9%	74.2%
Bパターン	回数	17	9	21	32	23	31	22
	割合	25.8%	10.3%	14.4%	18.1%	15.0%	17.6%	12.4%
Cパターン	回数	23	27	42	52	30	22	24
	割合	34.8%	31.0%	28.8%	29.4%	19.6%	12.5%	13.5%
シュート総数		66	87	146	177	153	176	178

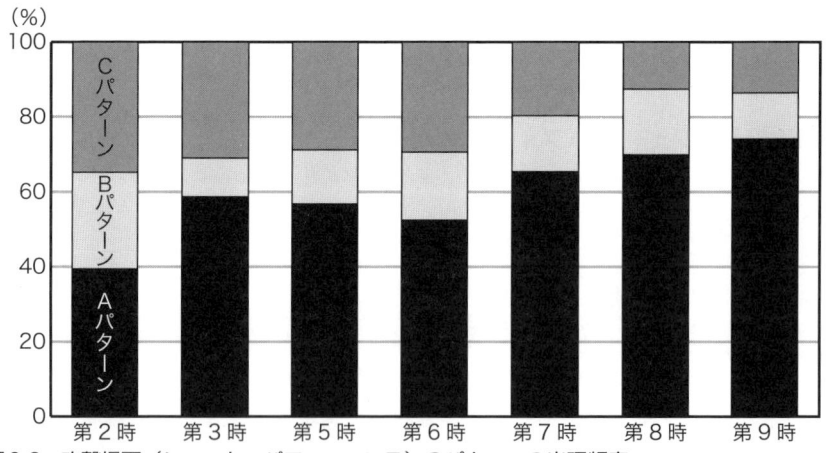

図2-3 攻撃場面（シュート・パフォーマンス）のパターンの出現頻度

ったシュートの技能発揮が向上していることは明瞭である。

ここで、単元展開における子どもたちの学習活動の様子を素描しておく。単元の第3時まではハーフコートでのゲームとその練習であったが、体育館のフロアを滑らせるボール、また軽めで、当たっても痛くない子どもにとって優しいボールであるため、運動が苦手な子どもであってもすぐさま非常に活発で積極的なプレイが展開されていた。また、攻撃側2人は守備側のキーパーのエリ

アと分離しているため、プレッシャーを受けることなく安心してパス交換をしている姿が窺われた。ただし、インサイドキックを主としたボール操作に慣れてはいないため、パスしたボールが味方からずれたり、パスが短かったりして、なかなかシュートチャンスに結びつけられない様子も目立った。したがって、この段階ではゴールでキーパーが防御している状態でのシュートも少なくなかった。このことは先のデータにも表れている（第2時では30％以上がこのようなシュートであった）。

単元中盤では、「どのあたりにパスがくるとシュートしやすいか？」という教師の発問から、「ゴールに向かって自分の前にボールがくると打ちやすい」ことを理解し、コースを考えたパスが増加するようになった。しかしながら、味方から絶好のコースにパスが来ても、シュートの準備ができていないために（パスコースに正対して待っているために）、チャンスを逃してしまう場面も頻発していた。そのため、「味方にパスを出したら少し後ろに下がり、ゴール方向に体を向けてシュートの準備をする」ことの大切さを確認し、みんなで共有した。

さらに単元終盤では、中盤までの認知学習の成果が現れ、フリーでのシュートが向上していった。また、キーパー（ディフェンダー）を引き付けておいてからパスを出したり、キーパーが逆サイドのゴール（ゲート）へ移動するのに時間がかかるように、コートの端の方まで開いてからパスをしたりする行動もみられた。この段階では、インサイドキックのパス技能もかなり上達し、加えてシュートはほとんどワンタッチで決めるように変化していた。このワンタッチでのシュートの増加とその向上は、動いてくるボールにタイミングを合わせることの習熟と言ってもよい。これらの学習は、パサーとシューターの役割を交互に生み出し、お互いの息の合った協同的プレイの探究に誘い込めたものと思われる。

[4] 形成的授業評価からみた授業成果

単元の第2時以降（第4時を除く）、形成的授業評価についての調査を行っている。表2-7は、その結果（クラス全体）のスコアである。

表から一目瞭然であるが、極めて高い授業評価である。これは少々驚きであった。

力量のある教師の体育授業、その教師の授業に子どもたちが信頼と期待を寄せている場合には、単元が変わって初めて出会い、取り組む教材の授業であっ

表2-7 「ダブルゴール・サッカー」の単元の形成的授業評価

	第2時	第3時	第5時	第6時	第7時	第8時	第9時
成　　　果	2.86 (5)	2.92 (5)	2.95 (5)	2.93 (5)	2.95 (5)	2.89 (5)	2.91 (5)
意欲・関心	3.00 (5)	3.00 (5)	2.96 (4)	2.91 (4)	3.00 (5)	2.97 (4)	2.97 (4)
学　び　方	2.91 (5)	2.96 (5)	2.95 (5)	3.00 (5)	3.00 (5)	3.00 (5)	2.97 (5)
協　　　力	2.95 (5)	2.98 (5)	2.96 (5)	2.89 (5)	3.00 (5)	2.97 (5)	3.00 (5)
総合評価	2.92 (5)	2.96 (5)	2.96 (5)	2.93 (5)	2.98 (5)	2.95 (5)	2.95 (5)

ても、単元の序盤から高い授業評価のスコアが得られることがあるのは筆者の経験からも珍しいことでもないのだが、実際のところ予想外という表現が妥当なのが正直なところである。それは、このゲームに子どもたちはきっと「はまってくれる」という期待は大いに持ってはいたものの、3年生という学年段階から、やはり足でのボール操作による抵抗が少なからずあるかもしれないと推測していたからである。特に運動の苦手な子どもにとってはである。したがって、授業展開の時間的経過の中で徐々にスコアを伸ばし、単元後半以降はかなり良好な値が得られるのではないかと考えてはいたが、実際はそれを超えるものであった。子どもたちにとっては、最初から非常に楽しく、やりがいのある魅力的な課題として受け入れられたと言ってよい。

　確かに、パフォーマンスの分析において示したように、少なくとも単元の序盤から中盤はボール操作の未熟さが目立ったが、ここでのゲーム条件、つまり守備側とは入り交じることなく、仲間とチャンスを創ることに向けて安心してプレイできることが大きな前提になっていたと言えるかもしれない。そしてまた、「滑らせるボール」の操作は、子どもたちにとっての面白さ、「体の喜び」なのであろうことを再確認させてくれるものであった。

　最後に付言すれば、このようなゲーム形式の学習を先行経験としてもつことができれば、前著『体育の教材を創る』の中で紹介した高学年の「センタリング・サッカー」はさらにエキサイティングなゲームになりうるであろうと思われる。

（研究協力者：小島豪・斎藤和久）

[文献]
* 1　文部科学省（2008）小学校学習指導要領解説・体育編、東洋館出版社、pp. 51-52
* 2　岩田靖（2009）改訂学習指導要領で求められる体育授業づくり、スポーツ教育学研究 28（2）：59-63
* 3　岩田靖（2012）体育の教材を創る、大修館書店、p. 239

第2章-2【ゴール型】

シュートチャンスの意思決定を軸に据える②（4年生）
「トライアングル・シュートゲーム」の教材づくり

　小学校中学年（4年生）で試みたゲーム領域のシュートゲームの授業実践において良好な学習成果がみられたのでゴール型ゲームの一例として取り上げたい。西村・岩田が構成した「トライアングル・シュートゲーム[*1]」を修正したゲーム教材である。

[1] 教材づくりの前提としてのゲームの教授学的思考 ——「トライアングル・シュートゲーム」における課題意識

　一般に、「シュートゲーム」（あるいは「シュートボール」）とは、小学校低学年の「ボール投げゲーム」、その一例としてよく知られている「的当てゲーム」を発展させたゲーム領域の教材であると言ってよい。これまでも小学校の学習指導要領の例示として取り上げられてきたことから、小学校現場にはかなり広く定着している。基本的には「ゴール型」のゲームとして位置づけられるものである。発展的には高学年以降のバスケットボールやハンドボール、サッカーといったゲームが想定されていると言える。
　実際、様々なところで紹介されているシュートゲームに多様性があるのは確かであるが、一般に利用されているゲームの形式は、フロントコート・バックコートの2つのサークルにおいて、周囲360度の空間から的当てタイプの攻防を繰り返すものと思われる。
　このようなゲームに対して筆者は、「このゲームに多くの子どもたちは嬉々として取り組むが、往々にして能力の高い子どもの独占的な活動に化してしまう場合が非常に多い」と指摘し、次のような解釈を提示した。
　「360度どこからでもシュートが打てることは、シュートチャンスを生み出

す意味では一見好ましいように思えるが、攻撃メンバー同士の『意図的で選択的な判断に基づく協同的なプレイ』を生み出せるものではない。つまり、異なる状況にいる味方の存在を意識できるとは限らず、個人的なプレイが頻発する可能性も高い」[*1]

　ここで問題としたいのは、「みんなでシュートチャンスを創っていく協同的プレイ」であると言ってよいであろう。ゴール型のゲームに共通した戦術的課題は、「敵と味方が同じコートを共有する中で、有効な空間を生み出しながらボールをキープし、ゴールやゴールラインに持ち込むこと」[*2]にあると考えられるが、特に、小学校の中学年段階において強調すべき事柄は、味方や相手（ディフェンス）を意識しながら、意図的・選択的にシュートチャンスをみんなで創っていくところに置かれていると考えたい。

　そこで試作をしてみたのが「トライアングル・シュートゲーム」（3面ゴールを用いた3対2の攻防を繰り返すゲーム）であった。そこでは、第1章で解説した「明示的誇張」の原理、つまり、「戦術的課題をクローズアップすることにおいて、子どもの戦術的気づき（判断）に基づいた『意図的・選択的プレイ』を促進させることに向けてなされる、子どもにとって明瞭な付加的ルールを伴ったゲーム修正の方略」[*3]を用いながら、チームの仲間で協同的にシュートチャンスを創り出し、有効なシュートを実現する行動を積極的に誘発させる仕掛けづくりが試みられたと言える。3つのゴール面を2人のプレイヤーで防御しなければならないため、常にいずれかの1面はフリーな空間となる。その空間を攻撃側がシュートチャンスとして意図的に創り出せるのか、またそのチャンスを選び取れるのかが重要な課題になるのである。したがって、先に述べた一般的な的当てタイプのシュートゲーム以上に、チャンスを選び取るために必要となる味方の存在の意味がわかりやすく焦点化され、パスによる有効なシュートチャンスの創造に向けての「協同的なプレイ」が促進されるであろうと考えられる。

　その「トライアングル・シュートゲーム」の発想を生かしながら、いくつかの修正点を加え、本実践のゲーム教材とした。修正点は以下の通りである。
①西村ら（2005）では、3年生を対象とし、子どもたちのゲームでの負担を軽減するために、センターラインで区切ったグリッドコートを用いて攻撃と防御を完全に分割して学習させる方式をとっていたが、双方のゴール間の距離はそれほど長くないため（ゴールがエンドラインにあるわけではないため）、オールコートで常に3対2の状態の攻防が成立するようにした。
②西村らのものでは、ゴールエリアをサークル（円）状に設定していたが、よ

○ オフェンスプレイヤー　■ ディフェンスプレイヤー

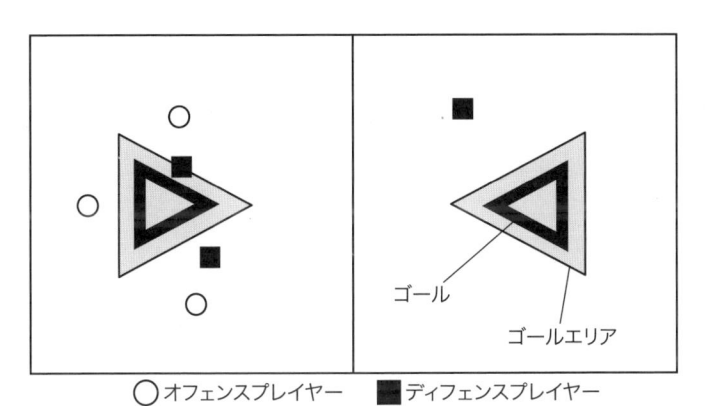

図2-4 「トライアングル・シュートゲーム」のコートおよびゴール

表2-8 本実践で用いた「トライアングル・シュートゲーム」のルール

■チーム
　1チーム4〜5人で編成する(本実践では4チーム)。ただし、1ゲームに参加するのは3人。
■コート
　小学生用のバスケットボール・コート（本実践では体育館に2面）。
■ゴール
　縦1m、横1.6mを1面とする正三角形の3面ゴール。各面にはネットをセットしておく。
■ボール
　ライトドッジボールを使用。投捕を容易にするため空気を少し抜いておく。
■ルール
・ゲームは4分ハーフの8分。
・オールコートでプレイするが、チーム3人のうち、1人はフロントコートでの攻撃のみ。
・ゲームのスタート、およびリスタート（シュートが決まったとき、ボールがデッドしたとき）はセンターラインから行う。
・攻撃のみのプレイヤーは、味方からフロントコートでボールを受けた後、直接シュートすることはできない。
・ゴールエリアの中にはディフェンスのプレイヤーのみ入れる。
・得点は、シュートがディフェンスに触れられずに決まれば3点、ディフェンスに触れられれば1点とする。

り積極的で確実なパスの実現を期待して、ここではゴール面からおよそ2m離した三角の形状のエリアを用いた（図2-4）。

そのほか、修正したゲームの主要なルールは表2-8の通りである。

[2] 単元構成と授業の展開

　単元は8時間で構成した。毎時の授業展開は、基本的に「チームでの準備・ウォーミングアップ → パスを中心にしたドリルゲーム → 全体での学習課題の把握 → チームでの作戦の確認・練習 → ゲーム① → チームでの振り返り → ゲーム② → チームでの振り返り → 全体での学習のまとめ」の流れをとって進めた。

　単元前半の4時間は、「トライアングル・シュートゲームに慣れ、チームでパスを回してたくさんシュートしよう」をねらいとし、みんなでシュートチャンスを創るための学習としての〈ステップ1〉とした。この前半の段階は、各時間を通して「ノーマークからのシュート」をベースとした学習課題をクラス全体で設定し、チームの成果や問題点を振り返りながら展開した。そこではこのゲームのポイントをクラス全体に共有させていくために、一斉指導的な授業スタイルを用いたが、子どもとの「発問―応答」を媒介にした誘導発見的なプロセスを大切にした。

　この前半4時間の中で子どもたちは、攻撃の際、チームの3人がどのような役割を持ってゴールエリアの3辺を使うのか、どのようにすれば早くパスを回せるのかを考えながら、ディフェンスのついていないフリーなゴール面にシュートする爽快さを感じとっていった。この〈ステップ1〉の学習を通して、子どもたちは「みんなでシュートチャンスを創る」ために次のようなポイントを共有することができた。

*

① ゴールエリアの3辺に1人ずつ位置することで、1人は必ずノーマークになっていること。
② ボールを持った味方の近くに動いてサポートすることで、パスを速く正確に回すことができること。
③ パスに変化をつけることで、シュートチャンスを意図的に創り出せること。

*

　これらの共有された認識を前提にし、単元後半の〈ステップ2〉では、「攻めや守りの作戦や練習の方法をチームで工夫し、それを生かしてゲームしよう」という学習課題を掲げて、チームでの問題解決的な授業スタイルで学習を進めた。

　ただし、特に攻撃場面において、チームの味方からパスを受け、ボールを持

写真2-4　3面ゴール

ったプレイヤーになったときの状況判断の大切さについてはクラス全体に共通に確認していった。つまり、ノーマークの場合には積極的にシュートをねらい、またディフェンスにマークされている場合には、ノーマークの状態になっている味方にパスをするという選択的な行動についてである。

[3] ゲーム・パフォーマンスに関する学習成果の分析

第2時以降、体育館の2コートにおいて異なる対戦チームによる8分のゲーム（4分ハーフ）を2回繰り返す方法をとった。毎時、すべてのゲームを体育館2階のギャラリーからVTR撮影し、その映像再生によってゲーム分析を行った。

❶ゲーム様相のパターン分析

実際のゲームにおいて学習成果（ゲーム・パフォーマンスの向上）がみられたのかどうかについて、第一にゲーム様相のパターンを区分し、ゲームにおいて出現したそれらのパターンの頻度についてデータ化を試みた。つまり、ゲームにおいて出現させたい戦術行動についての学習成果の確認である。[*4]

ここでは表2-9のように攻撃場面を3つのパターンにカテゴライズし、その出現回数をカウントする方法を通して、それぞれのパターンの頻度を算出している。なお、ゲーム開始後、各コートで対戦している2チームにおいて、ボールキープが転換する（シュートが成功する、ボールがデッドになる、パスをインターセプトするなどによって攻撃側が移る）ごとに攻撃場面を1回として捉

表2-9　ゲーム様相のパターン区分のカテゴリー

Aパターン	攻撃においてパスによってシュートチャンスを生み出し、守備側にディフェンスされていない状況でシュートに持ち込む。
Bパターン	攻撃においてパスを繋いでいくが、最終的に守備側のディフェンダーにゴール面を防御されている状況でシュートしてしまう。
Cパターン	攻撃において、シュートに持ち込む前にボールをデッドさせてしまったり、守備側にカットされてしまう。

表2-10　ゲーム様相における各パターンの頻度

		第2時	第3時	第4時	第5時	第6時	第7時	第8時
Aパターン	回数 頻度	18 15.7%	24 25.3%	30 29.4%	39 38.2%	50 40.7%	50 45.0%	49 43.0%
Bパターン	回数 頻度	38 33.0%	37 38.9%	38 37.3%	43 42.2%	45 36.6%	32 28.8%	39 34.2%
Cパターン	回数 頻度	59 51.3%	34 35.8%	34 33.3%	20 19.6%	28 22.7%	29 26.1%	26 22.8%
全回数		115	95	102	102	123	111	114

えている。

　表2-10は、第2時以降において、毎時行われた全ゲームを分析対象としたゲーム様相のパターンの出現頻度を示している。また、図2-5はその頻度をグラフ化したものである。期待したいのはAパターンであることは言うまでもない。それに向けてのチームのメンバーによる「協同的プレイ」が子どもたちの学習課題であるからである。

　図表から明瞭なように、第2時に15%であったAパターンの割合は時間を追うごとに上昇し、第6時以降、40%を超える範囲を占めるところにまで至っている。ここから推察すれば、「明示的誇張」の効果として、数時間の学習によってフリーのゴール面にシュートすることに向けての戦術行動への焦点化が可能であることを示唆しているものと考えられる。

　なお、Bパターンは、直接的には「シュートチャンスの選択間違い」として理解されるパターンであり、単元展開に伴って減少させたい行動である。そこからすると、ここでのデータによれば数値の絶対的な割合ではおよそ横這い傾向であったと理解されるが、実際のところ、このパターンに含まれた行動の中身は単元展開の中で大いに変化していたことを付記しておく必要がある。それは、単元終盤に限って言えば、このBパターンにカウントされたものの多くは、投能力が相対的に高い子どものフェイクを利用したシュートによるものであっ

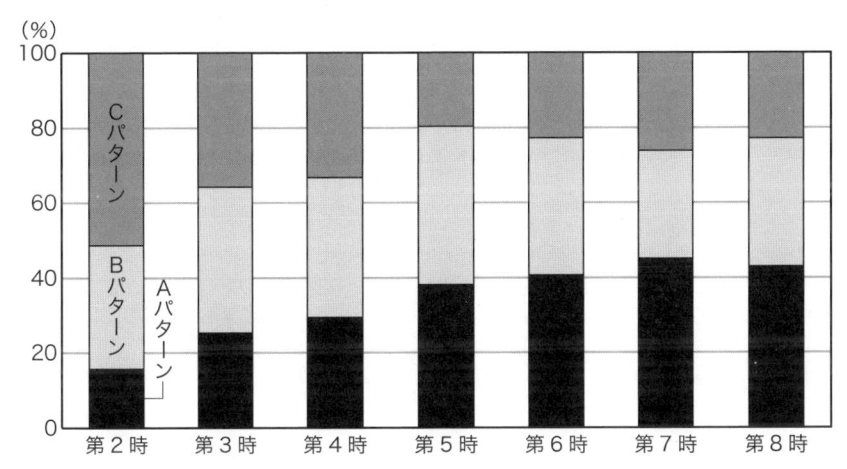

図2-5　ゲーム様相における各パターンの頻度

たからである。
　Cパターンは第5時以降の減少が頭打ちとなったが、これは子どもたちの投捕能力の未熟さが示されていると考えられる。ただし、単元前半においてこのパターンの占める割合が減少していったのは、パスに関わる選択的な判断の適切さが向上したからであろう。このことは、次に示す分析内容と密接に結びついている。

❷ボールを持ったプレイヤーの「意思決定」に関するゲーム・パフォーマンス

　本実践で用いた「トライアングル・シュートゲーム」の教材づくりの中心的な意図は、「チームのみんなでシュートチャンスを生み出す」ことに向けての戦術行動の学習を増幅させることであった。そこでは、ゲームの攻撃場面において、とりわけシュートチャンスに繋がるフリーの味方を意識することや、ディフェンスされていない状況でのシュートチャンスを判断して攻めることに焦点を当てている。「3対2の状況における3面ゴール」の設定というのは、攻撃場面においてシュートのチャンスについての判断をわかりやすくするためのものであり、また、意図的で選択的なシュートチャンスの創出の実現可能性を高めることをねらったものである。
　そこで、フリーのプレイヤーを生かした意図的な攻撃に関わる学習成果がみられたのかどうかを確認するために、先のパターン分析に加えて、ゲーム・パフォーマンスの中でも特に、ボールを持ったプレイヤーの「意思決定」(判断)に関するデータを抽出し、分析を試みている。これについてはグリフィンらの

表2-11 ボールを持ったプレイヤーの「意思決定」

○適　切：ボールを持ったプレイヤーがフリーの味方にパスしたり、適切なタイミングやスペース（ディフェンスのいないゴール面）でシュートする。
○不適切：ボールを持ったプレイヤーがフリーになっていない味方にパスしようとしたり、不適切なタイミングやスペース（ディフェンスがついているゴール面）でシュートする。
○意思決定の指標（DMI）＝適切な意思決定の回数÷不適切な意思決定の回数

表2-12 ボールを持ったプレイヤーの「意思決定」の指標（DMI）

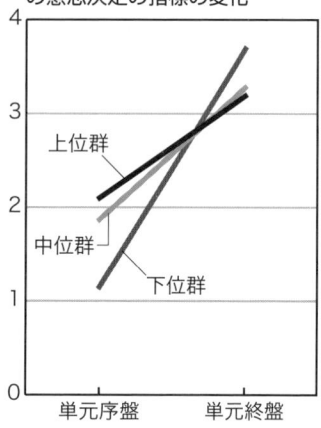

		単元序盤	単元終盤
上位群	適　切	141	220
	不適切	67	69
	DMI	2.10	3.19
中位群	適　切	142	223
	不適切	76	68
	DMI	1.87	3.28
下位群	適　切	82	170
	不適切	71	46
	DMI	1.15	3.70

図2-6 ボールを持ったプレイヤーの意思決定の指標の変化

ゲーム・パフォーマンス評価法（Game Performance Assessment Instrument）[*5]に従っている[‡2]。

　ここでは、「トライアングル・シュートゲーム」で求められる意思決定の内容に対応させて、表2-11のようなゲーム・パフォーマンス評価の視点を設定した。VTRの画像を通し、ボールを持ったプレイヤーの行動についてそのつど「適切」あるいは「不適切」としてカウントし、「意思決定の指標」（decision-making index）を算出するのである。

　また、この評価については、授業実践者がそれまでのクラスの子どもたちの体育における学習成績やボール運動（ゲーム）領域のできばえの視点から、ほぼ均等な人数で「上位群」「中位群」「下位群」に分け（各群6〜7人、全19人）、それぞれのデータを分析している。なお、意思決定についてのゲーム・パフォーマンスの学習成果を確認するために、ここでの分析では、単元序盤の第2〜3時と、単元終盤の第7〜8時に取り組まれたゲームを比較対象として検討を試みた。

　表2-12は、各群におけるボールを持ったプレイヤーの意思決定の指標（DMI）

について、単元序盤および単元終盤のデータを示したものである。また、図2-6はそれをグラフ化したものである。

　これらの図表から読み取れるように、単元序盤に比較し、単元終盤ではゲーム中における「適切」な行動が顕著に増大しており、DMI値の向上が認められた。このことは区分したすべての群に共通であり、「意思決定」、つまりボールを持った場面での状況判断に関する学習が数時間のゲーム実践の中で確実な成果として示されたことを表している。

　また、ここでのDMI値を算出するための基礎になったデータ数（「適切」「不適切」の合計）が単元序盤に比べ単元終盤においてすべての群にわたって増加しているのは、特に、ゲーム中におけるパスの総数の上昇、換言すれば、パスに関する状況判断の素早さ（パス技能を含んだスピードアップ）を傍証していると解釈してもよいであろう。

[4] 形成的授業評価からみた授業成果

　表2-13は単元初めのオリエンテーションが終了した後、実質的に運動学習が開始された第2時から最終時の第8時まで実施した「子どもによる授業評価」（形成的授業評価）[*6]の結果である。

　示されたデータから明らかなように、単元中盤以降、極めて高い評価が認められたと言ってよいであろう。また、単元序盤に「成果」「意欲・関心」の次元、および「総合評価」において男女の差が著しく、特に女子の評価が低かったことが示されているが、数時間の経過によって男子とほぼ同様な傾向がみられるように変化している。一般に、ボール運動（ゲーム）の領域で、特に常に流動的に進むゲーム、展開が速いゲームなどでは、女子のゲームへの実質的参加が低く、男子との授業評価のスコアの差が顕著なことは珍しいことではないが、その数値の差が単元を通して固定してしまうのは非常に問題である。しかしながら、本実践では女子のスコアが単元中盤より非常に好ましく上昇しており、時間の経過にしたがって女子も積極的にゲームに参加し、戦術的行動に大いに機能できたと推察しても間違いないであろう。このことは次の表2-14のデータとも連動しているであろうと考えられる。

　この表は先に区分した3群の総合評価におけるスコアの変化を示したものであるが、特徴的なのは「下位群」のスコアの変化である。第2・3時の総合評価のスコアにおいて上・中位群と大きな開きが生じていたのが明瞭である。ただし、およそ第4時以降は他の群と近似的な評価が残されており、このゲーム

表2-13 「トライアングル・シュートゲーム」の単元の形成的授業評価

		第2時	第3時	第4時	第5時	第6時	第7時	第8時
成果	男子	2.80	2.73	2.87	2.83	2.80	2.85	2.85
	女子	2.25	2.08	2.75	2.63	2.83	2.58	2.79
	全体	2.56	2.44	2.81	2.74	2.81	2.73	2.82
	段階	4	3	5	5	5	5	5
意欲・関心	男子	2.90	2.75	2.95	2.90	3.00	2.94	2.94
	女子	2.38	2.63	2.81	2.81	2.88	2.88	2.81
	全体	2.67	2.69	2.89	2.86	2.94	2.91	2.88
	段階	3	3	4	4	4	4	4
学び方	男子	2.80	2.75	2.95	2.75	2.95	3.00	3.00
	女子	2.75	2.44	2.69	2.69	2.94	2.94	2.94
	全体	2.78	2.61	2.83	2.72	2.94	2.97	2.97
	段階	4	4	5	4	5	5	5
協力	男子	2.65	2.85	3.00	2.85	2.90	2.89	3.00
	女子	2.63	2.81	2.75	2.81	2.81	2.81	2.88
	全体	2.64	2.83	2.89	2.83	2.86	2.85	2.94
	段階	4	4	5	4	5	5	5
総合評価	男子	2.79	2.77	2.93	2.83	2.90	2.91	2.94
	女子	2.47	2.44	2.75	2.72	2.86	2.78	2.85
	全体	2.65	2.62	2.85	2.78	2.88	2.85	2.90
	段階	4	4	5	5	5	5	5

表2-14 上位・中位・下位群別の形成的授業評価

		第2時	第3時	第4時	第5時	第6時	第7時	第8時
総合評価	上位群	2.80	2.91	2.93	2.82	2.87	2.87	2.91
	中位群	2.81	2.67	2.87	2.70	2.89	2.89	2.93
	下位群	2.33	2.33	2.74	2.85	2.89	2.81	2.85

の学習に対してプラスに推移していったことが認められる。これは先の女子のデータ変化とほぼ相同である。さらに、前述のボールを持った場面での「意思決定」のゲーム・パフォーマンスに下位群も大きな伸びがあったことをも考え合わせれば、このゲームが運動の苦手な子どもたちにとっても積極的参加を促し、ゲームに貢献できる前提を満たしていたと考えることができるであろう。

「トライアングル・シュートゲーム」の教材づくりの中心的なコンセプトは、チームのメンバーの「協同的プレイ」に向けて、そのターゲットとなる「シュートチャンス」を子どもたちにわかりやすくすることであった。つまり、それはチームのメンバーが探究すべき戦術的課題を相互に共有することを促進させるための仕掛けを意味する。また、その課題が単元の中の学習において子どもたちの能力や努力の範囲で達成可能なものとして設定されるべきなのである。

　本実践において確認されたゲーム・パフォーマンスのパターン分析の結果、またその一部として切り取り出せるボールを持ったプレイヤーの意思決定の学習成果からみて、ここでの教材づくりは子どもたちに期待される「協同的プレイ」に向けての意図的で選択的なゲーム状況の判断と行動を促しうるものとして解釈できる。

　さらに、子どもによる授業評価（形成的授業評価）の結果からも、好ましい授業成果が期待できる教材づくりであることが確認された。とりわけ、運動の苦手な子どももその戦術的課題に積極的に取り組み、その成果を感じ取れるゲームとして評価されたと考えてよいであろう。

（研究協力者：斎藤和久・宮田貴史・西村政春）

[注]
‡1　例えば、次のものを参照すればそのことはすぐさま了解できるであろう。
　　高橋健夫・林恒明・藤井喜一・大貫耕一編（1994）ゲームの授業、体育科教育42（2）：26-29
‡2　グリフィンらは、ゲーム・パフォーマンスのカテゴリーとして、①ベース、②調整、③意思決定、④技能発揮、⑤サポート、⑥カバー、⑦ガード／マークの7つを掲げている。

[文献]
*1　西村政春・岩田靖（2005）小学校中学年における侵入型ゲームの教材開発と授業実践の検討―「明示的誇張」の論理を生かしたシュートゲームの工夫、信州大学教育学部・学部附属共同研究報告書（平成16年度）、pp. 135-146
*2　岩田靖（2005）技術指導からみた体育―体育における技術・技能・戦術の意味、友添秀則・岡出美則編、教養としての体育原理、大修館書店、pp. 70-77
*3　岩田靖（2005）小学校体育におけるボール運動の教材づくりに関する検討―「侵入型ゲーム」における「明示的誇張」の意味と方法の探究、体育科教育学研究21（2）：pp. 1-10
*4　岩田靖（2003）ゲームを観察・分析する、高橋健夫編、体育授業を観察評価する―授業改善のためのオーセンティック・アセスメント、明和出版、pp. 58-61
*5　Griffin, L., Mitchel, S., Oslin, J. (1997) Teaching Sport Concepts and Skills：A Tactical Games Approach. Human Kinetics. pp. 218-226.
*6　高橋健夫・長谷川悦示・浦井孝夫（2003）体育授業を形成的に評価する、高橋健夫編、体育授業を観察評価する、明和出版、pp. 12-15

第2章-3【ゴール型】

意思決定の契機の視点を考える①(4・5年生)
「スクウェア・セストボール」の教材づくり

　「ゴール型」のゲームの難しさについて第1章で詳述したが、特に、ゲームの中での「意思決定」の契機の側面に目を向けていくことが教材づくり（ゲーム修正）の重要な視点になるであろうことは間違いない。

　さて、ここでは、1990年代の初めに体育の授業実践現場に紹介され、教材化されてきた「セストボール」をゴール型のゲームにおける意思決定の視点から再評価し、新たな教材づくりの視点を提供してみたいと思う。

　なお、後述する実際の授業は小学校5年生を対象にしたものである。

[1]　「意思決定」からみたゴール型ゲームの前提と「スクウェア・セストボール」の教材づくりにおける課題意識

❶「セストボール」への着眼──これまでの評価と新たな視点

　「セストボール」はバスケットボールに類似したゴール型のゲームである。我が国の学校体育に紹介されたのは次の高橋の指摘からであると言ってよいであろう。

　「セストボールはアルゼンチン生まれのスポーツで、すでに国際的な競技会も開かれている。このゲームはバスケットによく似ているが、ドリブルができず、パス—シュートを中心に展開されるため、連携プレーの学習頻度を高める上でとても有効である。また、ゴールが各コートの中央にあるため、シュートチャンスが倍増する」[*1]

　セストボールを基にした教材化、およびその実際の実践報告は小谷川[*2]をはじめとして、特に『体育科教育』『楽しい体育の授業』誌を中心にその後30編を

116

超えている。それらの報告を主としてセストボールの教材評価の観点から検討すると総じて以下のような事項として整理できる。

*

・シュートエリアが360度であるため、シュートチャンスを生み出す機会が豊富に提供できること。
・ゴールの大きさや高さの設定が子どもにとって易しいこと。
・「パス―シュート」形式であるため（ドリブルの使用がないため）、ボール操作が易しいこと。
・一部の子ども（例えばドリブルの上手な子ども）の独占的なプレイ支配が生起しにくく、ボールを持たないプレイヤーが積極的に動く必要があること。
・ゴールが中心にあることで、動ける範囲が広くなるとともに、その空間を生かした連携プレイを学習するベースとなること。

*

　これらは総じて、セストボールの易しさについての「ボール操作」や「ボールを持たないときの動き」に関わった技能的側面における評価であると言ってよいであろう。ここではそれに対して、ゲームの中における「意思決定」の側面から新たな評価の視点を提供してみようと思う。
　これまで報告されてきた授業実践において、セストボールを素材にしたゲームでは通常、円形のシュートエリアが設定されており、ディフェンスはそのエリアを画するシュートラインよりも中に入ってオフェンスをマークすることができ、またオフェンスはラインの外からシュートをする形式が取られている。これがほぼ共通するゲームの教材化である。
　さて、これまで述べてきたように、ゴール型のゲームでは、「味方」「相手」「ゴール」といった「意思決定の契機」を基に行動がなされるところに難しさが存在している。ただし、この「教材化されたセストボール」では、円形のシュートエリアの中心にゴールが配置されているため、とりわけシュートエリア付近でのセットプレイ状態の場面では、シュートチャンスを創出するための「意思決定の契機」はおよそ「味方」と「相手」に限定されることになる。ゴールがエリアの中心にあることから、シュートライン付近で移動してもゴールはほとんど同じ距離の位置にあり、内側にいるディフェンスからずれてパスを受けることができれば、すべてシュートチャンスを創出することができる。つまり、今、攻撃側のボールを持たないプレイヤーであったとすれば、ボールを持った味方のプレイヤーと自分をマークする相手の位置取りを手掛かりにして「ボールを持たないときの動き」をすればよいことになる。したがって、実は、「教材化

されたセストボール」は技能的側面ばかりでなく、「意思決定」の視点からも易しいゲームの提供に貢献しているものとして解釈できるのであり、この新たな視点から再評価できる。

❷「ボールを持たないときの動き」をさらにわかりやすくする

　「意思決定の契機」が限定されていることは、特にゴール型の学習に慣れ親しんでいない子どもたちにとって非常に重要なことではあるが、パスコースを創出したり、シュートチャンスを生み出すことに向けた「ボールを持たないときの動き」をする上で、「円形」のシュートエリアは若干の不都合さを抱えていると言えなくもない。それは一方で、広いシュート空間を提供してはいるものの、苦手な子どもにとっては「どこに動けばよいのか」を判断することを難しくしていると考えられる。この「ボールを持たないときの動き」に向けて、「私はいつ、どこへ動くべきなのか」をより明瞭に易しく判断できる条件を考えてみるのがここでの課題である。

　そこで構想したのが、ゲームのプレイ人数との関係を組み合わせた、「四角形のシュートエリアでの3対2のアウトナンバー・ゲーム」である。この形式であれば、エリア4辺のうち3辺にオフェンスが位置取り、ボールの移動とディフェンスの動きに対応して、主として残りの1辺が「チャンスメイク（シュートチャンスとなる場所に飛び込む）」、あるいは「サポート（ボールを繋ぐためのパスコースを創る動き）」に利用されることになる。したがって、「いつ、誰が、どこへ動けばよいのか」がかなり鮮明になりうる。

　ここでは、ゴール型の中心的な課題にもなり、そしてそこが最も難しい「ボールを持たないときの動き」に焦点化した「スクウェア・セストボール」によって、よりわかりやすく豊富な学習を提供したい。

写真2-5　スクウェアのコートで　　　写真2-6　シュートチャンスを判断する

❸「スクウェア・セストボール」のルールの大要

表2-15は、今回新たに構成した単元教材「スクウェア・セストボール」のルールの大要である。

表2-15 「スクウェア・セストボール」のルールの大要

■ゲームの人数
　攻撃3人、守備2人。
■コート
　縦横5mのシュートエリアを設定し、中央にゴールを配置する。
■ゴール
　セストボールゴール（リングの直径60cm、高さ180cm…高さは子どものシュート技能とボールの軌道を考慮した）。
■ボール
　ソフトバレーボール低学年用（キャッチしやすいように若干空気を抜いておく）。
■得点方式
　四角形のシュートエリアの外からシュートし、リングに入れば2点、リングに当たれば1点とする。
■ゲーム時間
　1ゲーム4分（ハーフ2分：ハーフで攻守交代、ハーフの中でのプレイヤーの交代はしない）×4セット。
■その他の主なルール
〈ボール操作〉
・ボール保持者は移動できない。ドリブルはなし。パスのみでボールを移動させなければならない。
〈攻撃〉
・攻撃はシュートエリアの外からシュートしなければならない。
・攻撃側はシュートエリア内を通過して移動することができる。
〈守備〉
・守備はシュートエリアの外に出ることはできない。
・守備では攻撃側のボールをはじいたり、奪ってはいけない。また、覆いかぶさるようなマークをしてはいけない。
・守備では攻撃側がシュートしたボールに触れてはいけない。
〈ゲーム開始・リスタート〉
・ゲームは、攻撃側が守備側の1人にボールを手渡して、そのボールの返球を受けてスタートする。得点が入ったときも同様にリスタートする。
・攻撃側がリバウンドボールをキープすれば、そのままプレイを続けることができる。
・守備側がリバウンドボールをキープしたときには、速やかにボールを攻撃側に返球してリスタートする。
〈コートのライン〉
・サイドライン、エンドラインは設定しない（ディフェンスはシュートエリアの外側には出られないため、ルーズボールを争う場面は起こらないため）。

[2]「スクウェア・セストボール」の単元展開の概略

　本実践の単元は9時間構成とした。毎時の授業展開は、基本的に「用具の準備・ウォーミングアップ → 全体での学習課題の把握 → チームでの課題練習 → ゲーム①② → チームでのミーティング → ゲーム③④ → チームでの振り返り → 全体での学習のまとめ」の流れで進めている。
　表2-16は、単元における学習のねらいの展開についての概略である。
　1チーム3〜4人で構成し、全体で8チームとした（クラスは31人）。体育館に4コート設け、すべてのチームが練習・ゲームを同時に行えるようにした。毎時後半に、単元教材となる「スクウェア・セストボール」に各チームとも4ゲーム取り組んでいる。

表2-16 「スクウェア・セストボール」の単元の概略

第1時	第2時	第3時	第4時	第5時	第6時	第7時	第8時	第9時
【ステップ①：ゲームを理解しよう】(兄弟チームでの練習・ゲーム) ゲームのルールを理解し、ノーマークでシュートをしよう。			【ステップ②：練習したことをゲームに生かそう】ゲームの中でノーマーク・シュートができるように、チーム力を高めながら、ノーマークになる動きを素早くしよう。				【ステップ③：リーグ戦】高めてきた力をゲームで発揮しよう。	

表2-17 各時間における中心的な学習課題

第1時	ボールを繋ぎ、ゴールから近いところでノーマーク・シュートをしよう。
第2時	ディフェンスが目の前にいないときはシュートしよう。
第3時	ノーマークの仲間を見つけて、よいパスを出そう。シュートの準備をしてパスをもらおう。
第4時	パスを受けなかったとき、次にパスをもらうために動こう。
第5時	ノーマークになっていたら、声やアクションでボールを呼んでパスをもらおう。
第6時	味方とタイミングを合わせてパスをし、パスミスを減らして、素早くシュートをしよう。
第7時	パスでディフェンスを寄せてノーマークを創ろう。ノーマークのときは積極的にシュートしよう。
第8時	3人で心を合わせて、ナイスプレイをたくさんしよう。
第9時	プレイ中にチームの中での掛け声を増やして、ナイスプレイをたくさんしよう。

なお、表2-17に、実際に単元の各時間の中心的な学習課題となった事柄を示した。

[3] ゲーム・パフォーマンスに関する学習成果の分析

単元の第2時以降、体育館の4コートにおいて取り組んだゲームを対象にゲーム・パフォーマンスに関する分析を行っている。体育館のギャラリーから4台のカメラですべてのゲームをVTR撮影し、その映像再生によってパフォーマンスの変化を検討している。

❶ゲーム様相のパターン分析

ゲームの中心的な課題となる「有効空間にボールを持ち込み、ディフェンスにマークされずに（マークを外して）フリーな状況でシュートを打つ」ことの達成度が重要な情報となる。そこで、表2-18のように、攻撃場面をA～Cの3つのパターンに区分し、その出現回数をカウントする方法によって各パターンの出現頻度を算出した。表2-19はその結果である（期待したいのはもちろんAパターンの割合の向上である）。

表2-19の数値から、ディフェンスのマークを外してフリーな状況からシュートに持ち込むAパターンの出現頻度が単元序盤の40％台から単元終盤には

表2-18 ゲーム様相のパターン区分のカテゴリー

Aパターン	ノーマークの状態でシュートを打った場合。
Bパターン	ディフェンスにマークされている状態でシュートを打った場合。
Cパターン	ディフェンスにパスカットされたり、パスミスなどによってボールがデッドしてしまったりした場合。

表2-19 各時間の出現パターンの回数と全体に占める割合

	第2時	第3時	第4時	第5時	第6時	第7時	第8時	第9時
Aパターン	167 42.3%	162 51.4%	167 50.3%	199 54.5%	200 65.6%	218 71.7%	233 70.2%	213 72.0%
Bパターン	185 46.8%	113 35.9%	125 37.7%	126 34.5%	69 22.6%	57 18.8%	67 20.2%	48 16.2%
Cパターン	43 10.9%	40 12.7%	40 12.0%	40 11.0%	36 11.8%	29 9.5%	32 9.6%	35 11.8%

70％台まで確実に向上していたことが認められた。ここから単元の進展にしたがって、ノーマークを創ってシュートするゴール型の中心的な課題が非常に濃密に学習されていったことが推察できる。

❷「ボールを持たないときの動き」の学習成果

　このゲームにおいてシュートチャンスを創り出すためには、「ボールを持たないプレイヤー」が「味方（ボールマン）」と「相手」の位置関係から、シュートに繋がる有効空間を判断し、適切にボールを持たないときの動きをする必要がある。そこで、ゲームの中で「ボールを持たないプレイヤー」の2人のうち、ボールマンからパスを受けなかったプレイヤーに着目して、ボールを持たないときの動きの「適切率」を算出し、単元展開の中での変容を検討している。

　表2-20は、抽出した場面での動きを評価するカテゴリーを示している。

　表2-21は、評価した「場面」と「適切」な行動のカウント数、および「場面」の数に占める「適切」な行動の割合としての「適切率」を表している。

　ここでの「適切率」の数値から、「ボールを持たないときの動き」に関する明瞭な学習成果が確認できる。単元中盤以降では80〜90％の適切率が示され、極めてわかりやすい学習が展開されたと解釈できる。単元展開の時間的経過にしたがって、攻撃側のメンバー間のパスのスピードが高まっていたことから（これは同時に守備側の防御の向上を意味する）、毎時同じゲーム時間でありながら、場面数が飛躍的に増加したのにもかかわらず、適切な行動が高まっていったことは明記されるべき結果であった。

[4] 形成的授業評価からみた授業成果

　この授業を子どもたちはどのように評価したのであろうか。表2-22は第2時以降の形成的授業評価の結果である。

　表に示された数値から、単元序盤から極めて良好なスコアが得られたと判断してよいであろう。子どもたちから大いに評価された授業であったと解釈できる。

　この中で特筆すべきなのは一般的にスコアの得られにくい「成果」の次元においても非常に高い評価が与えられたことであろう。このことはゲームのパフォーマンスの評価にみられた学習成果を裏書きしていると言ってよいものと判断される。ノーマークをチームのみんなで創り、選びとるゴール型の学習が子どもたちにわかりやすく提供され、技能の向上を伴った活動が展開されたこと

表2-20 「ボールを持たないときの動き」の評価カテゴリー

適 切	ディフェンスのいないシュートラインの一辺に動くことができた。
不適切	ボールが動く前にいた一辺から移動することができなかった（パスを受けた味方の対面に位置していた）。

表2-21 「ボールを持たないときの動き」の場面数、適切数、および適切率

	第2時	第3時	第4時	第5時	第6時	第7時	第8時	第9時
場面数	130	222	199	281	460	602	571	671
適切数	77	158	147	244	421	528	524	636
適切率	59.2%	71.2%	73.9%	86.8%	91.5%	87.7%	91.8%	94.8%

表2-22 「スクウェア・セストボール」の単元の形成的授業評価スコア

		第2時	第3時	第4時	第5時	第6時	第7時	第8時	第9時
成果	男子	2.76(5)	2.78(5)	2.78(5)	2.93(5)	2.93(5)	2.87(5)	2.96(5)	3.00(5)
	女子	2.81(5)	2.81(5)	2.61(5)	2.81(5)	2.87(5)	2.85(5)	2.90(5)	2.98(5)
	全体	2.79(5)	2.80(5)	2.71(5)	2.87(5)	2.90(5)	2.86(5)	2.92(5)	2.99(5)
意欲・関心	男子	2.96(4)	2.87(4)	3.00(5)	2.97(4)	3.00(5)	2.93(4)	3.00(5)	3.00(5)
	女子	2.94(4)	2.91(4)	2.94(4)	2.97(5)	3.00(5)	3.00(5)	3.00(5)	3.00(5)
	全体	2.95(4)	2.89(4)	2.97(5)	2.97(4)	3.00(5)	2.97(4)	3.00(5)	3.00(5)
学び方	男子	2.89(5)	2.90(5)	2.97(5)	2.97(5)	2.97(5)	2.93(5)	3.00(5)	3.00(5)
	女子	2.94(5)	2.94(5)	2.88(5)	2.94(5)	2.97(5)	2.94(5)	2.97(5)	3.00(5)
	全体	2.92(5)	2.92(5)	2.92(5)	2.95(5)	2.97(5)	2.94(5)	2.98(5)	3.00(5)
協力	男子	2.96(5)	2.97(5)	3.00(5)	3.00(5)	3.00(5)	3.00(5)	3.00(5)	3.00(5)
	女子	3.00(5)	2.97(5)	2.94(5)	2.97(5)	2.97(5)	3.00(5)	3.00(5)	3.00(5)
	全体	2.98(5)	2.97(5)	2.97(5)	2.98(5)	2.98(5)	3.00(5)	3.00(5)	3.00(5)
総合評価	男子	2.88(5)	2.87(5)	2.92(5)	2.96(5)	2.97(5)	2.93(5)	2.99(5)	3.00(5)
	女子	2.91(5)	2.90(5)	2.83(5)	2.91(5)	2.94(5)	2.94(5)	2.96(5)	2.99(5)
	全体	2.90(5)	2.88(5)	2.87(5)	2.94(5)	2.96(5)	2.93(5)	2.97(5)	3.00(5)

が推察できる。また、「協力」次元も極めて高い評価であった。このこともまた、子どもたちが探究すべき行動に向けて明瞭なゲーム像を共有できるようなわかりやすさがその前提になっていたのではないかと想像される。

　本実践では、ゴール型ゲームにおける「意思決定」の複雑さを緩和することの視点として、特に意思決定の契機の問題を取り上げ、「セストボール」に着

表2-23 オールコートでの「スクウェア・セストボール」のルール

■ゲームの人数
　1チーム3人（攻撃場面は3人、そのうち守備ができるのは2人：攻撃のみ参加するプレイヤーは赤帽子をかぶり、自チームが守備の間はコート中央のスタート地点で待機する）

■コート
　ミニバスケットボールコートをセンターラインで区切って2つに分け、それぞれのコートにゴールを1つずつ設置する。ゴールエリアは5mの正方形。

■ゴール
　セストボールゴール（ゴールの直径90cm、高さは児童のシュート技能と軌道を考慮して160cmに設定）

■ボール
　スポンジボール2号球

■得点方式
　四角形のゴールエリアの外からシュートし、ゴールに入れば1点。

■ゲーム時間
　原則的に1ゲーム8分（ハーフ4分×2セット）

■その他の主なルール
〈ボール操作〉
・ボール保持者は移動できない。ドリブルはなし。パスのみでボールを移動させなければならない。

〈攻撃〉
・攻撃側は、ゴールエリアの外からシュートしなければならない。
・スタート地点からシュートを打つことはできない。
・攻撃側はゴールエリア内を通過して移動することができる。

〈守備〉
・守備側は、ディフェンスエリアで守備を行う。
・守備では攻撃側のボールをはじいたり、奪ってはいけない。また、覆いかぶさるようなマークをしてはいけない。
・攻撃側のスタート地点からの最初のパスに触れることはできない。

〈ゲーム開始・リスタート〉
・スタート地点で赤帽子のプレイヤーがボールを持ち、ゲームを開始する。
・得点が入った場合には、攻守が入れ替わり、再びスタート地点から攻撃を始める。
・攻撃側がボールをコート外に出してしまった場合には、相手ボールとなり、スタート地点から攻撃を始める。
・守備がボールを保持したら、スタート地点にいる赤帽子のプレイヤーにパスを通してから、攻撃を始める。赤帽子のプレイヤーへのパスを、相手チームは触れることができない。

〈リバウンド〉
・ディフェンスエリアの外に出たリバウンドボールは、攻撃側のボールとなり、プレイを続ける。
・ディフェンスエリア内で守備側がリバウンドボールを取った場合は、スタート地点にいる味方にパスを出し、攻守交代となる。

眼した教材づくりとその授業について記述した。学習成果を確認するいくつかの分析から期待した結果が得られたと言ってよいのではなかろうか。

また、本文の中ではデータを伴って記述することはできていないが、「ボールを持たないときの動き」の分析、および「形成的授業評価」において、総じて運動の苦手な子どもたちのスコアに非常に良好な結果が得られている。

なお、今回の実際の授業実践では5年生をその対象にしたが、意思決定の契機としてのゴールの位置の意味合いを軽減し、さらにボールを持たないときの動きの選択をわかりやすくしたこのようなゲームは、おそらく中学年段階に最も相応しいかもしれない。そのため、以下では4年生での追加実践について例示しておきたい。

[5] 小学校4年生での実践例における教材づくり

ここではスクウェア・セストボールを基本的にオールコート設定でのゲームとして取り扱った授業例を掲げておきたい。表2-23はこの実践でのルールの大要である。

メインゲームは3対3であるが、攻撃場面では3対2のアウトナンバーになるように設定している。それぞれのチームの1人は攻撃にのみ参加できる。このプレイヤーは守備の場面ではセンターサークル内（スタート地点）に留まっていることにし、攻守が交代した場面ではこのプレイヤーを経由してフロントコートにボールを運んで攻撃を行うという基本的なルールである。

この4年生でのコートでは、ディフェンスエリアを付加している。守備側は

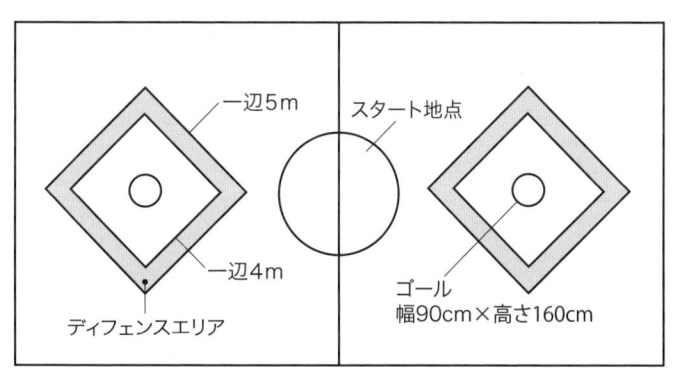

図2-7 オールコートの「スクウェア・セストボール」のコート

原則的にディフェンスエリア内を移動してシュートを防御しなければならないことにし、先の5年生でのゲーム条件よりも攻撃側がノーマークのシュートチャンスを生み出しやすくしている（118頁、写真2-5、2-6）。

ゴールエリアのスクウェアをコートの辺と45度回転して設定したのは、オフェンスのプレイヤーがゴールエリアの4辺をより早く利用できるようにするためである。

[6] 単元における授業展開と学習成果の分析

本実践の単元は9時間構成とした。毎時の授業展開は、基本的に「チームでの準備・ウォーミングアップ → 全体での学習課題の把握 → チームでの作戦の確認・練習 → ゲーム①② → チームでの振り返り → 全体でのまとめ」の流れで進めている。単元を通してメインゲームである「スクウェア・セストボール」に取り組んだが、毎時、ボール操作（パス・シュート）の基本的技能を高めるドリルを挿入した。第3時以降には、シュートに有効な空間を判断するためのタスクゲームを導入し、シュートチャンスを生み出す動きの理解に向けた指導を大切にした。なお、表2-24は単元の各時間に設定した中心的な学習課題を示したものである。

さて、単元を通して、体育館の2コートにおいてメインゲームに取り組んでいる（クラスは24人：各チーム6人の4チーム編成）。時間によってゲーム時

表2-24　各時間における中心的な学習課題

第1時	単元全体の流れやルールを知り、試しのゲームをしてみよう。
第2時	守りに付かれる前にシュートを打とう。
第3時	ボールを持っている味方の隣の辺に素早く動こう。
第4時	ボールが動いたら、次のパスを考えて動こう。
第5時	ノーマークであればシュートを狙おう（仲間が「打て！」の声を出そう）。重ならない場所に動こう。
第6時	シュートチャンスを増やすために、スタートからどのようにパスを出して攻めるのか工夫してみよう。
第7時	シュートチャンスを増やすために、パスが出たと同時に次の動きを考えよう。
第8時	守りの状況を判断して、スタートの仕方を工夫しよう。
第9時	今までの学習を生かして、たくさんシュートチャンスを創ろう。

間に多少の違いがあったが、第3時以降では各チーム、3〜4分ハーフのゲームを2回繰り返している。
　この第3時以降、各時に行われたすべてのゲームを体育館のギャラリーから4台のカメラでVTR撮影し、その映像再生によってゲーム分析を行っている。

❶ゲーム様相のパターン

　5年生のゲーム分析と同様に、先の表2-18のゲーム様相のパターン区分のカテゴリーを用いて学習成果を確認してみたい。表2-25は、第2・4・6・8・9時におけるパターン分析の結果である。ただし、パターンの判断は、スタート地点を経由する各攻撃において、1回目のシュートまでの様相である（もちろん、Cパターンはシュートまで至らない）。
　表2-25から明瞭なように、Aパターンの上昇、Bパターンの減少は顕著であった。先の5年生のゲームの分析結果と比較してみると、Aパターンの上昇率が20％前後高いこと、またその上昇が単元中盤までの間にかなり早く増加していることが認められる。これは基本的にディフェンスエリアの設定によって（オフェンスはゴールエリアを通過することができるが、ディフェンスがディフェンスエリアから出られない条件にしたことによって）、より易しくノーマーク状態を生み出すことができるようになったと判断してよいであろう。いわ

表2-25　各時間の出現パターンの回数と全体に占める割合

	第2時	第4時	第6時	第8時	第9時
Aパターン	28 49.1%	64 72.7%	81 94.2%	93 91.2%	121 93.8%
Bパターン	18 31.6%	18 20.5%	4 4.7%	1 1.0%	1 0.8%
Cパターン	11 19.3%	6 6.8%	1 1.2%	8 7.8%	7 5.4%

表2-26　「ボールを持たないときの動き」の適切率の変容

	第2時	第4時	第6時	第8時	第9時
黄色チーム	32.8%	84.0%	89.7%	92.0%	94.4%
赤色チーム	25.0%	90.9%	89.4%	85.4%	88.6%
緑色チーム	44.7%	67.2%	93.2%	90.6%	93.6%
青色チーム	33.3%	82.5%	83.6%	92.8%	90.5%
クラス全体	36.9%	81.7%	89.3%	90.5%	91.6%

ば、オフェンスへのマークがきついものにはならない「コールド・ディフェンス」(cold-deffence) の機能が働いたということである。

このデータから、少なくとも単元後半では、ゲームの展開がノーマーク・シュートの応酬の様相を示していたことが理解できる。

❷「ボールを持たないときの動き」の学習成果

ここでもゲームの中で攻撃側の「ボールを持たないプレイヤー」の2人のうち、ボールマンからパスを受けなかったプレイヤーに着目して、前記の表2-20にしたがってボールを持たないときの動きの「適切率」を算出し、単元展開の中での変化を確認したところ、表2-26のような結果が得られた。チーム別、およびクラス全体の数値である。

表から各チームとも単元前半の段階において適切率の極めて大きな向上が確認されている。先のゲーム様相の変化を支えていたのは、このようなボールを持たないときの動きの学習成果であったと推察してほぼ間違いないであろう。因みにボール保持者の判断について、ノーマークのときにシュートが打てているかどうか、またマークされた場合にディフェンスにマークされていない味方にパスができているかどうかという観点から分析を試みているが、単元中盤以降は、どのチームも非常に良好なデータが得られている。その意味も含めて、4年生段階の子どもたちにとって、わかりやすく、プレイの達成度の高いゲームが提供されたことが認められたと言ってよい。

念のため、単元序盤にゲームの中での動きに停滞の感じられた子どもを4人抽出し（男子1人、女子3人）、単元終末の2時間（第8・9時）に行われたゲームの中での「ボールを持たないときの動き」を同様にVTRから検討したところ、4人ともにクラス全体の平均値と遜色ない適切率が確認されている。

なお、この授業でも第2時以降、形成的授業評価を実施しているが、第3時以降、クラス全体の総合評価において5段階の「5」が得られるとともに、第5時以降、「成果」次元の極めて良好なスコア（2.82～2.92）が示されたことを付記しておきたい。

（研究協力者：井浦　徹・堀口はるか・保坂信太郎・小林奈央・中村恭之）

[文献]
* 1　高橋健夫（1992）ボール運動教材の再検討、楽しい体育の授業5（2）：4-6
* 2　小谷川元一（1992）セストボールを導入したバスケットボールの授業、楽しい体育の授業5（2）：39-41

第2章-4【ゴール型】

意思決定の契機の視点を考える②(4年生)
「セイフティーエリア・タッチビー」の教材づくり

　現行の小学校学習指導要領における「ゴール型」には、タグラグビーやフラッグフットボールが新たな例示として取り上げられるようになっている。

　通常、「ゴール型」(英語圏では「侵入型ゲーム」= invasion games)はゴールの様式によって、「ボールをゴールにシュートするタイプ」(シュートタイプ)と「ボールをラインに持ち込むタイプ」(ラインタイプ)に区分することができる。今回新たに例示に導入されたのはこのうちの「ラインタイプ」である(我が国では、「陣取り」タイプのゲームとして呼称されてきたものである)。ここでは、このラインタイプのもののうち「タグラグビー」について、特にゴール型のゲームの中の「意思決定」とそれに基づく「ボールを持たないときの動き」の観点から評価し、中学年段階を想定して新たな教材「セイフティーエリア・タッチビー」を構成した。

[1]「タグラグビー」の素材価値に関する解釈

　ゴール型のゲームの指導を考えていく上で、「タグラグビー」の素材価値について以下のような解釈を試みたので説明してみたい。

　既存のボール運動は、その戦術的課題が子どもにとって複雑であるため、学習指導要領の『解説』では総じて「やさしい教材づくり」を意味するゲームの提供が推奨されている。第1章で触れたように、小学校の中学年での「易しいゲーム」、高学年での「簡易化されたゲーム」という表現がそのことを示している。このような視点から「タグラグビー」についてはこれまで、「ボールを持って走ることができること」「ゴール場面が易しいこと(ボールを持ってエンドラインを走り抜ければよいこと)」などがゲームの易しさのポイントとし

て指摘されてきた[1,2,3,4]。また、「パスを横に出す技能も易しい」ことも記述されている[5]。これらの指摘は「ボール操作の技能」に関わったボール保持者の観点からのものであると言ってよい。そこで、ここでは新たな解釈ポイントとして、ボールを持たないプレイヤーにとっての「意思決定の契機」の観点を加えて取り上げたいと考える。

　筆者は、「ゴール型」ゲームの子どもにとっての難しさについて、「意思決定の契機の多さ」「空間の流動的な変化」および「行動の自由性」という3つの観点から捉えている。このうち、「意思決定の契機の多さ」に関しては、主として「味方」「相手」、そして「ゴール」の位置を想定しているが、この「意思決定の契機」の視点を「タグラグビー」に向けた場合、まず、ゴールがエンドライン全体に広がっていることから、「シュートタイプ」のように特定のゴールとの位置関係が自分の動きによって大きく変化してしまうことがなく、攻めの進行方向が非常にわかりやすいという前提を有している。加えて、攻撃側の「スローフォワード」（前パス）が許容されていないため、例えば、攻撃側のボールを持たないプレイヤーの観点からすると、パスを受けるための「ボールを持たないときの動き」のための意思決定（判断）をする際に、ボールを持った味方もそして相手もすべてゴール方向（エンドライン方向）に位置していることになる。つまり、パスを受けるための「ボールを持たないときの動き」の意思決定の「契機」となる「ボールを持った味方プレイヤー」と「相手ディフェンス」を同方向の視野の中で認知することができる可能性が非常に高いということである。

　ゴール型のゲームの中において、とりわけボールを持った味方との適切な位置関係を生み出しながら、同時に相手プレイヤーを意識しなければならないところに子どもにとっての難しさが存在していることを踏まえると、このタグラグビーのゲーム状況は、攻撃側の「ボールを持たないときの動き」の学習にとって1つの易しいステップを提供してくれるものと解釈することができるであろう。因みに、従来、タグラグビーの素材価値に関し、このような「意思決定の契機」の観点から議論されたことはほとんどなかったと言える。

[2]「タグラグビー」の教材化
——「セイフティーエリア・タッチビー」の構成

　以上のように、タグラグビーはボール操作および意思決定の契機の視点からその易しいゲーム状況を指摘できると思われるが、小学校中学年段階を対象に

した場合、大いに配慮しなければならない点も少なくないと考えられる。例えば、広い空間の中で走ることを中心にしたゲームでは、通常、走力のある子どもが独占的にゲームを展開してしまうことも少なくない。また、意図的な攻撃の展開を期待しても、ボール保持者の動きにより状況が劇的に変化してしまい、よほどゲームに慣れた子どもでなければその動きに対応できない状態になることもあるからである。そこで、次のようなルールを検討し、新たな単元教材としての「セイフティーエリア・タッチビー」の構成を試みている。このゲームは3対2の「アウトナンバーゲーム」（攻撃側が数的優位）を採用しており、加えて、以下のようなルールの設定を行った。

❶コート両サイドへの「セイフティーエリア」の設定

　流動的に変化するゲーム状況を判断し、適切に技能行使を行わなければならない「ゴール型」のゲームでは、ボールを保持しているとき、およびボールを持たないときの複雑な意思決定が常に要求される。こうした意思決定をよりやさしい条件下で学習させていくために、コート両サイドに「セイフティーエリア」を設定した。このエリアには、攻撃側プレイヤーのみが入ることができ、守備側に直接防御されずに移動したり、味方プレイヤーにパスしたりできるようにした（攻撃側は、ボールマンがエリアに走り込んでもよいし、ボールを持たないプレイヤーがエリアに入り、エリア外からパスを受けてもよい）。また、セイフティーエリアへはどこから入ってもよいが、出口はゴール方向の短い1辺に限定している。この「セイフティーエリア」の設定には主として次のような意図が含まれている。

・攻撃側のボールを持ったプレイヤーがエリアに飛び込み、出口のゴール方向に移動したとすれば、守備側の1人はそのエリアの出口近辺を防御するであろう。その場合、残りのプレイヤーの状況は2対1となり、エリアからのパスの後の攻撃方法の展開を思考しやすくなる。
・エリアに飛び込んだボール保持者が走能力に長けていても、出口を防御される確率が高いため、ワンマンプレイを排除でき、仲間との協同的なプレイが出現しやすくなる。
・攻撃側プレイヤーが安心と余裕をもった状態で、味方や守備側の位置取りを判断しながら、走り抜けたりパスを出したりすることができる。

❷「プレイの連続性」を保障する「タッチ」

　「タグ」は、タグラグビーの大きな特徴である「身体接触をなくす」ことに

大きく貢献している。また、守備側が攻撃側のボールを持ったプレイヤーを止めることを示す明瞭な方法であることは言うまでもない。ただし、前進を止められたボールマンが再びゲームに参加できるのは、守備側プレイヤーに奪取されたタグを受け取り、腰に付けてからである。そこでは、タグを取った守備側プレイヤーもボールマンだった攻撃側プレイヤーも待機の状態になってしまう。さらに、動いている攻撃側プレイヤーのタグを奪取することは簡単ではないため、それに関する特別な練習時間が単元の初期段階などに必要になる。

　このようなことから、ここでは「タグ」の代わりに、素手による「タッチ」でボールマンの行動を止められるルールに変更した。この場合、若干の不明瞭さを生じさせてしまうが、低学年段階の「鬼遊び」で経験している場合が多く、また、特に技術的な指導が必要となるものでもない。「タッチ」によって守備側プレイヤーに止められたボールマンは、味方にパスをすれば引き続きそのままプレイができる。大切にしたいのは「プレイの連続性」である。

[3]「セイフティーエリア・タッチビー」のルールの大要

　以上のような教材づくりのコンセプトを下敷きにした「セイフティーエリア・タッチビー」のルールを以下のように設定した。表2-27はその大要であり、図2-8は設定したコートである。
　攻撃側が最終的にゴールまで到達できなくても、ボールを前に進めることの

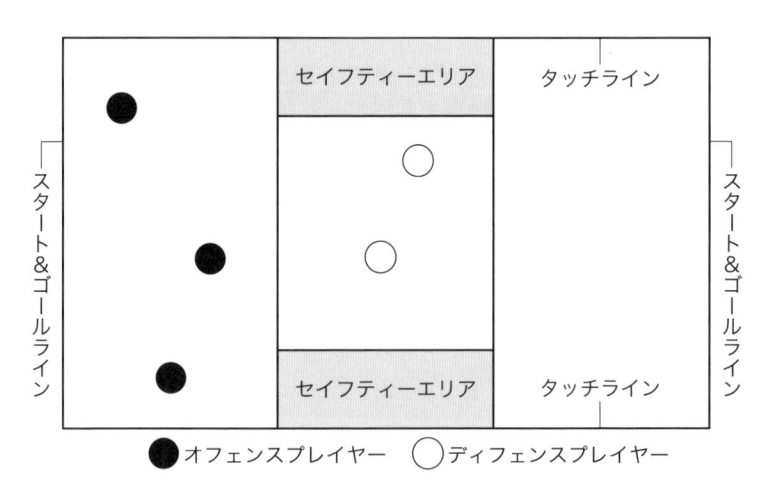

図2-8 「セイフティーエリア・タッチビー」のコート

表2-27 「セイフティーエリア・タッチビー」のルールの大要

■ゲームの人数
　攻撃が3人、守備は2人。攻撃優位のアウトナンバーのゲームとなる。
■コート
　縦24m×横16m　縦方向に3つのグリッドを等分に区切る。
■得点
　コートグリッド上のラインを越えるごとに1点、ゴールライン2点。最高4点。
■ボール
　小学生用ハンドボール
■ルール
〈攻撃〉
・ゲーム開始は、スタートラインよりフリーパスで開始する。
・パスは、横から後方へパスをすることができる。
・次の場合に攻守交代が起こる。
　　a. ボールがタッチラインを越えたとき
　　b. ボールを持ったプレイヤーが守備側に4回タッチされたとき
　　c. スローフォワードをしたとき
　　d. トライをしたとき
　　e. ルーズボールを守備側が拾ったとき
・ノックオン状態であってもボールを拾って続けてプレイすることができる。前方にファンブルしたときは、そのプレイヤーがボールを拾う。
・タッチされた場合は速やかにパスをしなければならない。
〈守備〉
・ボールを持ったプレイヤーにタッチすることで進行をストップできる（背中〜肩）。「タッチ」とコールしなければならない。
・タッチコール後のパスをカットすることはできない。
・攻撃側がスタートラインからはじめる場合は、中央グリッドから守備ができる。
・守備側の反則が起きた場合は、その場所からフリーパスでゲームを開始する。守備側は得点グリッド上では8m以上離れなければならない。
・ルーズボールを拾ってもよい。
・オフサイドあり（ボールラインよりオフサイドに侵入してボールに関わるプレイができない）。

よさを強調するために、コートを3分割し、ラインを越えるごとに得点が加算されるようにしている。また、ボールマンが進行を止められても味方へのパスによってゲームが継続され、パスが続いている間は攻守の交代が起こらないため、一方のチームの攻撃が長引く可能性がある。そこでボールマンへの4回の「タッチ」で攻守が転換されるようにした。なお、通常、タグラグビーでは楕円のボールが使用されるが、子どもたちのボールの操作性を考慮して球形のものを選択した。

[4]「セイフティーエリア・タッチビー」の単元展開の概略

単元は9時間構成とした。毎時の授業展開は、第3時以降、「チームでの準備・ウォーミングアップ・ドリル → 全体での学習課題の把握 → チームでの作戦

表2-28 単元展開の概略

	1	2	3	4	5	6	7	8	9
	〈学習1〉学習のねらいや進め方を知る 単元の学習問題をつかむ。		〈学習2〉ボールを持ったときの意思決定や技能を身につける。		〈学習3〉ボールを持たないときの意思決定と技能を身につける。				
15	オリエンテーション ・チーム分け ・ルール説明 ・1時間の学習の進め方 ・授業の約束 ・試しのゲーム	準備運動(全体)			準備運動(チーム)				
		メインゲーム(学習問題をつかむために行う)	ドリル(ボール操作の技能)						
			全体指導						
30			必要に応じてタスクゲーム(3対1によるアウトナンバーゲーム)						
			チームでの作戦の確認・練習						
			メインゲーム(前半)						
		振り返り	振り返り						
		全体指導 ・単元の学習問題設定	メインゲーム(後半)						
			まとめ						
40			全体指導						

表2-29 各時間における中心的な学習課題

第1時	「セイフティーエリア・タッチビー」のルールや学習の進め方を知ろう。
第2時	単元の学習課題を創ろう。「何ができるようになればいいゲームなのだろう?」
第3時	ボールを持ったら、もっと前に攻めていこう。
第4時	ボールを持ったら、フリーの人をつくるために走ろう。
第5時	ボールを持たない人はどこにいたらいいのだろう?
第6時	ボールを持っていない2人目・3人目は、どこにいて、どのように動けばいいのだろう。
第7時	3人の連動「ゴー・パス・ゴー・パス・ゴール」で攻めよう。
第8時	チーム全員がパス&キャッチができる距離にサポートしよう。
第9時	チームのみんなが安心してパスやキャッチができる距離を大切にしよう。

の確認・練習 → ゲーム → チームでの振り返り → 全体での学習のまとめ」の流れで進めている。

表2-28は、単元における学習のねらいと展開についての概略である。子どもたちは単元を通してメインゲームである「セイフティーエリア・タッチビー」に取り組んでいる。教師の指導は攻撃側を中心に、単元前半では主としてボール保持者の意思決定や動きの理解を大切にし、後半では、ボールを持たないプレイヤーの意思決定や動きの理解に重点を置いた。

なお、表2-29は、単元の各時間の中心的な学習課題を示したものである。

[5] ゲーム・パフォーマンスに関する学習成果の分析

単元を通して、グラウンドに設定した3コートでゲームに取り組んでいる（クラスは28人。各チーム4～5人の6チーム編成）。ゲームはすべて7分ハーフの計14分間である。各チームのメンバーはそれぞれ前後半のうち最低1回以上は攻撃と守備両方を行うようにした。各時に行われたすべてのゲームを校舎ベランダから3台のカメラでVTR撮影し、その映像再生によってゲーム分析を行っている。その内容は以下のとおりである。

❶ボール保持者の意思決定の変容

「ラインタイプ」での最も重要な戦術的課題は「ボールを保持しつつ、ゴールを目指し陣地を広げること」である。ボール保持者は、前進することで陣地を広げることが要求される。そこで、ボール保持者の意思決定の指標として、表2-30のようにボール保持者の動きを2つに区分し、その出現回数をカウン

表2-30　ボール保持者の動きのパターン区分カテゴリー

Aパターン	ゴール方向への前進（ラン）
Bパターン	Aパターン以外の動き（ラン・停止）

表2-31　ボール保持者の動きのパターン頻度

		第2時	第3時	第4時	第5時	第6時	第7時	第8時	第9時
Aパターン	回数 頻度	76 53.9%	105 72.4%	129 87.2%	158 94.6%	163 91.1%	158 91.3%	166 97.6%	209 95.0%
Bパターン	回数 頻度	65 46.1%	40 27.6%	19 12.8%	9 5.4%	16 8.9%	15 8.7%	4 2.4%	11 5.0%

トする方法によってそれぞれのパターンの出現頻度を算出した。表2-31はこの結果である。

ボール保持者がゴール方向に前進するAパターンの出現頻度が第3時から大きく伸びている。これは、単元前半にボール保持者の意思決定を中心に指導が行われたことに対応した学習成果が現れたものと推察される。また、単元後半にはAパターンの頻度が90%以上を占めたことから、ボールを持ったプレイヤーの意思決定は、比較的学びやすく、ランプレイは技能的にも発揮しやすいものであったと判断できる。

❷ボールを持たないときの「サポート行動」の変容

表2-32は、攻撃側のボールを持たないプレイヤー（攻撃側のメンバーは3人であるから、ボールを持たないプレイヤーは2人）の「サポート行動」に関するパターンを3つに区分したものである。この区分にしたがってゲームの中での出現回数をカウントし、出現頻度を算出した。サポート行動の位置は、ゲーム状況の中でのボールマンの動きに応じて変化していくが、ボール保持者がパスをする時点でボールを持たないプレイヤーの位置取りを評価している。ここでも最も期待したいのはAパターンである。表2-33はその結果を示している。

表2-32 サポート行動のパターン区分カテゴリー

Aパターン	味方からのパスコースに入り、前方へのランに繋がる位置でサポートしている。
Bパターン	味方からのパスコースに入っているが、ボールマンとの距離がパスに適していなかったり、すぐ近くにディフェンスがいる位置でサポートしている。
Cパターン	味方からのパスが受けられない位置にいる。

表2-33 サポート行動の変容

		第2時	第3時	第4時	第5時	第6時	第7時	第8時	第9時
Aパターン	回数	34	29	33	34	80	83	103	130
	頻度	10.6%	10.8%	12.5%	10.9%	23.2%	25.6%	33.0%	34.4%
Bパターン	回数	156	149	136	175	185	174	162	205
	頻度	48.6%	55.6%	51.7%	56.3%	53.6%	53.7%	51.9%	54.2%
Cパターン	回数	131	90	94	102	80	67	47	43
	頻度	40.8%	33.6%	35.7%	32.8%	23.2%	20.7%	15.1%	11.4%
合計回数		321	268	263	311	345	324	312	378

写真2-7 コートのサイドをランプレイ　　写真2-8 コート中央へのサポート

　表2-33の数値から、ボール保持者やもう一人の味方からのパスコースに入り、前方へランできる位置にサポートしたAパターンの出現頻度が単元の進展に伴って向上し、味方からパスを受けることができない位置取りをしていたCパターンが大幅に減少していることが確認できる。
　ただし、単元終盤においてもBパターンが50％を超える出現率であった。この数値は、味方のボールマンとの関係を取りながら、なおかつ相手ディフェンスを意識しなければならないという「意思決定の2つの契機」の難しさを示していると同時に、単元の進展に伴う守備側のパフォーマンスの向上も影響しているであろうことは想像に難くない。さらに、攻撃側のボールマンはパスした後、ボールを持たないプレイヤーとして、パスした味方の後方にまわってサポートの位置取りをする必要があるため、それに関する意図的な指導が必要であるかもしれない。

❸セイフティーエリアの使用の実際
　最後に、攻撃において協同的なプレイを促し、意思決定の余裕を生み出すために設定した「セイフティーエリア」がゲームの中で実際に有効に活用されていたのかどうかについて確認しておきたい。表2-34は、各時に行われた全ゲ

表2-34　セイフティーエリア使用率

	第2時	第3時	第4時	第5時	第6時	第7時	第8時	第9時
攻撃回数 使用回数	44 30	47 38	50 36	51 46	61 50	59 54	58 57	71 70
使用率	68.2%	80.9%	72.0%	90.2%	82.0%	91.5%	98.3%	98.6%

第2章-4　「セイフティーエリア・タッチビー」の教材づくり　　137

ームの中でのトータルの「攻撃回数」において、セイフティーエリアにボールを持ち込んでプレイした「セイフティーエリア使用回数」がどの程度みられたのかその頻度（「使用率」）を算出したものである。

　ゲームにおける攻撃は、常にスタートラインから始まる。そこで、各コートで対戦している2チームにおいて、ボールキープが転換するごとに攻撃を1回としてカウントし、攻撃1回当たりのセイフティーエリアへの持ち込みの有無をエリアの「使用度」として捉えている。ただし、1回の攻撃において複数回エリアに持ち込んでも1回としてカウントしている（セイフティーエリア使用率(%)＝セイフティーエリア持ち込み回数÷攻撃回数×100）。

　表2-34の数値から明瞭なように、使用率は、単元の進展に伴って増加している。このエリアが攻撃のプロセスを創り出す有効な空間であると認識されたからであろう。

[6] 形成的授業評価からみた授業成果

　授業成果の全体傾向を確認するために、運動学習が授業の中心となった第2時以降に「形成的授業評価（子どもによる授業評価）」を実施している。表2-35はその結果である。

　ここでは単元序盤から良好なスコアが得られたこと、また単元が進むにつれてその上昇がみられたことが確認でき、子どもたちから高い評価が得られたものと判断できる。

　実践学級では、それまでの体育の学習において、男子は活発に活動するが、女子はやや控えめな傾向があった。本単元では、男女ともに高い評価が得られ、女子も積極的に授業に参加できていたことが窺える。さらに、一般的に高得点の得にくい「成果」次元において、相対的に女子のスコアが男子のそれを上回っている。ゴール型のような非常に展開の速いゲームなどでは女子が埋没してしまう様相も少なくないが、ここでの「成果」次元のスコアからすれば、「セイフティーエリア」を設けつつ、「3対2のアウトナンバーゲーム」と組み合わせたゲームが、チームのみんなが協同的にプレイすることに大いに貢献した可能性が推察される。

　ここでは、ボール保持者に関わったボール操作技能の観点に加えて、ボールを持たないプレイヤーの「意思決定の契機」という側面から「タグラグビー」を解釈・評価し、小学校中学年段階の学習を想定した新たな単元教材（メイン

表2-35 形成的授業評価の推移

		第2時	第3時	第4時	第5時	第6時	第7時	第8時	第9時
成果	男子	2.64	2.74	2.72	2.86	2.46	2.64	2.77	2.79
	女子	2.56	2.89	2.82	2.71	2.80	2.71	2.84	2.91
	全体	2.59 (4)	2.82 (5)	2.77 (5)	2.78 (5)	2.64 (4)	2.68 (4)	2.81 (5)	2.86 (5)
意欲・関心	男子	2.77	2.96	3.00	3.00	2.81	2.92	3.00	3.00
	女子	2.70	2.97	2.97	2.87	3.00	2.90	2.90	2.97
	全体	2.73 (3)	2.96 (4)	2.98 (4)	2.93 (4)	2.91 (4)	2.91 (4)	2.95 (4)	2.98 (4)
学び方	男子	2.73	2.96	2.85	2.96	2.62	2.92	3.00	2.92
	女子	2.80	2.73	2.90	2.77	2.80	2.90	2.90	3.00
	全体	2.77 (4)	2.84 (5)	2.88 (5)	2.85 (5)	2.71 (4)	2.91 (5)	2.95 (5)	2.96 (5)
協力	男子	2.86	2.92	2.92	2.88	2.73	2.88	3.00	2.96
	女子	2.80	2.80	2.97	2.90	2.90	2.87	2.90	2.90
	全体	2.82 (4)	2.86 (5)	2.95 (5)	2.89 (5)	2.82 (4)	2.87 (5)	2.95 (5)	2.93 (5)
総合評価	男子	2.73	2.88	2.85	2.92	2.63	2.81	2.92	2.91
	女子	2.70	2.85	2.90	2.80	2.87	2.83	2.88	2.94
	全体	2.71 (4)	2.86 (5)	2.88 (5)	2.85 (5)	2.76 (4)	2.82 (5)	2.90 (5)	2.92 (5)

ゲーム）を用いた授業について記述した。

　最後に指摘しておく必要があると考えられるのは、「サポート行動」の変容に関わる事柄である。確かに単元の進行に伴って適切な行動の頻度は向上したが、その数値からすると、このゲームにおいて、ボールを持たないときのサポートの動きの大切さを単元のより早い段階から理解させ、強調していくことがゲームの質の向上にとって重要であろうということである。ボールを持ったプレイヤーのランプレイと並行して、サポート行動のイメージを誘い出していく指導の展開のプロセスの探究が今後の課題となる。

（研究協力者：吉澤高志・江口貴昭・河合大地）

[注]

‡1　なお、タグラグビーのコートに類似したエリアを設けるアイディアは、筆者も作成協力者になっている文部科学省の指導資料[*6]に若干の記述と図が提示されていることを付記しておく。ただし、これについて授業実践例などが報告されているわけではなさそうである。ここではセイフティーエリアの設定を「3対2のアウトナンバーゲーム」と組み合わせて用いることに意義を見出し、新たな提案としたい。

[文献]

*1　黒川正紀（1999）タグビーボール、学校体育52（5）：24-27

*2　樺山洋一・鈴木秀人・武隈晃（1999）「ボールゲーム」をめぐるカリキュラムの発展をめざして─小学校におけるラグビー型ゲーム学習の可能性を探る、学校体育52（12）：52-58

*3　吉國幸宏（2001）一人ひとりの持ち味を出すタグ・ラグビー、学校体育54（5）：42-47

*4　山本洋平・山田達哉・中川怜香・佐藤善人（2011）授業実践から考えるタグラグビーの魅力、体育科教育59（13）：32-35

*5　佐藤善人・鈴木秀人（2008）小学校体育におけるタグ・ラグビーに関する一考察─ポートボールとの個人技術をめぐる「やさしさ」の比較を中心に、体育科教育学研究24（2）：1-11

*6　文部科学省（2010）学校体育実技指導資料・第8集・ゲーム及びボール運動、東洋館出版社、p.42

第2章-5【ゴール型】

アウトナンバー・ゲームの有効性を高める（5年生）
「ドライブ・バスケットボール」の教材づくり

　「ゴール型」のゲームの領域では、やさしい教材づくりの観点として、プレイヤーの数を減少させた「ミニ・ゲーム」や攻撃側の守備側に対する数的優位を提供する「アウトナンバー・ゲーム」が子どもに相応する修正されたゲームとして大いに利用されるようになっている。

　ただし、ミニ・ゲームやアウトナンバー・ゲームの形式をとれば自ずと期待される学習がスムーズに展開されるわけではなく、子どもの学習段階やそこで導入される付加的なゲーム条件によってはさらなる工夫が求められる。

　ここでは、これらのゲーム形式のよさを認めながら、特にゲームにおける攻撃側のボールを持ったプレイヤー、およびボールを持たないプレイヤーの意思決定（ゲーム状況の判断）の視点に着目しながら、バスケットボールのアウトナンバー・ゲームを土台にした教材「ドライブ・バスケットボール」を新たに構成して授業実践を試みた。小学校5年生対象の授業である。

[1]　アウトナンバー・ゲームの有効性を高める工夫
　　　──「ドライブ・バスケットボール」の教材づくり
　　　における課題意識

❶アウトナンバー・ゲームの効用とゲーム条件によって発生する問題点
　前述したように、一般にアウトナンバー・ゲームは「ゴール型」のゲーム領域において利用されるゲーム形式であると言ってよい。攻守が入り乱れるゲーム様相の中で、特に攻撃側のプレイヤーが守備側に対する優位性の中でスペースを奪取する学習をよりわかりやすく促進することに大きなねらいがあるが、例えば鬼澤[*1]は、バスケットボールにおける3対3の「イーブンナンバー・ゲーム」

と3対2の「アウトナンバー・ゲーム」を対比しながら次のような観点からアウトナンバー・ゲームの有用さについて指摘している。

①ゲーム中に、シュート、パス、ボールキープを状況判断すべき場面に直面する割合
②ゲーム中に、パス場面に直面したプレイヤーの適切なプレイの割合
③ゲーム中に、シュート、パス、ボールキープを状況判断すべき場面に直面した回数

この指摘は、ゲームの中での個々のプレイヤーの意思決定（状況判断）の学習機会の提供という意味においてアウトナンバー・ゲームがイーブンナンバー・ゲームよりも子どもたちの学習に適合していることを示している。

今日、このようにプレイヤーの数を減らし、なおかつ攻撃側の数的優位を前提にするところから、バスケットボールを素材としたゴール型の授業において、3対2のゲームが「メインゲーム」（単元教材）や「タスクゲーム」（練習ゲームとしての下位教材）として大いに活用されていると言ってよいであろう。ただし、次のような場合にはこのゲームが有効に機能しないことも多い。

それは、通常、バスケットボールにおいて用いられるボール操作技能としての「ドリブル」を意図的に削除する際に生起する。つまり、「ドリブル」を用いない場合、攻撃側のボールマン（ボールを持ったプレイヤー）がシュートに有効な空間ではない場所に位置しているとすれば、ドリブルができないため他の味方2人のどちらかにパスせざるを得ないが、2人のディフェンスはボールマンをマークする必要がないことから、ボールを持たない他のオフェンス2人に執拗に張り付いてしまう状況が生まれる。このとき、ボールを持たないオフェンスプレイヤーがディフェンスを振り切ってパスコースを生み出すことができなければ、ボールマンはボールキープを続けなければならず、ゲームが停滞してしまう可能性も高い。ゲームに未熟な段階では往々にして出現する状況である。

さて、もともと「ドリブル」を除くことにはおよそ次のような理由が掲げられるであろう。

*

○ドリブルはボール操作の技能としてかなり難しいものであり、短時間の練習で習得できるものではないこと。また、未熟な段階のドリブルでは、ボールに意識が向いてしまい、ゲーム状況の判断にとってはマイナスになりかねないこと。
○ドリブルができる一部の子どもたちの独占的なゲーム支配になりかねないこと。このような場合、他の子どもたちはゲームに実質的に参加できない状態になってし

まうこと。
○今日的に大切にされている「ボールを持たないときの動き（off-the-ball movement）」の学習を促進するために、ボールを持たないプレイヤーの積極的にパスコースを生み出す動きを期待したいこと。

＊

　これらの理由は筆者も肯定するものではあるが、先のようなパスのみでボールを移動させなければならないゲーム条件であれば、3対2のよさが十分に機能しない場合も多い。
　ここでの問題点は、ボールマンにディフェンスが付かない場面にある。シュートできるのはボールマンであるのに、ドリブルで移動できないために、ディフェンスにマークされないのである。そのため、ボールを持たない攻撃プレイヤーがノーマークになれるとは限らなくなってしまう。また、ボールマンもディフェンスにマークされていない状況で、周囲に移動できる空間が存在しても動き出すことができないため、行動を選択する意思決定の範囲も非常に狭められてしまうことになる。
　このような不都合な側面を打開でき、さらに3対2のアウトナンバー・ゲームのよさを増幅できないかというのがここでの中心的な課題意識である。特に、その視点は「ボールを持たないときの動き」に向けた意思決定のやさしさを誇張するところに据えられる。

❷ 3対2の「パス―シュート」ゲーム形式に付加的ルールを追加する

　ドリブルを許容すれば、先に指摘したように得意な子どもが独占的にゲームを支配してしまい、ゲームに実質的に参加できずに終わってしまうメンバーが生じかねない。しかしながら、パスのみでボールを運ぶルールでは、停滞場面が頻発する可能性も高い。
　したがって、ボールマンは「ドリブル」はできないけれども、ディフェンスが常にボールマンを意識せざるを得ないゲーム条件が設定できないものであろうかというところに具体的な工夫・修正の視点が向けられた。そこで採用したのが、「ボールマンがディフェンスにマークされていない状況であれば、ゴール方向に向かってボールを持ったまま移動できる。ただし、移動中にディフェンスに防御されたら静止しなければならない」という付加的ルールである。
　このようなルールを加えれば、ディフェンス側はボールマンをマークせざるを得なくなるであろう。ボールマン以外の2人のボールを持たないオフェンスに防御を集中させれば、ボールマンを自由にしてしまい、シュートに向けての

ゴールへの移動を許してしまうからである。

この付加的ルールは3対2のアウトナンバー・ゲームの利点をさらに明瞭に生かすものになるのではないかと考えられる。それは攻撃側のプレイヤーにおいて次の指摘が可能であろう。

＊

【ボールを持ったプレイヤー】
・ディフェンスにマークされているのかいないのかの状況の違いに応じて、次の行動として味方にパスをするのか、ゴールに向かって移動するのか、さらにはシュートにまで結びつけるのかについての判断を選択する学習機会が明瞭に提示されることになる。
・自分がマークされていれば、他のディフェンダーは1人であり、そのディフェンダーの位置取りに応じて、次の攻撃に結びつくパスの受け手として有効な味方を選択する手掛かりも明瞭となる（2人のボールを持たない味方のうち、ディフェンダーにマークされていないパスコースとなるのはどちらなのかを選択すればよい）。

【ボールを持たないプレイヤー】
・特に、ボールマン（ボールを持ったプレイヤー）をディフェンスの1人がマークする必要が生じれば、ボールを持たないオフェンスプレイヤーは、ボールマンともう1人のディフェンダーを注目して自分の位置取り、つまり、シュートに結びつく「チャンスメイク」のスペースに侵入するか、「ボールを繋ぐサポート」としてパスコースをつくることを鮮明に意識できる。したがって、ボールを持たないプレイヤーの意思決定を促す「誇張」的意味合いを持つものとなる。

＊

つまり、ここで重要なのは、ボールマンに2人のディフェンダーのうちの1人がマークにつけば、残りのオフェンスとディフェンスの人数関係が2対1の状態を生み出すことになり、まさに「アウトナンバー・ゲーム」の利点が有効に機能する状況が生起することである。

ここで付加した「ボールマンがディフェンスにマークされていない状況であれば、ゴール方向に向かってボールを持ったまま移動できる。ただし、移動中にディフェンスに防御されたら静止しなければならない」というルールによって、「ドリブル」を可能にするゲームにおいて危惧される一部の子どもの独占的支配に陥るゲームは回避することができるであろう。ボールマンがゴール方向に向かって移動しても、その行動をディフェンスによって止めることができるからである。

このようなバスケットボールにおける3対2のアウトナンバー・ゲームを生

かすための思考を通して、次に掲げる「ドライブ・バスケットボール」を新たに構成している（なお、ゲーム名の「ドライブ」は、ボールを持って「前進する」ところの意味合いから呼称した）。

❸「ドライブ・バスケットボール」のルール

　以上のような教材づくりの発想を基底にした「ドライブ・バスケットボール」のルールを以下のように設定した。表2-36はその大要を記述したものであり、図2-9は設定したコートである。

　この授業では、1チーム7人編成とし、特定のゲーム中（ゲームのハーフ）にはメンバーを固定し、ゲームごと、およびゲームの前半・後半でローテーションするようにした。

表2-36　「ドライブ・バスケットボール」のルールの大要

■チーム
　ゲームに参加するのは1チーム5人、フロントコート（攻撃）に3人、バックコート（守備）に2人。攻撃時はアウトナンバーのゲームになる。
■コート
　体育館に2面取れるコート。半径4mのスリーポイントエリアを設定する。
■ゴール
　通常、小学校の体育館に備え付けのゴールを利用する。
■ボール
　レクリエーションバレーボールを使用。
■主なルール
・ゲームの時間は4分ハーフ（8分）。
・攻撃開始時、攻撃側はセンターラインに3人が並び、守備側2人はスリーポイントラインの内側に入った状態からスタートする。スタートは攻撃側内でのパスとする。パスが行われたら守備側はスリーポイントラインの外に出ることができる。
・攻撃側が得点したとき、ボールをコート外に出してしまったとき、また守備側がボールを奪ったとき、攻守の交代となる。守備側がボールをコート外に出した場合には、攻撃側のボールとなり、ボールが出たライン上からリスタートする。
・守備側が攻撃側のボール保持者に覆いかぶさったり、キープしているボールをはたいたり、ボールを直接奪い取ることはできない。
・スリーポイントエリアから打たれたシュートが入れば3点、それ以外の場所からのシュートでは2点とする。なお、シュートがリングに当たれば1点とする。
〈「ドライブ」に関連したルール〉
・攻撃側のボール保持者は「ドライブ」（ボールを持ったまま移動すること）でゴール方向にまっすぐ進むことができるが、攻撃側のプレイヤーに正面でその進行を阻止された場合には、止まらなければならない。なお、止められた後、守備側プレイヤーが離れた場合には、「ドライブ」を再開できる。

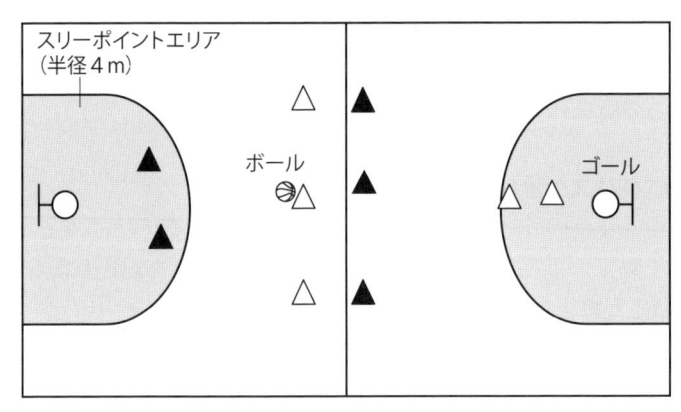

図2-9 「ドライブ・バスケットボール」のコート

[2]「ドライブ・バスケットボール」の単元展開の概略

　本実践の単元は8時間で構成した。毎時の授業展開は、基本的に「チームでのウォーミングアップ → ボール操作のドリル → 全体での学習課題の把握 → チームでの作戦の確認 → 練習（タスクゲーム）→ ゲーム → チームでの振り返り → 全体での学習のまとめ」の流れで進めている。

　表2-37は、単元における学習のねらいの展開についてその概略を示している。単元を通してメインゲームである「ドライブ・バスケットボール」に取り組むが、単元前半（第1～3時）では「ボール保持者の判断」の指導に重点を置き、単元中盤以降（第4時以降）では「ボールを持たないときの動き」を大切にしながら学習を進めていった。単元終盤（第7～8時）には各チームによるリーグ戦を位置づけている。また、単元を通してボール操作（パス・シュート）の基本技能を高めるためのドリル的な練習と、戦術的な動きを高めていく

表2-37 「ドライブ・バスケットボール」の単元展開の概略

第1時	第2時	第3時	第4時	第5時	第6時	第7時	第8時
オリエンテーション	〈ボール操作のドリル、タスクゲーム、ゲーム〉ゲームの仕方を理解し、ボール操作技能を高めるドリル練習を行ったり、タスクゲームやメインゲームを通して、攻撃における戦術的な判断や動きを身につける。					〈リーグ戦〉これまでの学習を生かし、総当たりのリーグ戦でチームの力を発揮する。	
試しのゲーム							

表2-38　各時間における中心的な学習課題

第1時	単元全体の流れや授業の進め方を知ろう。ノーマークでシュートをしよう。
第2時	積極的に「ドライブ」をしよう。そのとき止められたらパスをしよう。
第3時	「打て」の声をかけよう。重ならない場所に動こう。
第4時	2人の距離と場所が大切、シュートチャンスマンになれる場所に動こう。
第5時	次のチャンスマンになれる場所に動こう。
第6時	開いてもらえるコースへ動いてもう一度立て直そう。
第7時	広く開いてディフェンスを引き出そう。
第8時	今までの学習を生かして、協力してリーグ戦をしよう。

ためのタスクゲームを挿入した。なお、表2-38は、単元各時間の実際の授業において中心的な学習課題とした事柄である。

[3] ゲーム・パフォーマンスに関する学習成果の分析

　単元では毎時、体育館の2コートにおいて「ドライブ・バスケットボール」のゲームに取り組んでいる（クラスは4チーム編成）。各時のゲーム数は、各チーム2ゲームとしているが、第7時のみ、リーグ戦の関係で1ゲーム設定になっている。単元の中で行われたすべてのゲームを体育館のギャラリーから4台のカメラでVTR撮影し、その映像再生によってゲーム分析を行っている。

❶ゲーム様相(攻撃場面)のパターン分析

　まず、「ドライブ・バスケットボール」の中心的な課題となる「有効空間にボールを持ち込み、ディフェンスにマークされずに（マークを外して）フリーな状況でシュートを打つ」ことがゲームの中でどの程度達成されていたかを確認したい。そこで、表2-39のように、コートのセンターから始まる攻撃場面をA～Dの4つのパターンに区分し、その出現回数をカウントする方法によって各パターンの出現頻度を算出した。表2-40はその結果である（期待したいのはもちろんAパターンの割合の向上である）。

　表2-40の数値から、ディフェンスのマークを外してフリーな状況・位置でシュートに持ち込むAパターンの出現頻度が単元の進展に伴って確実に高まり、Dパターンが顕著に減少していることが確認された。Aパターンは単元序盤の20％台から単元終盤の60％台への大きな変化であった。したがって、ディフ

表2-39　ゲーム様相のパターン区分

シュートを打った	Aパターン	3ポイントエリア内：ノーマークでシュートを打った。
	Bパターン	3ポイントエリア内：ノーマークではない場面でシュートを打った。
	Cパターン	3ポイントエリア外でシュートを打った。
シュートを打てなかった	Dパターン	・パスミスなどでボールをコート外に出してしまった。 ・ディフェンスにボールをインターセプトされてしまった。

表2-40　ゲーム様相のパターン別の出現数と出現頻度

	第1時	第2時	第3時	第4時	第5時	第6時	第7時	第8時
Aパターン	24 23.3%	29 25.4%	43 36.1%	68 41.5%	80 51.6%	89 61.8%	40 58.0%	70 61.9%
Bパターン	22 21.4%	41 36.0%	40 33.6%	57 34.8%	39 25.2%	31 21.5%	17 24.6%	22 19.5%
Cパターン	13 12.6%	15 13.2%	12 10.1%	11 6.7%	6 3.9%	7 4.9%	0 0.0%	2 1.8%
Dパターン	44 42.7%	29 25.4%	24 20.2%	28 17.1%	30 19.4%	17 11.8%	12 17.4%	19 16.8%

表2-41　「ボールを持たないときの動き」を評価するパターン区分

Aパターン	・有効なパスコースに移動する動きができた。 ・ゴール近くに固まった状態から広がってボールを繋ぐスペースを生み出した。
Bパターン	移動はしたが、有効なパスコースが生まれなかった。
Cパターン	パスコースでない場所に留まった。

表2-42　「ボールを持たないときの動き」のパターン別の出現数と出現頻度

	第1時	第2時	第3時	第4時	第5時	第6時	第7時	第8時
Aパターン	35 18.0%	42 18.3%	70 28.9%	81 33.5%	122 42.4%	161 55.5%	86 46.7%	227 56.8%
Bパターン	60 30.9%	93 40.4%	101 41.7%	103 42.6%	120 41.7%	97 33.4%	75 40.8%	144 36.0%
Cパターン	99 51.0%	95 41.3%	71 29.3%	58 24.0%	46 16.0%	32 11.0%	23 12.5%	29 7.3%

写真2-9　ドライブを止められてからのパス

ェンスのマークを外してシュートをねらうことが、子どもたちの主要な課題として意識され、学習されたと解釈してよいであろう。因みに、単元終盤では8分間のゲームにおいて30〜40点台の総得点を争うものとなっていたことを付記しておく。

❷「ボールを持たないときの動き」の学習成果の分析

　この「ドライブ・バスケットボール」の教材づくりの発想の中心は、アウトナンバー・ゲームの機能をよりよく発揮できる条件を生み出すことであった。特に、ボールマンをディフェンスがマークした状態によって創り出される、他のプレイヤーの2対1の数的優位によって「ボールを持たないときの動き」のわかりやすさを提供できるであろうということである。

　そこで、ゲーム中に攻撃側のボールマンが「ドライブ」によって前進し、守備側の1人がそれを阻止した場面を抽出し、その際に、攻撃側の他の2人のプレイヤーの「ボールを持たないときの動き」について、表2-41に示したカテゴリーによって区分し、その出現頻度の分析を試みた。表2-42はその結果としての出現数と出現頻度を示している。

　表2-42の数値から、単元序盤40〜50％台もの頻度においてパスコースでない場所に留まっていた子どもたちに大きな変化が生まれたと言ってよいであろう。単元最終時には10％以下に低下しているからである。そのことは、味方の「ドライブ」が阻止されたとき、子どもたちは次のパスコース創出に向けて積極的に「ボールを持たないときの動き」を試みたことを示している。単元後半の第5時以降では、Aパターンの頻度がBパターンを逆転するように増加し、有効なパスコースへの動きの学習成果が大きく示されたと言える。

[4]形成的授業評価からみた授業成果

　授業成果の全体傾向を確認するために、運動学習の時間が中心となった第2時以降に形成的授業評価を実施している。表2-43はその結果である。

　得られた数値から、総じて子どもたちからかなり高い評価を受けた授業であったと判断できるであろう。その中で特筆されるのは一般的にスコアの得られにくい「成果」の次元においても期待どおりの結果が得られたことである。クラス全体で第7時に少しばかり落ち込みがみられたものの、非常に良好な結果であった。先のゲーム・パフォーマンスに関する学習成果の分析結果と併せて考察すれば、今回の授業実践において「3対2のアウトナンバー・ゲーム」が新たに加えたルールによって、子どもたちに「わかりやすさ」とともに「空間利用の達成可能性」を大いに感じさせられるものとなっていたのではないかと推察される。

　ここでの授業実践では、ゴール型の教材づくりの1つの手法としてのミニ・

表2-43　「ドライブ・バスケットボール」の単元の形成的授業評価スコア

		第2時	第3時	第4時	第5時	第6時	第7時	第8時
成果	男子	2.79(5)	2.67(4)	2.80(5)	2.73(5)	2.89(5)	2.64(4)	2.91(5)
	女子	2.81(5)	2.89(5)	2.67(4)	2.78(5)	2.92(5)	2.61(4)	2.84(5)
	全体	2.80(5)	2.77(5)	2.74(5)	2.75(5)	2.90(5)	2.63(4)	2.88(5)
意欲・関心	男子	2.89(4)	2.93(4)	2.93(4)	2.83(4)	3.00(5)	2.83(4)	3.00(5)
	女子	3.00(5)	2.96(4)	3.00(5)	2.79(3)	2.96(4)	2.79(3)	2.92(4)
	全体	2.94(4)	2.94(4)	2.96(4)	2.81(4)	2.98(5)	2.81(4)	2.96(4)
学び方	男子	2.86(5)	2.86(5)	2.87(5)	2.83(4)	2.90(5)	2.73(4)	3.00(5)
	女子	2.83(5)	2.71(4)	2.83(5)	2.79(4)	2.92(5)	2.63(4)	2.96(5)
	全体	2.84(5)	2.79(4)	2.85(5)	2.81(4)	2.91(5)	2.69(4)	2.98(5)
協力	男子	2.93(5)	2.93(5)	2.90(5)	2.80(4)	3.00(5)	2.90(5)	3.00(5)
	女子	2.92(5)	2.96(5)	2.92(5)	2.83(4)	2.92(5)	2.71(4)	3.00(5)
	全体	2.92(5)	2.94(5)	2.91(5)	2.81(4)	2.96(5)	2.81(4)	3.00(5)
総合評価	男子	2.86(5)	2.83(5)	2.87(5)	2.79(5)	2.94(5)	2.76(4)	2.97(5)
	女子	2.88(5)	2.88(5)	2.83(5)	2.80(5)	2.93(5)	2.68(4)	2.92(5)
	全体	2.87(5)	2.85(5)	2.85(5)	2.79(5)	2.93(5)	2.72(4)	2.95(5)

ゲーム、その中でも特に、ゲームのミニ化をした上での「アウトナンバー・ゲーム」の有効性を高める視点の探究を試みた。そこで、「ドリブル」というボール操作の技能的側面は緩和しながらも、ボールマンに移動可能な条件を付加することによって「ボールを持たないときの動き」の学習を促進できるのではないかとの仮説的な意図をもって構想した「ドライブ・バスケットボール」についての実践と学習成果の分析の一端を記述した。

ここで記述した攻撃場面における「ゲーム様相」、および「ボールを持たないときの動き」の分析結果から、ノーマークシュートの実現可能性が高いこと、子どもたちのパスコースを創り出す積極的な動きの学習がなされたことが確認された。

なお、ここでは取り上げることはできなかったが、攻撃場面における「ボール保持者の状況判断」について、ディフェンスがマークしている場合とマークがおらず、ゴール方向に侵入できるスペースが存在している場合に区分しながら、シュート、パス、ドライブなどの行動選択が有効になされたかどうかの分析も行っているが、非常に高い学習成果が認められていることを付記しておきたい。

(研究協力者：宮尾美輝・佐藤大将)

[文献]
*1 鬼澤陽子(2014)ゲーム中の学習機会を保証できるゲーム教材とは、体育科教育62(1)：70-71

第2章-6【ゴール型】

ボール運動のよい授業と仲間づくりを考える(5年生)
「フラッグフットボール」の授業評価

　ボール運動と仲間づくりの問題を考えるにあたって、フラッグフットボールを教材化した授業を取り上げてみたい。まず、次のエピソードを紹介しよう。

[1]　「Sさん」の授業評価からみた　　　フラッグフットボールの授業

　「Sさん」は単元前半の形成的授業評価スコアが最も低かった女子生徒であった。中学校1年生を対象に構想したフラッグフットボールの授業でのことである（12時間扱い）[*1]。
　単元最初のオリエンテーションの際に、単元や毎時の授業の進め方について教師から説明を行い、フラッグフットボールのモデル・ビデオを見せた後、その感想と授業に対する期待を生徒たちに記述させた。次の文章はSさんのものである。

＊

　「あまり難しくなさそうで、ルールも単純なので、『私でもできそうだなあ』と思った。でも、足が遅いので『嫌だな』と思ったが、作戦で補えそうなのでよかった。男女一緒のチームっていうのがとても嫌だ」

＊

　やさしそうなゲームであること、作戦の善し悪しが問題であることなど、このゲームを理解した感想になっている。ただし、男女共習に対する嫌悪感が記述されているところが1つの特徴である。
　表2-44は、単元を通したSさんの形成的授業評価のスコアである。第2時から第6時まで、その総合評価は1点台前半が続いている。これは端的に言って

表2-44 「Sさん」の形成的授業評価の推移

	2時	3時	4時	5時	6時	7時	8時	9時	10時	11時	12時
成　　果	1.00	1.00	1.00	1.00	1.67	2.00	2.67	2.67	2.67	2.00	3.00
意欲・関心	1.50	1.00	1.00	1.00	1.00	2.00	2.50	2.00	3.00	2.50	3.00
学 び 方	1.00	1.00	1.00	1.00	1.00	1.50	2.00	2.00	2.00	2.00	2.00
協　　力	1.50	1.00	1.50	1.00	1.50	2.50	2.50	2.50	2.50	2.50	2.50
総合評価	1.22	1.00	1.11	1.00	1.33	2.00	2.44	2.33	2.56	2.22	2.67

最悪の評価である。授業の中で、運動の成果も楽しさも、そして仲間との関わり合いもほとんど生み出されていなかったことを示している。この間、彼女の学習カードに記述された授業後の感想は次のようであった。

*

第2時：「ルールが何となく理解できた。だが、あまり楽しくなかった」
第3時：「楽しくなかった。ルールがちゃんと理解できた」
第4時：「ゲームに出ても、後ろの方でみているだけだった」
第5時：「ゲームに参加しなかった。早く終わるといいです」
第6時：「作戦をしっかり立てられた。今度はちゃんと作戦通り動けるといいです」

*

　第2・3時の感想からは、ルールは理解できたものの、ゲームに参加することができない状況が、また第4・5時までは、ゲームに参加する意欲が失われていることが読み取れる。なぜ、Sさんはゲームに積極的に関与できなかったのであろうか。ここでは授業評価スコアが上昇し始めた第7時直前の第6時に焦点を当ててみたい。
　第6時は体育館において授業が進められた。ここでは通常のゲーム中心の学習展開ではなく、作戦を立案したり、それを実行したりするのに、「誰が」「どこに動いて」「何をするのか」「どのようにするのか」について各チームで十分検討する機会を持った。おそらく、Sさんはこの時間を通し、チームの中で自分がすべきプレイを理解し、ゲームに見通しを持つことができ、第7時以降への学習に対する期待が生まれてきたのであろうと推察される。第2・3時の授業においてルールは理解できたものの、どこに動いて、何をどのようにするのかといったゲームの中でのプレイについて具体的に、そして明瞭に意識化することができなかったために、実質的にゲームに参加できず、その参加意欲まで減退させたものと考えられる。第5時の学習カードへの記述、「早く終わるといいです」とは、おそらくこの単元に対する拒否反応と言ってもいいのかもし

れない。

　なお、Sさんが第1時のオリエンテーション後に書いていた「男女一緒のチームっていうのがとても嫌だ」というのも、実は上記の事柄と大いに関連するものであることが、Sさんと教師との会話を通して明らかになった。それは、小学校時代の体育授業の経験によるもので、男女でボール運動の学習を行う際に、決まってゲームは運動の得意な男子を中心に進められ、「何をしていいのかわからない自分」は、ゲームに出ても「常にコートの片隅にいた」というのである。また、時には何もできない状況を責められることさえあり、男子とともに学習することに嫌気がさしたということであった。

　第7時、教師もSさんの所属するチームのミーティングに加わり、メンバーの動き方を確認する中で、ディフェンスについてともに考えた。その結果、立案した作戦は、相手チームがロングパスをねらってくることが予想されていたので、①3人のディフェンスのうち1人はクォーターバックにプレッシャーをかける、②2人はマンツーマンでオフェンスにつくのではなく、パスカットをねらう、というものであった。Sさんはここでパスカットをねらう役割になり、ゲームの中で相手クォーターバックが投げたボールを見事にカットすることに成功した。その瞬間、チームのメンバー全員が大きな歓声を上げ、Sさんの活躍を賞賛したのである。

　この時間のSさんの感想には、「作戦がしっかり立ち、みんなたくさん動くことができた」と記されており、学習カードにある自己評価欄における「運動」の項目に初めて「○」が記された。

　作戦を立て、それをチームのメンバーで確認し、共有することにより、自分のすべきことが理解できる。それを行動に移すことによってゲームに参加でき、チームに貢献できる。その喜びをSさんが味わった場面であったと思われる。

　第8時以降もSさんはゲームで活躍し、それはチームの仲間からも認められるところとなっていった。この第8時には授業評価の「総合評価」のスコアが「2.44」まで向上するとともに、「成果」の次元にも大きな影響を与えていた。これは、球技が苦手なSさんであっても、チームでの戦術理解を通してゲームを楽しめるようになったということを意味しているであろう。「フラッグフットボール」の授業はこのことを強調しうる基底を十分に有している。

　以下に示すのは、Sさんが単元終了時のまとめにおいて記述した感想である。

＊

　最初は、<u>全っっ然楽しくなくて</u>、すごくやりたくなかった。私のせいで、場の雰囲気を悪くしてしまうこともあった。それでも、チームの人は優しくて、「ちゃんと

やらなきゃなー」と思い、がんばって取り組もうと思った。それからは、作戦などもちゃんと聞くようになり、前よりいっぱい動けるようになった。

　作戦をしっかり立てて、その作戦をやってみて3点入れたとき、相手チームの攻撃を0点で押さえられたときはすごくうれしくて、気持ちがよかった。チームの人もそれぞれいいプレイをして、見ている方もとても盛り上がった。最後のK君はすごかったなー。とてもうれしかった。

　フラッグフットボールの楽しさは、やっぱり作戦を立てて、やってみるところにあると思う。チームの人と仲良く、しっかり作戦を立てられれば、単純だけど面白いので、どんどん授業に取り入れていったらいいと思う。

＊

　……ここには、オリエンテーション時に存在した「足が遅いことに対する不安」「男女共習に対する嫌悪感」はまったく感じられない。チームによる「作戦の共通理解と集団的達成」のよさが如実に表現されている。

[2] フラッグフットボールの特徴と授業の可能性

　これまでもフラッグフットボールの教育的価値について多くの見解が述べられているが、改めて筆者の解釈も加えて、その素材の特徴と授業の可能性について簡潔に触れておきたい。

　フラッグフットボールは2008年の小学校学習指導要領において、その「解説」の中で新たに例示されたゲームである。ただし、常に「流動的」に展開されるバスケットボールやサッカーなどと比較して次のような顕著な相違がみられる（なお、フラッグフットボールは「ゴール型」における「ラインタイプ」〈陣取りタイプ〉として下位分類することができる）。

＊

○攻守の明確な区別のもとに開始され、各攻防が1回ごとに区切られている。そこでは、「ハドル」と呼ばれる作戦を共有する機会が攻撃・守備のたびに確保される。
○そのため、プレイヤーの役割を明瞭に分業でき、1回ごとの攻撃・守備のフォーメーションなどの作戦についてメンバー間の共通理解ができる。また、作戦を行動に結びつけやすく、プレイごとに作戦の有効性やメンバーの動きについてフィードバックが得られ、その確認ができる。
○攻撃方法は「ラン」「パス」の2つに限られ、移動にも制約がなく、またボール操作はさほど困難でないため、現時点で有している運動技能を前提に学習をスタートさせることができる。

○これらを前提にしながらも、特筆されるべき相違は、「攻撃側のボール保持者の腰に装着されたフラッグを守備側のプレイヤーが奪取することにより、プレイの進行を止め、それ以上の侵入を阻止することができる」ところにある。したがって、能力の高い子どもだけのプレイではおよそ得点できず、チームのメンバー全員による役割行動の大切さが求められ、プレイに先立った作戦に関する共通理解の必然性を高めている。

○そこでは、一人ひとりの役割や責任を通してどのように相手の陣地へ攻め込めるのか、また侵入を抑えることができるのかに学習内容を絞り込むことができ、戦術学習を明確化しうる。さらに、シュートタイプのゲーム以上に、子ども同士のより濃密な関わり合いと集団的達成の喜びに誘い込みうる可能性を秘めている。

[3]「フラッグフットボール」の教材化の工夫

次に紹介するのは小学校5年生・全10時間扱いの単元である。ここでは表2-45のようなルールを主要なものとした。

[4] 単元の展開と子どもの様子

❶単元前半の様相

単元前半は、用具やルールに慣れながら、初めてのゲームを理解し、仲間のよさを見つけながら、チームの課題を明確にしていくことをねらいとした。

授業を始めるにあたって、子どもたちにこのゲームのイメージをつかませるためにビデオ映像[*2]を利用した。子どもたちは初めて見るこのゲームに興味関心を寄せ、早速、放課後に一度ゲームを行ってみた。ボール運動に苦手意識を持つK子はその印象を次のように書いていた。

＊

「初めてビデオを見た時は、よーくわかんない言葉がいっぱい出てきて難しそうかなと思った。やってみるとけっこうルールが簡単ですぐ覚えられました。サッカーやバスケよりも簡単そうで、私のような運動おんちでもすぐやれそうな気がしました」

＊

単元の第1時から子どもたちは意欲的で、既に作戦をメモしたカードをチーム毎に用意し、練習やゲームに取り組んだ。しかしながら、それらの作戦はほとんどキャッチャー3人が3方向（左・中・右）に別れて得点エリアやその近

表2-45　修正したフラッグフットボールのルールの大要

- ゲームは攻撃側4人、守備側3人（アウトナンバーゲーム）――この授業では1チーム6人編成：ゲームに参加していないときはコート外からの観察と指示役をつとめる。
- 攻撃側はピッチャー（クォーターバック）1人、キャッチャー（センターを含む）3人。
- 攻撃権は1ゲームにおいて各チーム4回ずつ与えられ、1回の攻撃権の中で3回の攻撃プレイができる。
- 1回の攻撃プレイでパスは1回のみ。
- 守備側が攻撃側のボール保持者のフラッグ（タスキ）を取ったときは、「取ったー！」と叫び、フラッグを持った手を挙げる。
- ボールは「ライトドッジ0号」を使用。
- 38m（両エンドの4mは得点エリア）×15mのコート（3面）

〈1回の攻撃プレイが終わるとき〉
- 攻撃側のパスが成功しなかったとき（パスを投げ出した位置と同じコート中央から次の攻撃を開始する）。
- ボール保持者のフラッグが取られたとき（取られた位置と同じコート中央から次の攻撃を開始する）。
- サイドラインから出たとき（出た位置と同じコート中央から次の攻撃を開始する）。

〈攻撃権が相手チームに移るとき〉
- タッチダウン（得点）したとき。
- 3回の攻撃プレイが終了したとき。
- 攻撃側のパスをインターセプトしたとき。

〈得点が決まるとき〉
- 攻撃側のボール保持者が得点エリアに走り込んだとき。
- 攻撃側のパスを得点エリア内でキャッチしたとき。

〈苦手と感じる子どもに配慮したルール〉
- フラッグ（タスキ）を短くした（取られにくいように）。
- タッチダウンしたら2点（各チーム1人に限定）。

辺に走り込み、1回の攻撃プレイでパスをもらって得点しようとするものであった。実際にゲームの場面でも、そのような姿が何度も見られたが、なかなかパスは通らず、挙句の果てには、「それくらいとれよー！」「ちゃんと投げろよー！」といったミスを責め合う言葉が味方同士で交わされ、チームの仲間の関わりの問題が浮かび上がった。当然、作戦は得点に結びつかなかった。

　そこで、第4、5時あたりまでの前半は、ゲームに慣れ、ゲームを理解しながら、このような作戦からの脱皮とともに、チームの問題点を振り返らせるこ

とに指導の重点を置き、各チームから出てきた課題から、主として次のような教師からの投げかけを行った。

【作戦に関して】
・練習がチームの作戦と合っているか。
・3回の攻撃プレイで得点できればよいこと。
・ロングパスは有効か（チームのメンバーの投・捕球能力に合っているか）。
・状況の判断によって積極的にランプレイを行ってよいこと。
・ピッチャーをどのようにフリーにできるか。
【チーム内の仲間同士の関わりについて】
・チームの仲間がプレイ場面ごとの作戦をみんなで共通理解できているのか。
・声掛けの大切さ（技能や心情に寄せて）。
・仲間のプレイの認め合いがあるか。

　子どもたちは試行錯誤を繰り返しながら、これらの問題点や課題を解決しつつ、ゲーム・パフォーマンスを向上させていく姿がみられ、その中で次のような声が聞かれた。

*

「チームの攻撃は『ロングパス』が多くて落としてしまうことが多いので、短いパスをつないでいく方がいい」（K子）
「ゲームに負けてしまった。でも、負けた試合を振り返って相手チームのいいところやそのチームの攻め方やパスをどうしたら通せるかをまとめ、次に生かしたい」（Y君）

❷単元後半の様相
　単元後半は「チャレンジカップ」と名付けたリーグ戦を中心に展開した。そこでのねらいは、チームの仲間のよさを生かした作戦を立て、攻撃や守備を工

写真2-10　攻撃プレイのスタート──「レディー・ゴー！」

写真2-11　相手をかわしてランプレイ

夫していくことであった。

　子どもたちはゲームの理解を深めつつ、仲間への声掛けも盛んになり、また相手チームの作戦を予測し始め、それに対応する動きを指示し合ったりするようになった。しかしながら、この守備の向上に伴い、攻撃の作戦が思うように遂行できない姿が目立つようになった。

　そこで、特に攻撃の組み立てのイメージを膨らませるために再度ビデオを利用するとともに、特定のチームの有効な作戦行動を取り上げながら子どもたちに次のような問題解決を促していった。

・パスやランをしやすいスペースをいかに創り出すか。
・相手をいかに動かし、振り切るか。
・どこへ動くかはできても、そこで何をし、またその役割を終えたら次に何をするのか。
・たとえタッチダウンできなくても、陣地を少しずつ進ませているところを評価し合う。

　このような中で、メンバーの役割を具体化したゲームのイメージがさらに明瞭になっていったようである。

＊

「1度も試合をしたことがなかった相手なので様子をうかがいながら攻めた。ロングパスをいい所に決めてくるし、それに苦手な人をうまく使っていた。すごい作戦を使ってきて、まんまとはめられてしまった。2ゲーム目は点が入らず完敗してしまった。でも、みんなが1つになって、一生けん命プレーしていたのでとても楽しかった」（R君）

[5] 形成的授業評価からみた授業成果

　図2-10は、第2時から実施した形成的授業評価の推移である。結果をみると、単元前半では、総合評価が2.50前後の横這い傾向で、「成果」次元も得点が低い。これは、ボール運動では総じてゲームを理解し、それに慣れるまでに時間がかかるということもあるが、ここでは特に、先述した「成功しない作戦」のあり方が影響していたであろうと思われる。

　第6時に「成果」次元が上昇したのに伴い、第7時以降にはそれに連動するかたちで他の次元の得点も向上している。これはおそらく、前半の課題となった「脱皮すべき作戦」（1回の攻撃プレイで陣地をもぎ取ろうとする速攻的なロングパス作戦）を乗り越え、攻撃のイメージが豊かになり、作戦の面白さを

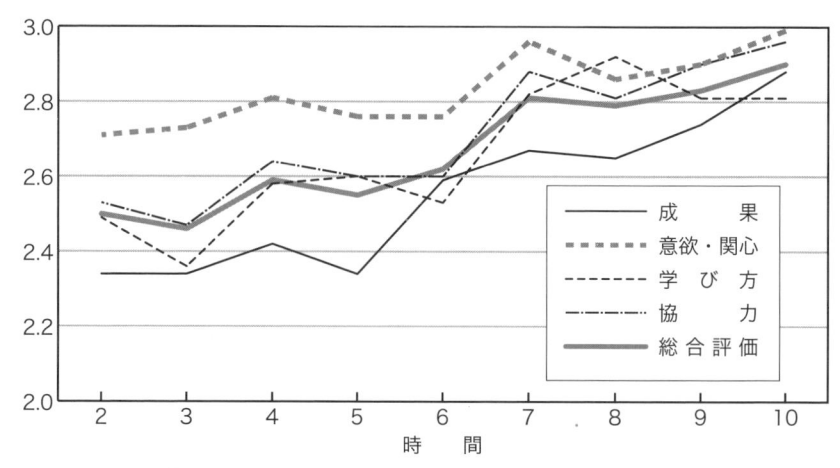

図2-10 フラッグフットボールの単元の形成的授業評価の推移

真に感じ始められたからに違いない。

第8時には「成果」「意欲・関心」「協力」次元が低下している。この時間のゲームの観察から推測すると、これまで順調にきていたNチームの中で、一部の仲間が打ち合わせた作戦とは異なる動きをしたために負けてしまったことがチームの他のメンバーに微妙な影響を与えていたのではないかと思われる。授業の終わりに話し合いをし、もう一度立て直していくことが確認され、その後得点は向上していった。

写真2-12 プレイ間のハドル――チームでまとまって濃密な作戦の共有

単元終末には全体的にかなり高い総合評価が得られ、子どもたちはこのゲームの楽しさを十分感じることができたのではないかと思われる。

因みに、事前のアンケート調査でボール運動が苦手だと自己評価していた子どもたちのほとんどが、単元後半では満点に近い授業評価を示していたことを付記しておく。

[6]「形成的授業評価」と「仲間づくりの授業評価」の関係

図2-11は、「形成的授業評価」と「仲間づくりの授業評価」[*3]の得点の推移(両者のクラス全体の「総合評価」の平均値)をグラフ化したものである。一目瞭

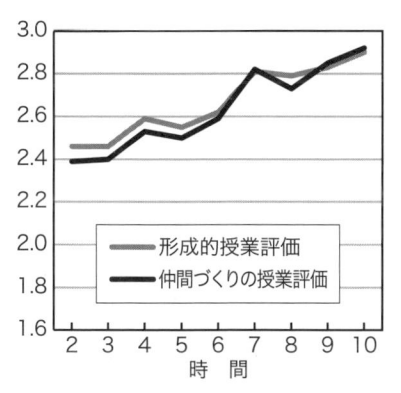

図2-11 「形成的授業評価」と「仲間づくりの授業評価」の総合評価

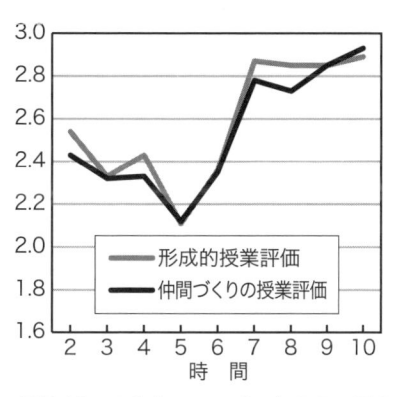

図2-12 オハキョロ・チームのスコアの変化

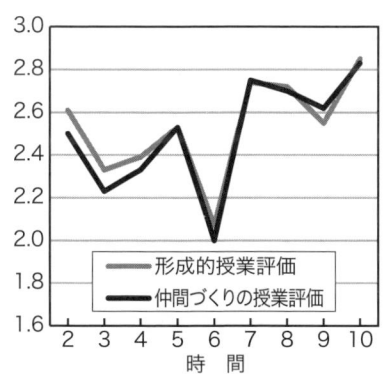

図2-13 レインボー・チームのスコアの変化

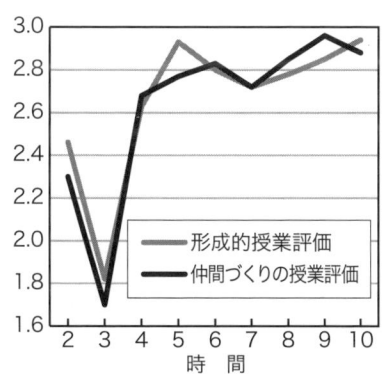

図2-14 スーパーセブン・チームのスコアの変化

然ではあるが、驚くほどに同じ傾向を示している。さらに、この2つのデータを「チーム別」に処理してみたところ、6チームすべてにわたって顕著に近似的な変化をみせていた。ここでは、図2-12〜2-14に3チーム分のグラフを提示しておく。

クラス全体の平均では漸進的な向上を示したとしても、各チームにおいては当然それぞれの活動のあり方によって相違する変化の状況があるものである。しかしながら、そのような中でもこの2つのデータの変動様相がチームにおいて極めて一致しているのがわかる。これは一体何を意味しているのであろうか。

一方で、「仲間づくりの授業評価」の視点（集団的な達成・思考・相互作用・人間関係・活動への意欲）は、「体育の学習目標の構造」を反映しているので、[*4]

形成的授業評価のスコアと同様な傾向が現れても不思議ではないし、予想されることでもあるが、他方、このフラッグフットボールという素材がまさに「仲間との関わり」にその学習成果が左右され、それに依存するゲームであることが示唆されている可能性もある。

　その意味でここでは残念ながら問題の投げ出しに留まらざるを得ないが、ここで得られた１つの結果がこの授業実践の個別的・特異的な事情によるものなのか、そうではないのか、また他の「ゴール型」、さらにはボール運動全般ではいかなる様相を示すのか、これに関する追究課題が残されている（筆者のこれまでの多様な教材づくりを通した授業実践研究の経験からすると、「わかる・できる・かかわることが密接に結びついた楽しい体育授業」が子どもから大いに評価されるのであり、またその中でこそ、「子ども相互の豊かな関わり合い」が創出されるのではないかと考えている。因みに、他の運動領域においても、形成的授業評価と仲間づくりの授業評価の相同的な関係がみられる。筆者が実際に教材づくりに関与した事例では、「個人的運動の集団化」をベースにしたマット運動[*5]や陸上競技の長距離走[*6]の授業を掲げることができる）。

　さて、単元の中頃では、休み時間や休日にも学校で練習する子どもたちの姿があった（当時、授業者は学校のすぐ隣の教員住宅にいた）。最後の授業を終えた後、「先生、もうやらないの？」という声が多く聞こえた。ボール運動が苦手なＭ子は、「私は、スポーツが得意でもなく、苦手で、どちらかというと体育は嫌いな教科です。できるだけ体育なんてやりたくない！、と思っていました。でもこのフラッグは、そんな私でもチームにこうけんできるんだ！という自信を与えてくれました」という感想を書いている。

　また、運動の得意なＫ君は、「ぼく一人では作戦もうまくいかないし、勝つこともできない。みんなが作戦を理解し、力を合わせないといけないんだということを学びました。でも不安なことが山ほどありました。それは一人ひとりの良いところをどう生かせばいいかということです。でも、負けた時に、泣いてくやしがっていたみんなを見て、このチームでよかったー！と思いました。ぼくも泣いたことは初めてです。それは、みんな全力を出してがんばったからです。みんなでくやしがって、みんなで喜びました。みんなのおかげです」と結んだ。さらに多くの子どもたちが異口同音の感想を記述している。

　子どもたちはフラッグフットボールに夢中になり、その価値に触れ、仲間との関わりのよさに感動を覚えたのではなかろうか。

（研究協力者：中村恭之・小笠原重光）

[文献]
* 1 小笠原重光・岩田靖（2004）中学校体育におけるフラッグフットボールの授業実践―球技領域における選択制授業に関連した教科内容構造の視点から、信州大学教育学部附属教育実践総合センター紀要・教育実践研究5：61-70
* 2 髙橋健夫・谷釜了正ほか監修、全日本フラッグフットボール協会、フラッグフットボール Let's play Flag!!、学習研究社
* 3 小松崎敏・髙橋健夫（2003）仲間づくりの成果を評価する、髙橋健夫編、体育授業を観察評価する、明和出版、pp. 16-19
* 4 小松崎敏ほか（2001）体育授業における児童の集団的・協力的活動を評価する形成的評価表の作成、スポーツ教育学研究21（2）：57-68
* 5 馬場広一・岩田靖（2002）シンクロマット運動の授業―易しく、優しく、そしてもっと楽しく、体育科教育50（12）：62-65
* 6 小川裕樹・岩田靖・中村恭之・北原裕樹（2006）中学校体育における長距離走の教材づくりとその実践的検討―授業における「統一と分化の原理」の視点から、長野体育学研究14：9-20

第2章-7【ゴール型】

技能の緩和による戦術学習の促進を考える（中学3年生）
「スライドボール・サッカー」の教材づくり

　平成24年度より、中学校の新学習指導要領が完全実施されている。その中で球技領域に目を向けると、その内容領域は型表記に変更され、それらの「型」に共通する技能の獲得が指導内容として明示された。このような状況を背景に、「ゴール型」ではサッカータイプのような足を使ったボール操作を必要とするゲームは技能的な難しさを伴うため、手でボールを操作するバスケットボールやハンドボールタイプのゲームが教材として選択されやすくなることが考えられる。そうした場合、ゴール型教材の選択肢においてサッカータイプが敬遠されていく可能性が高くなるのではないかと予想される。

　しかしながら、足でのボール操作は技能的な困難さを意味すると同時に、足しか使えないという身体のもどかしさは新たな身体的課題性の面白さ（プレイ性）を現出させてくれる。このことはサッカータイプでしか味わえない魅力として積極的に捉えていくこともできるであろう。このような素材価値を認めるとすれば、特に運動が苦手な中学校女子生徒であっても嬉々として取り組むことができ、ゴール型としての本質的な課題をゲームの中で学習しうる教材づくりが必要不可欠である。

　そこで、ボール操作技能の緩和と有効空間の利用、シュートチャンスの増大をクローズアップしうる教材「スライドボール・サッカー」を新たに考案して授業実践を試みた。これは中学3年生の選択制の授業であるが、以下において詳述するように、これまで筆者が関わって構成した小学校高学年の教材づくりの事例を基盤にしたものであり、おそらくここで紹介する教材に類似したゲームであれば、小学生対象でも授業実践化が十分可能であろうと考え、ここに取り上げることにした。

[1] 教材づくりの前提としてのゲームの教授学的思考
——「スライドボール・サッカー」の教材づくりにおける課題意識

❶サッカーにおける「戦術学習」の実現可能性をさぐる

　これまでも繰り返し指摘したように、ボール運動（球技）の授業づくりのコンセプトを「意図的・選択的な判断に基づく協同的プレイの探究」として捉えている。このコンセプトはゲームにおける「戦術学習」を強調する前提に立っている。この考え方に基づきながら、ゴール型（サッカータイプ）の授業における戦術学習の可能性について考えてみたい。

　その前に、まず、戦術学習の可能性を広げるためには、ボール操作技能の緩和を図ることが大前提となる。これまでもボール操作技能の緩和をねらって「ドーナッツボール」と称するクッションをボールとして採用したり（「ドーナッツボール・サッカー」：第1章-4参照）[*1]、ドッジビー用のフリスビーを2枚重ね合わせ、安定した動きが実現するように若干のおもりを挿入した円盤形のボールを工夫したりしてきた（「センタリング・サッカー」[*2]）。これらのボールを採用したねらいは「跳ねない」ことである。体育館の床を2次元的に動いてくれるボールであれば、ボール操作を容易にし、意図的なパスの可能性を大いに高めてくれる。本実践でもこれらの発想を踏襲し、「クッションボール」と名付けたボールを自作した。それは、幼児用座布団を2枚重ね、その間に若干のおもりを入れて縫い合わせたものである（写真2-13、2-14）。

　さて、サッカーにおいて、相手の守備陣形を崩してシュートをねらうために、サイド攻撃からのセンタリングが用いられることが多い。サイド攻撃（センタ

写真2-13　自作したクッションボール　　写真2-14　パス練習する生徒

リング)がゲームの中で多用される要因ついて、かつて次のように指摘した。[*2]

*

　サッカーにおいてセンタリング攻撃が用いられるのは、横パスによって送られてくるボールに対して、いつ、どこで、どのプレイヤーがシュートを打つのかについての相手キーパーの判断やそれへの対応をより困難にする状況を生み出すためであると考えてよいであろう。また、コートの後ろから送られてくるボールよりも直接的にシュートに結びつけやすいボール操作状況であることも加えることができよう。

*

　このように、サイド攻撃(センタリング)は、ゴールキーパーやディフェンダーにとって非常に守りにくい状況をつくり出すことができる。また、センタリングのボールに合わせる攻撃プレイヤーにおいては、ゴールキーパーやディフェンダーの位置取りを見ながらマークを外し、フリーな状態でボールを受ける「ボールを持たないときの動き」(off-the-ball movement)を学習対象として捉えることができるであろう。

　すなわち、サッカーにおけるサイド攻撃(センタリング)は、その運動の本質的な面白さを味わうことができる戦術行動の1つとして、単元を貫く中心的な課題となりうる可能性をもっている。

❷2つの実践事例を下敷きに、新たな教材を再構成する

　サッカーの「サイド攻撃(センタリング)」に戦術的価値を認め、これをキーワードとし、過去の実践事例(2次元的に動くボールを利用したゲーム例)を土台として新たに取り組んだ「スライドボール・サッカー」の教材づくりについて説明したい。

　まず、「ドーナッツボール・サッカー」では、ゴールの大きさと得点差異によって、サイド空間の重要性を誘発する工夫を行っている。これはシュート成功率を高めるとともに、両サイドの空間をゴールキーパーの位置取りとの関係を意識しながら攻撃していく学習機会の増大を意図したものである。そこで、幅広いゴールを準備し、ゴール中央よりも外寄りの部分が高得点となるような得点システムを取り入れている。

　次に、「センタリング・サッカー」では、センタリング攻撃をよりやさしい条件下で学習させていくために、コート両サイドに攻撃プレイヤーのみが入ることができる「フリーゾーン」を設け、有効な空間でシュートチャンスをつくるためのボールを持たないときの「サポート」の動きを主要な学習のねらいとしている。

これら2つの教材の良さを継承しながら、サッカーの「サイド攻撃（センタリング）」の面白さを効果的に提供できる教材づくりを課題とした。つまり、「ゴールの工夫によるサイド空間への意識づけ」と、「安心と余裕をもってボールキープができるサイド空間の工夫」の発想を融合的に利用しつつ、新たなゲームを再構成することである。

❸センタリングを使った攻撃を誇張するセイフティーゾーン

　サッカーの中で多用されるサイド攻撃（センタリング）の面白さを味わいながら、チームで協力して有効な空間へボールを運び、シュートを打ったりボールを持たないときの動きを学んだりしていくことが、ここでの主要なねらいとなる。

　このサイド攻撃をやさしい条件下で学習させていくために、コート両サイドに「セイフティーゾーン」を設定した。このゾーンには、攻撃側のプレイヤーのみが入ることができ、ディフェンスに直接防御されずにシュートを打ったり、味方プレイヤーにパスしたりすることができるようにした。これによって、攻撃プレイヤーが安心と余裕を持った状態で、味方やディフェンスの位置取りを判断しながらパスを出すことができる。また、それに応じて他の攻撃プレイヤーがディフェンスの位置との関係から、シュートチャンスやパスコースをつくるボールを持たないときの動きを積極的に学べることがその意図である。

　さらに、ゴール正面に「ラッキーゾーン」を設定した。このゾーンからシュートが決まれば、他のエリアからのシュートよりも高得点を与えるルールにした。これは、ゴール正面が最もシュートに有効な空間であり、そのことを明示することによって、攻撃側にとっても守備側にとっても注目すべきゾーンとしてその空間の意図的・選択的利用を促すためである。

❹シュートチャンスを誇張する3つのゴール

　ここでは「センタリング → シュート」という攻撃パターンをゲームの中で頻繁に出現させたい。そのためには、前述したセイフティーゾーンを有効に活用してゴール前への横パス（センタリング）を出すことが重要になるが、さらにゴールの大きさや得点システムを工夫して有効空間へのボール運びを意識させたいと考えた。

　もともとセンタリングとはサイドの位置からコート中央（ゴール正面）をねらって出されるパスのことを指している。ゴール正面が最もシュートに適した空間であり、そのため守備側にとっても最も注意すべき場所になる。そこで、

表2-46 「スライドボール・サッカー」のルールの大要

■チーム
　ゲームに参加するのは1チーム5人、フロントコート（攻撃）に3人、バックコート（守備）に2人（ゴールキーパーとディフェンダー）。攻撃時はアウトナンバーのゲームとなる。
■コート
　体育館半面（バスケットコート）
■ゴール
　中央4.8m、両サイド2m、コーンを置いて、コーンの先端にゴムひもを張る。
■ボール
　クッションボール（1つのゲームにボールを2個準備し、攻守の転換の際に利用する）
■ルール
・得点は両サイドのゴールが3点、中央が1点、ラッキーゾーンからのシュートは中央が3点、両サイドが5点（ゴムひもの下をボールが通過して得点）。
・セイフティーゾーン、ボランチゾーン内は、相手に邪魔されずにボールキープできる。
・セイフティーゾーン、ボランチゾーンにはドリブルで出入りできる。
・コート内はドリブルでボールを移動させてもよい。ただし、ボールを踏んだままのドリブルは禁止。
・攻撃は3人がセンターライン付近で横一列に並んだ状態からスタートする。
・ディフェンダーは、セイフティーゾーン、ボランチゾーン内に入ることはできない。
・セイフティーゾーン、ボランチゾーン以外の場所であれば、ボール保持者から出されたボールをパスカットすることができる。
・ボールを踏んだらボール奪取したこととみなす。
・ゴールキーパーはゴールエリア内のみ移動できる。
・ゴールキーパーが相手のシュートをキャッチしたら守備側に2点加算される。
・シュートを決めたりボールがコートの外に出たりした場合には相手ボールとなり、センターラインからリスタートする。ただし、守備チームがボールをコートの外に出した場合は、出たところから攻撃チームのボールとなる。
・守備がボールを奪ったら、もう1つのボールを使ってセンターライン付近から攻撃をリスタートする。

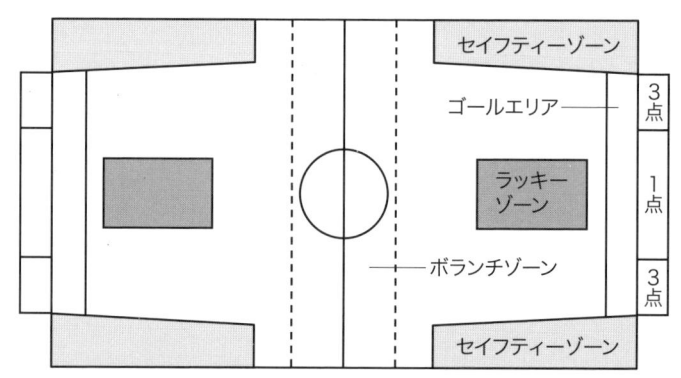

図2-15 「スライドボール・サッカー」のコート

シュートチャンスを誇張する「3つのゴール」を設定した。これは、より大きなゴールによってシュートの成功率を高めることに加えて、ゴール中央よりも両サイドの部分が高得点となる得点システム（中央1点、両サイド3点）を採用し、ゴール正面だけではなく、両サイドも注目すべき空間になるように意図したものである。3点ゴールをねらおうとすれば、それを阻止するためディフェンスはシュートコースを防御せざるをえない。その場合、もう一方の3点ゴールが空くため、逆サイドにボールを展開するという新たな攻撃の選択肢が生まれる。この工夫によって、3つのゴールの中でどこがシュートチャンスになるのかについての判断やシュートコース、パスコースの選択肢を明確にさせることができるであろう。

❺「スライドボール・サッカー」のルール

以上のような教材づくりのコンセプトを下敷きにした「スライドボール・サッカー」のルールの大要を表2-46のように設定した。図2-15は設定したコートである。

[2]「スライドボール・サッカー」の単元展開の概略

本実践の単元は10時間構成とした。毎時の授業展開は基本的に「チームでの準備・ウォーミングアップ → 全体での学習課題の把握 → チームでの作戦の確認・練習 → ゲーム → チームでの振り返り → 全体での学習のまとめ」の流れで進めた。

写真2-15　ゲームを想定してチームで練習

表2-47　単元展開の概略

第1時	第2時	第3時	第4時	第5時	第6時	第7時	第8時	第9時	第10時
オリエンテーション 試しのゲーム	〈ドリルゲーム、ゲーム〉 ゲームの仕方を理解し、ボール操作技能を高めるドリルゲームを行ったり、ゲームを通して攻撃における戦術的な動きを身につけたりする。					〈練習、ゲーム〉 チーム課題を明らかにして練習やゲームに取り組む。		〈リーグ戦〉 これまでの学びを生かし、総当たりのリーグ戦でチームの力を発揮する。	

表2-48　各時間における中心的な学習課題

第1時	学習の進め方、ルールについて知り、単元の見通しを持とう！
第2時	ボール操作に気をつけて、どんどんシュートをねらおう！
第3時	意図的なチームプレイによってシュートチャンスをつくろう！
第4時	チームの約束事を決め、たくさんシュートチャンスをつくろう！
第5時	サポートの動きを身につけ、コートを広く使って攻撃をしかけよう！
第6時	スムーズなコンビネーションをつくり出そう！
第7時 第8時	チーム課題に沿った練習を考え、ゲームに生かそう！
第9時 第10時	〈リーグ戦〉 これまでの学びを生かし、リーグ戦でチームの力を発揮しよう！

　表2-47は、単元における学習のねらいの展開についてその概略を示している。単元を通してメインゲームである「スライドボール・サッカー」に取り組むが、単元前半（第2～6時）では毎時、ボール操作（パス・シュート）の基本技能を高めるドリルを挿入した。また、シュートチャンスを生み出す戦術的な判断や動きの理解に向けた指導を大切にした。第7～8時では、単元前半で学んだ事柄を基にしながら、それぞれのチームの状況に応じた課題を持った練習・ゲームへの取り組みを促した。単元終盤の第9～10時にはリーグ戦を位置づけている。

　なお、表2-48は、単元の各時間の中心的な学習課題を示したものである。

[3] ゲーム・パフォーマンスに関する学習成果の分析

　単元の第2時以降、体育館の2コートにおいてゲームに取り組んだ（クラスは32人の男女共習：各チーム5～6人で6チーム編成）。第2～3時は5分間

のゲーム、第4～8時はゲーム前にチーム内で作戦を立てたり練習をしたりする時間を組み入れたため4分間のゲーム、第9～10時は5分間のゲームでリーグ戦を行っている。また、第2～8時までは各チーム2ゲーム、第9～10時はリーグ戦の組み合わせに応じて2～3ゲームであった。各時に行われたすべてのゲームを体育館のギャラリーから4台のカメラでVTR撮影し、その映像再生によってゲーム分析を行っている。

❶セイフティーゾーンの利用の実際

　まず、センタリングからの攻撃の組み立てを意図して設定した「セイフティーゾーン」がゲームの中で実際に活用されていたのかどうかについて確認しておきたい。

　表2-49は、各時に行われた全ゲームにおけるトータルの「攻撃回数」、およびセイフティーゾーンにボールを持ち込んだ「セイフティーゾーン持ち込み回数」から算出した「セイフティーゾーンの利用度」を示したものである。

　ゲームにおける攻撃は、常にセンターサークルから始まる。そこで、各コートで対戦している2チームにおいて、ボールキープが転換するごとに攻撃場面を1回としてカウントし、攻撃1回あたりのセイフティーゾーンへの持ち込み回数をゾーンの「利用度」として捉えている。

　　　セイフティーゾーン利用度（％）
　　　　＝セイフティーゾーン持ち込み回数÷攻撃回数×100

　表2-49の数値から明瞭なように、単元序盤は攻撃を組み立てるのに有効な場所としての認識が薄かったためかセイフティーゾーンの利用度は非常に低かったが、単元後半には攻撃場面のおよそ70～80％前後の割合で利用されている。したがって、生徒たちは、意図的・協同的に攻撃を組み立てるために、安心と余裕をもってボールキープができるセイフティーゾーンを大いに活用してゲームを進めていたことが確認されたと言ってよい。

表2-49　セイフティーゾーンの利用度

	第2時	第3時	第4時	第5時	第6時	第7時	第8時	第9時	第10時
攻撃回数	180	197	131	131	132	144	139	267	229
セイフティーゾーン持ち込み回数	33	52	69	98	112	98	110	197	156
セイフティーゾーン利用度	18.3%	26.4%	52.7%	74.8%	84.8%	68.1%	79.1%	73.8%	68.1%

❷逆サイドへの展開頻度

　セイフティーゾーンの有効活用とともに、この教材で目指す協同的プレイの1つは、ゴールをねらったシュートチャンスを生み出すために、一方のサイドからもう一方のサイドへパスをつなぐ逆サイドへの展開である。例えば、ディフェンスとゴールキーパーを一方のサイドに引きつけて直接逆サイドにいる味方にパスを通すプレイや、ボール保持者後方へサポートに入った味方プレイヤーにパスを繋いで逆サイドに展開するプレイである。

　表2-50は、各時の「攻撃回数」、および逆サイドへの展開がみられたプレイ（逆サイド展開数）の総数とその頻度（逆サイド展開頻度）を示している。

　　　　逆サイド展開頻度＝逆サイド展開数÷攻撃回数×100

　この表から、単元後半には攻撃場面において20％前後の割合で逆サイドへの展開場面が出現したことが確認できる。ボールコントロール（パス）ミスが頻発するサッカータイプのゲームにおいて、およそ攻撃回数5回に1回の割合でゴールをねらって逆サイドにボールが展開されたことは、意図的・協同的にシュートチャンスを創り出すプレイが学ばれていったと解釈してもよいのではないかと思われる。また、第5時以降に数値が上がり始めた要因として、第5時の学習課題を「サポートの動きを身につけ、コートを広く使って攻撃をしかけよう！」とし、サポートの動きから逆サイドへ展開する攻撃パターンを映像とともに紹介したことで、一層意識され始めたのではないかと推測される。

　しかし、この数値が上がり始めたのと同時にプレイが停滞する場面、例えばセイフティーゾーンに持ち込み、ボールを止めてセットプレイのような状況になることも少なくなかった。これは、サポートやパスをつなぐことばかりに意識が向いてしまい、ゴールが空いているにもかかわらず、シュートではなくパスコースを探してしまうという状況が起こってしまったためではないかと考えられる。

　このような状況を改善するために、教師側から、第一に考えることは「ゴー

表2-50　逆サイドへの展開頻度

	第2時	第3時	第4時	第5時	第6時	第7時	第8時	第9時	第10時
攻撃回数	180	197	131	131	132	144	139	267	229
逆サイド展開数	22	18	19	33	38	25	33	49	48
逆サイド展開頻度	12.2%	9.1%	14.5%	25.2%	28.8%	17.4%	23.7%	18.4%	21.0%

写真2-16　ゲーム場面のイメージ

ルが空いていたらまずはシュートをねらう、それがだめならパスの選択肢が出てくる」ということを再度確認する指導がなされた。その結果、プレイが停滞する現象は徐々に減少し、スピーディーな攻守の展開が繰り広げられるようになった。

❸ゲーム様相のパターン分析

　ゲームの中心的な課題となる「有効空間にボールを持ち込み、ディフェンスにマークされずに（マークを外して）フリーな状況でシュートを打つ」ことの達成度が重要な情報となる。そこで、表2-51のように、攻撃場面をA～Cの3つのパターンに区分し、その出現回数をカウントする方法によって各パターンの出現頻度を算出した。表2-52はその結果である（期待したいのはAパターンの割合の向上）。

　表2-52の数値から、ディフェンスのマークを外してフリーな状況・位置でシュートに持ち込むAパターンの出現頻度が時間によって若干の揺れはありながらも単元の進展に伴って確実に向上していたことが確認された。したがって、ディフェンスのマークを外して有効空間にボールを持ち込んでシュートをねらうことが、生徒たちの主要な課題として意識され、学習されたと判断してよいであろう。

　ただし、Cパターンに大きな変化をもたらせなかったといった実態も示された。ここには足でボールを操作する技能やそれに連動した状況判断の困難さといった前提が横たわっているものの、単元進展に伴う守備側のパフォーマンスの向上も関係しているであろう。

第2章-7　「スライドボール・サッカー」の教材づくり

表2-51　ゲーム様相のパターン区分のカテゴリー

Aパターン	ディフェンスにマークされずに（マークを外して）フリーな状態でシュートした場合。
Bパターン	シュートに相応しくない場所や、ディフェンスにマークされている状態でシュートをしてしまった場合。
Cパターン	ディフェンスにパスカットされたり、パスミス、ドリブルミスなどによってボールがデッドしてしまったりした場合。

表2-52　ゲーム様相における各パターンの頻度

		第2時	第3時	第4時	第5時	第6時	第7時	第8時	第9時	第10時
Aパターン	回数	42	61	24	44	45	40	58	109	76
	頻度	21.3%	30.8%	20.0%	33.1%	34.1%	26.7%	41.1%	40.8%	34.7%
Bパターン	回数	52	29	20	22	24	29	14	33	32
	頻度	26.4%	14.6%	16.7%	16.5%	18.2%	19.3%	9.9%	12.4%	14.6%
Cパターン	回数	103	108	76	67	63	81	69	125	111
	頻度	52.3%	54.5%	63.3%	50.4%	47.7%	54.0%	48.9%	46.8%	50.7%
全回数		197	198	120	133	132	150	141	267	219

[4] 形成的授業評価からみた授業成果

　授業成果の全体傾向を確認するために、オリエンテーションが中心となった第1時を除いて、運動学習の時間が中心となった第2時以降に形成的授業評価を実施している。表2-53はその結果である。

　表に示された数値からみると、単元序盤から良好なスコアが得られたこと、また単元が進むにつれてその上昇がみられたことが確認でき、生徒たちからこの授業について高い評価が得られたものと判断してよいであろうと思われる。

　その中で特筆されるのは一般的にスコアの得られにくい「成果」の次元においても期待どおりの結果が得られたことである。おそらくここに本実践での教材づくりの成果が現れていることを読み取ってよいのではないかと推察される。第6時、および第8時のクラス全体のスコアが2.91（満点は3.00点）といった極めて高い得点が示されているのはその証左である。なお、この点で、第7時に大きな落ち込みが一時的にみられたのは、おそらくこの時間、各チームに病欠の生徒が多かったことが大きな原因となっているものと考えられる。また、第9〜10時も多少の落ち込みが示されているが、そこではリーグ戦による勝

表2-53　形成的授業評価の推移

		第2時	第3時	第4時	第5時	第6時	第7時	第8時	第9時	第10時
成果	男子	2.64	2.67	2.87	2.85	2.93	2.85	2.96	2.79	2.78
	女子	2.53	2.50	2.54	2.73	2.88	2.49	2.85	2.67	2.73
	全体	2.58	2.58	2.69	2.79	2.91	2.65	2.91	2.72	2.75
	段階	4	4	4	5	5	4	5	5	5
意欲・関心	男子	2.88	2.93	2.92	2.88	2.89	3.00	2.93	2.93	3.00
	女子	2.80	2.77	2.94	2.90	2.73	2.88	2.85	2.88	2.94
	全体	2.84	2.85	2.93	2.89	2.81	2.94	2.89	2.90	2.97
	段階	4	4	4	4	4	4	4	4	4
学び方	男子	2.77	2.80	2.88	3.00	2.96	3.00	3.00	2.89	2.93
	女子	2.77	2.47	2.72	2.77	2.85	2.73	2.81	2.78	2.75
	全体	2.77	2.63	2.79	2.88	2.91	2.85	2.91	2.83	2.84
	段階	4	4	4	5	5	5	5	5	5
協力	男子	2.85	2.87	2.92	2.96	2.85	3.00	2.93	3.00	2.97
	女子	2.70	2.67	2.75	2.87	2.76	2.81	2.77	2.84	2.94
	全体	2.77	2.77	2.83	2.91	2.81	2.90	2.85	2.92	2.95
	段階	4	4	4	5	4	5	5	5	5
総合評価	男子	2.77	2.80	2.90	2.91	2.85	2.95	2.93	2.89	2.90
	女子	2.68	2.59	2.72	2.81	2.74	2.70	2.80	2.78	2.83
	全体	2.72	2.70	2.80	2.86	2.80	2.81	2.87	2.83	2.86
	段階	4	4	5	5	5	5	5	5	5

敗への強い意識がゲームの中でのプレイに大きな影響を与えていたものと推測される。

（研究協力者：横井和浩・北垣内博）

[文献]
* 1　鎌田望・岩田靖（2004）小学校体育におけるサッカーの教材づくりとその検討―「侵入型ゲーム」としての戦術的課題を誇張する視点から、信州大学教育学部附属教育実践総合センター紀要・教育実践研究5：71-80
* 2　菅沼太郎・岩田靖・千野孝幸（2008）小学校体育におけるゴール型教材の開発とその実践的検討―「センタリング・サッカー」の構想とその分析、信州大学教育学部附属教育実践総合センター紀要・教育実践研究9：121-130、および岩田靖（2012）体育の教材を創る、大修館書店、pp. 141-150

第2章-8【ネット型】

ラケットを使わない攻守一体プレイタイプを考える①（4年生）
「ワンバンネットボール」の教材づくり

　小学校における中学年の「ネット型ゲーム」、高学年の「ネット型」について、学習指導要領の「解説」で例示として示されているものは、プレルボールおよびソフトバレーボールである（実際には、これらを基にした「易しいゲーム」「簡易化されたゲーム」の提供が求められている）。これらは「ネット型」の中でも、「連携プレイ」タイプのゲームに含められるものである。

　さて、ネット型に共通の戦術的課題を端的に表現すれば、第1章で指摘したように、「分離されたコートの向こうにいる相手に対し、ボールをコントロールさせないように攻撃したり、自陣の空間を守ること」として理解することができるであろう。ネット型のゲームでは、相手がネットで分離された相対の位置にいることから、①相手の動きやそれに伴う空間の認知（空いたスペースの判断）もほぼ常に自陣の前方を意識していればよいし、②対応し、操作しなければならない対象物（ボールやシャトル）も常にネットの向こうから移動してくるので、そのゲームの中で求められる「判断」はゴール型やベースボール型に比較してその複雑性は低く、取り組みやすいと言ってよい。より単純でやさしいといっても間違いない。おそらくこの点では、ネット型の中でも「連携プレイ」タイプのゲームよりも「攻守一体プレイ」タイプ（相手から打ち出されたボールやシャトルを直接返球するタイプ）のものの方が、そのことがより際立つのではないかと思われる。

　その意味で、小学校の中学年段階（4年生）を想定して構想したのが以下に示す「ワンバンネットボール」である。

[1]「ワンバンネットボール」の教材づくり

　中学年段階を対象としていることから、ネットを挟んだ相手との攻防の面白さに、十分な「判断」の余裕をもって子どもたちが関与できるようなゲームの状況（条件）を創り出したいということが教材づくりの基本的視点としてある。ゲームに求められる「判断」が原理的に単純だとしても、動いてくるボールへの対応やその操作が難しければ、よりよい判断を実際に行える機会は減少し、また判断の余裕を奪うことになる。

　また、攻防のプレイが簡単に途切れてしまうようなゲームでは非常につまらなくなってしまうし、ある程度ラリーが続きうる状況の方がプレイヤーの学習機会を増大させることもでき、ゲームのスリリングさも生まれてくる（ただし、「ラリーを続けること」はゲームの目的ではない。むしろ、「ラリーを切ること」が課題になる。結果的にラリーが続くと「ハラハラ、ドキドキ感」が生まれてくると言ってよいであろう）。

　このようなことから、ボールゲームの苦手な子どもももみんなが「判断」行為

表2-54　「ワンバンネットボール」の主要なルール

- 2対2のダブルス（2ペア4人で1チーム）。
- バドミントンのダブルスのコートを使用。
- バドミントンのネットを通常より下げて使用（135cm程度）。
- バドミントンのサービスラインよりも前を前衛エリア、後ろを後衛エリアとする。
- ボールはバレーボール4号球を使用。
- ゲームはコートのサービスラインより後ろからのサーブで始める。サーブは自陣でワンバウンドさせて投げ入れ、相手コート内に落ちるか、フロアに落ちる前に相手がボールに触れれば成功とする。
- ボールは必ず両手で操作する（両手で投げる）。捕球したボールは3秒以内に投げるようにする。
- 前衛エリア（前衛エリアのラインに足がかかっている場合は可）からは直接相手コートに投げ入れることができるが、それ以外では自陣のフロアでボールをワンバウンドさせてから返球しなければならない。
- 相手が捕球できずにボールを床に落としたり、直接相手コート内にボールが落ちたら得点。
- ボールを捕球し、投げる体勢に入ってからは、踏み込んで投げる1歩までは認められるが、それより多く歩いて投げてはいけない。
- 最初に手に触れたボールがフロアに落ちる前に、もう1人の味方が捕球すれば、そのままプレイを続行できる。

に積極的に参加できるように、運動の技術的課題性の緩和策として、ラケット等の道具を用いずに、手でボールを扱うことにするとともに、さらにネット越しに行き交うボールのスピードをスローダウンさせることをキー・ポイントにした。

そこで、このゲームで採用したのは、両手でボールを操作し、自陣のコートでワンバウンドさせて相手コートに返球する方法である。なお、「ここぞチャンス！」といったような、テニスのボレーに似たプレイ（後述する「ドボン」）を挿入するルールを付加し、ゲーム状況の「判断」を軸にしたプレイフルさが拡大していくことを期待した。構想した教材「ワンバンネットボール」の概要は表2-54のとおりである。

バドミントンのコートを利用した2対2で行うネット型（攻守一体プレイ）のゲームである。前衛エリアと後衛エリアに分け、原則としてボールを自陣でワンバウンドさせて相手コートに返球し、相手がボールを捕球できずにフロアに落としたり、ノータッチでコート内に落ちた場合に得点となるゲームである。ただし、相手から返球され、ネットを越えて自陣に入ってきたボールを前衛エリア内で捕球できた場合には、ワンバウンドさせずに直接返球できることにした（いわゆる「ボレー攻撃」）。ボールの捕球・返球はペアのどちらが行ってもよいとしている（なお、前衛・後衛のエリアは区別するが、これは2人のペアそれぞれのポジショニングを限定したり、規制するものではない、というのが単元の計画段階のルール設定であった）。

[2] 単元展開の概略

単元は11時間扱いであった。表2-55はその単元展開の概略である。1時間目のオリエンテーションの後、および2・3時間目は、ワンバウンドさせて返球するためのボール操作に慣れることを含めた練習やドリルゲームを導入し、4時間目から2対2のゲームを位置づけた。通常のボール運動（ゲーム）領域の単元展開では、その序盤からメインゲームに取り組ませているが、バウンドさせながらの返球やバウンドして跳ね上がったボールの捕球に慣れてからの方が、むしろゲーム理解がしやすいと考えたからである。

ゲームは2対2であるが、チームは4人で構成し、8時間目以降にはチーム別の課題練習と各チームによるリーグ戦を設定した。

表2-55 「ワンバンネットボール」の単元展開の概略

時間	ねらい	授業内容とその展開
1	知る／学習の進め方や、使う技能、ゲームの仕方を知る。	オリエンテーション
2		【ドリルゲーム①】 ワンバウンドで相手にパスをする（1対1）。 【ドリルゲーム②】 自コートでワンバウンドさせ、ネットを越えて相手コートに入れる（1対1で何回続くか）。
3	身につける／工夫されたゲーム・練習を行い、相手にノーバウンドの攻撃をされない位置を探したり、相手の空いているスペースを探したりして、そこに返球できる。	【ドリルゲーム②】 〈練習〉（目標）：線の前で相手からのボールをキャッチしたらノーバウンドで、後ろでキャッチしたらワンバウンドで相手コートに返球しよう。 【タスクゲーム①】 1対1で行い、前衛でのキャッチは直接、後衛でのキャッチはワンバウンドで返球し、相手が返球できなかった場合に自分の得点になる。
4		【タスクゲーム②】 〈練習〉（目標）：相手にキャッチされない位置に返球しよう（2対2）。 【メインゲーム】
5		【タスクゲーム②】 〈練習〉（目標）：前衛に出てキャッチできそうなボールは積極的に前に出てキャッチし、相手の届かないスペースを見つけて素早くノーバウンドで返球しよう（ドボン攻撃の練習）。 【メインゲーム】
6		
7		【タスクゲーム②】 〈練習〉（目標）：相手の位置を考え、相手の取りにくいところへ返球しよう。味方同士のお互いの位置を確かめながら、広いスペースを空けないように守ろう。 【メインゲーム】
8	生かす／どのようにしたら、相手に前衛でボールをとらえられずにすむか、どのように空いているスペースに落とすか工夫できる。	〈チーム別課題練習〉 ※チーム内の兄弟ペアで、相手に前衛でボールを捕られないための方策や抜き方、空いたスペースへのボールの入れ方など、課題に対して工夫をする。	【リーグ戦でのゲーム】 まとめ・反省
9			
10			
11			

第2章-8 「ワンバンネットボール」の教材づくり　179

[3] 授業の展開と子どもの様子

ここでは授業の時間経過に沿った子どもの様子について記述してみたい。

❶「やるべきこと」がはっきり見えた

表2-56はこの単元の第2時以降で実施した形成的授業評価のスコアを示しているが、その「成果」および「学び方」の得点が、4時間目から5時間目にかけてそれぞれ2.58から2.81、2.65から2.81へと大幅に上昇している。こ

表2-56 「ワンバンネットボール」の単元の形成的授業評価

	2時	3時	4時	5時	6時	7時	8時	9時	10時	11時
成　　果	2.21 (3)	2.47 (4)	2.58 (4)	2.81 (5)	2.71 (5)	2.84 (5)	2.78 (5)	2.78 (5)	2.89 (5)	2.91 (5)
意欲・関心	2.58 (2)	2.82 (4)	2.87 (4)	2.98 (4)	2.93 (4)	3.00 (5)	2.98 (4)	3.00 (5)	3.00 (5)	3.00 (5)
学び方	2.26 (2)	2.36 (3)	2.65 (4)	2.81 (5)	2.75 (4)	2.71 (4)	2.95 (5)	2.93 (5)	2.93 (5)	2.84 (5)
協　　力	2.60 (3)	2.50 (3)	2.70 (4)	2.90 (5)	2.91 (5)	2.86 (5)	2.98 (5)	3.00 (5)	2.95 (5)	2.95 (5)
総合評価	2.39 (3)	2.53 (3)	2.69 (4)	2.87 (5)	2.81 (5)	2.85 (5)	2.91 (5)	2.91 (5)	2.94 (5)	2.93 (5)

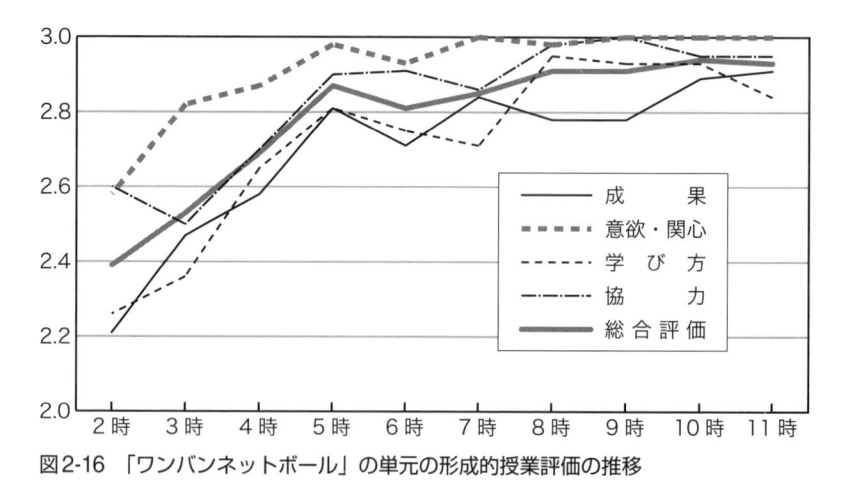

図2-16 「ワンバンネットボール」の単元の形成的授業評価の推移

写真2-17　前衛でボールに飛びついて捕ろうとするM子

写真2-18　ドロップを試みたが失敗

の間に子どもたちが学習カードに記述した「めあて」に注目すると、それまでどのチームも「ミスをしないように」といった類のものがほとんどであったが、「相手のいない所に返す」「相手から遠い所をねらい、左右にふる」といった、より具体的で、ゲームの本質的課題に迫った内容への変化がみられた。子どもたちの中で、「何を、どのように」頑張ってみようとするのかが鮮明になった時間であったと言える。また、ボール操作の技能的な上達にしたがって余裕が生まれだし、どうしたら得点できるのかを明瞭に意識し始めたことを示しているとも言える。

　このことは一方で、子どものゲームに対する認識の向上（ゲームの戦術的課題についての理解を通した「めあて」の明確さ）が、子どもの学習の姿勢やその成果に大きな影響を与えているであろうと思われるし、また他方、ゲームの「易しさ」や「わかりやすさ」がその土台として裏付けられているとも言える。そのことは次にみられるような授業後の子どもの感想からも読み取れる。

＊

　そこにボールを返せばノータッチが取れるとわかったんだけど、あわててしまったのがすごくくやしい。

＊

　これはボール運動が苦手だと感じているM子の感想である。それまでの非常に消極的な彼女の姿からは想像しがたいような記述であった。「くやしい」という表現が、いかにも楽しそうでもある（写真2-17は前衛エリアでボールに飛びついて捕ろうとしているM子）。

　その後、若干のルール変更の問題などもあって、授業評価が下がる時間もあったが、全体としてここからさらに子どもたちの意識が上がったと捉えることができる。相手をなるべくバックに下げようとする返球やネット越しのドロッ

第2章-8　「ワンバンネットボール」の教材づくり　　181

プ攻撃が空間の認知に伴って現れ出したのもこのあたりからである（写真2-18は、ドロップを試みたが、残念ながらネットに引っかかって失敗）。そのゲームの状況の「判断」に関わった本質的な面白さに導き入れることによって、子どもたちの感じる楽しさが拡大していくと言ってよいであろう。

❷集団的達成の喜びを

　6時間目、前時より子どもの授業評価が「成果」次元をも含め全体に低下した。この時間の子どもたちの様子から想像すると、相手の攻めに対しての予測やボールの動きの先取りができるようになり、守備力が高まってきたため、ワンバウンドさせたボールではなかなか相手のポジションを抜くような攻撃が難しくなってきたことに大きな原因がありそうであった。実際、相手の捕球ミスがでないと得点できないような状態が多くみられた。このため、7時間目にルール変更を行った。

　前衛と後衛（コートとペアのポジション）を分離させ、バックのエリアでボールの捕球ができるのは後衛のプレイヤーのみに限定し、前衛のプレイヤーは主に「ドボン」をねらえるようにした。その結果、相手コートから返球されてくるボールをペアのどちらが捕球するかといった息の掛け合いは少なくなったが、意図した攻撃が決まる可能性は大いに広がった。そのことが子どもたちにどのような影響を与えるのか、若干ハラハラしながら経過を見守ることとなったが、授業評価の得点からすれば、心配に反して子どもたちは大いにプレイフルな感覚を味わってくれたように思われる。

　はたしてこの背景には何があったのであろうか。おそらくここには他者との「集団的達成の喜び」が大きく関係していると考えられる。とりわけ、意図的な「ドボン」を仕掛けたり、それを防いだりする中で、ペアの役割行動が濃密になっていったようである（写真2-19はバックプレイヤーが指示を出しながら次のプレイの準備を整えているところ）。

　因みに、先に触れたM子はこの単元の終了後にこんな作文を残している。

＊

　わかったことは、相手のとりやすいところ、とりにくいところを見きわめて戦えば、勝てるかくりつ（確率）がぐんと上がるということです。でも、その作戦どおりにいかない時

写真2-19　相手の攻撃に備えてペアでスペースを守る

もありました。そんな時、友達の応援やアドバイスが役にたちました。また二人でがんばって「やった！」となりました。

＊

　この文章からは、友達の「応援やアドバイス」ということにも注目したい。つまり、周りで観ている子どもも、プレイしている友達のゲーム状況を理解し、プレイの意図を共有しながら応援しているし、アドバイスができるということである。そこに、「ともに喜び合う」集団的達成を膨らませる契機とエネルギーが潜んでいるのではないかと考えられる。
　ボール運動は集団的達成の可能性を秘めながらも、それに参加するメンバーの抱いている願いやゲームの目標のイメージ、さらにはゲーム中にすべきことの理解や判断に「すれ違い」が起きやすい。その原因は、ゲームの複雑さにあると言っても過言ではないが、喜びを共有できる教材づくり、授業づくりが求められる所以であろう。

　この単元の授業実践が終わってからも、休み時間に体育館の片隅でこのゲームに興じる子どもたちの姿があった。授業で学習したこと、授業で経験したことが生活の中に拡大していく可能性を示す場面であろうかと思われる。
　このネット型の授業実践は、子どもたちみんなが積極的に参加できる「より易しいゲームを」という観点から、2001年に最初に教材化したものである。当時、1998年の学習指導要領の中で、小学校中学年において付加的に位置づけられていた「バレーボール型ゲーム」を積極的に導入してみようとしたものであり、また、小学校段階において「攻守一体プレイ」のタイプのゲームを実践化してみる初期的な試みであったと言える。
　確かに、ゲームに参加する人数が少ないため、大きなクラスサイズの授業にはやや不向きではあるし、コート数の確保の見通しとも関係するが、物理的な事情が許せば、大いに発展させたいゲーム領域である（小規模校・小規模学級などではこのような教材選択は大いに有効であろう）。ボール操作の技能的レベルを子どもにフィットさせれば、非常に「わかりやすい」ゲームを生み出せるからである。

（研究協力者：小野和彦）

［文献］
＊1　文部科学省（2008）小学校学習指導要領解説・体育編、東洋館出版社

第2章-9【ネット型】

ラケットを使わない攻守一体プレイタイプを考える②(6年生)
「ダブルバウンド・テニス」の教材づくり

　小学校高学年におけるネット型の中で実践可能な「攻守一体プレイ」のタイプのゲームを紹介したい。
　先に、中学年の「ワンバンネットボール」を取り上げたが、実はそれが最初に手掛けたネット型のゲームであった。2001年に実践したものである（『体育科教育』2002年2月号に掲載）。当時の学習指導要領では、中学年の「バレーボール型ゲーム」は補足的な位置づけであって、実践的に光が当てられてはいなかったし、加えて「攻守一体プレイ」のタイプは授業例がなく、ほとんど注目されるものにはならなかったと言ってよい。ただし、先にも述べたように、戦術的構造のやさしいゲームの提供という意味の主張は展開できたのではないかと考えていた。
　さて、2008年の学習指導要領において小学校の中学年以降にネット型が確実に位置づいたが、その「解説」において例示されているのは「連携プレイ」のタイプに限られている。しかしながら、近年、小学校でも攻守一体プレイタイプが積極的に取り上げられている動向も存在する。例えば、岡田ほか[1]、木下[2]、今井[3]、村中田[4]、八重樫ほか[5]などの報告・提案などである。筆者としては今後も大いに工夫した授業実践が報告され、情報の交流が起こってほしいと考えている。
　そこで今度は、小学校の高学年で、子どもたちの持っている能力を土台として学習可能なゲームを考えたい。できれば、テニスやソフトテニスのようなゲームに類似した面白さ、魅力が、よりスリリングな展開で味わえる「ダブルス」形式のゲームが提供できないか。グラウンドストロークを中心にしながらも、クロス、ダウン・ザ・ライン（ストレート）の返球を選択したり、ロブやドロップを使い分けたりしながら相手を動かし、空間をねらう。そして何よりも、

前衛プレイヤーのボレーへのチャレンジを誘い出す学習を組み立てられるようなプレイフルなゲームを実現したい。

そこで新たな教材づくりを試みたのが「ダブルバウンド・テニス」である。小学校6年生で授業実践を試みている。

[1]「ダブルバウンド・テニス」の教材づくり

特に小学生段階で「攻守一体プレイ」のタイプのゲームを構想するときに問題になるのは、ネットを挟んだ双方の攻防に対して、どのような技能的要求を

表2-57 「ダブルバウンド・テニス」のルールの大要

■ゲームの人数
　男女2人ペアで前衛1人、後衛1人の2対2
■コート
　バドミントンコート（外側のラインを利用）：ネットの高さは70cm
■ボール
　ジェリーボール（東京サンエスゴム工業株式会社）、直径約16cm
■用具
　前衛のみ使用する手作りダンボールラケット(15×20cmのダンボールを2枚貼り合わせる)
■得点形式
　前衛がボレーで決めた場合2点、その他は1点とする（ラインアウト、ネット、後衛の投げたボールが味方の前衛に当たってしまった場合）。
■ゲーム時間
　1ゲーム2分。1時間に各ペアは2ゲーム行う（ゲームによって前衛・後衛を交代）。
■ボール操作
・後衛は自陣でボールをワンバウンドさせて相手コートに返球しなければならない。
・後衛は相手コートからネット越しにくるボールを自陣でワンバウンドしてから捕球しなければならない。
・後衛は捕球した場所から返球しなければならない（移動して返球することはできない）。
・前衛は相手からネット越しにくるボールを直接返球（ボレー）することができる。また、自陣でワンバウンドしてから打ち返すこともできる。ただし、前衛が打ったボールは自陣でバウンドしてはいけない（バウンドしてしまった場合には相手の得点になる）。
・相手コートへの返球は、1人のプレイヤーの触球によってしかできない。
■サーブ
・後衛はコート中央の縦のラインより右側後ろにポジションをとり（ベースポジション）、相手の後衛に向かって自陣でワンバウンドさせて相手コートに投げ入れる。
・相手の前衛はサーブされたボールに触れてはいけない。
・サーブのミス、また相手のサーブのキャッチミスは得点とせずに、相手後衛がキャッチできるまで繰り返す。

課すかについてであろう。おそらくそこにゲーム条件を考えるポイントが存在している。スリリングなゲームに近づけようとするなら、ボールコントロールの難しいラケット操作によるプレイは高度すぎるためである（ダブルスの場合、特に後衛のストロークのコントロールは困難なものになり、返球するだけで精一杯の状況になってしまうであろう）。

そこで、後衛プレイヤーは手でボールを操作することを前提とした。そしてさらに、テニスのグラウンドストロークに相当する攻防は、この教材の名称になっている「ダブルバウンド」を基本的なゲーム条件とした。ダブルバウンドとは自陣と相手コート内の双方でバウンドしたボールを操作することである。つまり、後衛のプレイヤーは相手コートからネット越しに返球され、自陣でワンバウンドしたボールをキャッチし、すぐさま自陣でワンバウンドさせてから相手コートに返球するのである。自陣でバウンドさせずに直接投げ返すとすれば、相手のボール操作はかなり高度になってしまうであろう。このような条件での攻防の中で、前衛によるボレーのチャンスを狙っていくダブルスのゲームを設定した。

前衛は相手からネット越しに返球されてくるボールを操作するためにダンボール製の手作りラケットを装着することにした。もちろん、ボレー用である。このラケットづくりでは、村中田の発案を大いに参考にしている。[*4]

ボールは前衛の「ボレー」のプレイを想定して、子どもたちに恐怖心を与えない柔らかいボールを選択したが、片手で握って投げることができること、適当なバウンドが生じるようなものであることを勘案した。

またネットの高さの設定も非常に重要であろう。ここではスピーディーなラリーの中で、子どもたちが相手コートからネットを越えてくるボールを肩から顔くらいの高さでボレーができる程度を目安とした。

これらのことを骨格として構成した「ダブルバウンド・テニス」のルールの大要は表2-57のとおりである。

[2] 「ダブルバウンド・テニス」の単元展開の概略

本実践の単元は10時間構成とした。毎時の授業展開は、第3時から第8時までは基本的に「用具の準備・ウォーミングアップ → 全体での学習課題の把握 → チームでの課題練習 → ゲーム①②③ → チームでのミーティング → ゲーム④⑤⑥ → チームでの振り返り → 全体での学習のまとめ」の流れであった。第9・10時はゲームの回数を増加させている。表2-58は、単元における

表2-58 「ダブルバウンド・テニス」の単元の概略

第1時	第2時	第3時	第4時	第5時	第6時	第7時	第8時	第9時	第10時
シングルス		ダブルス							
【ステップ①】 ゲームを理解しよう				【ステップ②】 コツを発見しよう				【ステップ③】 ゲームを高めよう	
ルールや戦術的課題を理解する				理想的なプレイに近づけるために、コツを発見し、課題を解決する（特に、課題性の高い前衛のプレイを中心に学習していく）。 ・基本ポジション ・タイミング				今まで身につけてきた力をより速く、より正確に発揮して、ゲームに生かしていく。	
・ネット型（攻守一体プレイ）の理想的なプレイを知る。 ・後衛の役割を知る。		・ネット型（攻守一体プレイ・ダブルス）の理想的なプレイを知る。 ・前衛の役割を知る。							
理想的なプレイと自分たちのプレイとの違いから、コツの発見に繋がる課題を見つける。								

表2-59 各時間における中心的な学習課題

第1時	前後左右、相手のいないところを狙って捕られにくい球を投げよう。
第2時	素早い攻撃をして、すぐに基本ポジションに移動しよう。
第3時	どんどんボレーを狙っていき、ダブルスゲームの面白さを味わおう。
第4時	相手のプレイを予測し、コースを狙って投げたりボレーしたりしよう。
第5時	守りも攻めもできる前衛のベストポジションを見つけよう。
第6時	相手後衛が投げ出すタイミングで動き出し、ボレーを決めよう。
第7時	ポジション、タイミングを意識してどんどんボレーに出よう。
第8時	味方後衛の立ち位置によってポジションを変えよう。
第9時	相手後衛の位置によってポジションを変え、たくさんボレーに出よう。
第10時	チーム内の教え合いや協力をさらに高め、今までつけてきた力を発揮しよう。

学習のねらいの展開についての概略を示している。

　1チーム5～6人で構成し、全体で6チームとした（クラスは32人）。体育館に3コート設け、すべてのチームが授業の中で練習・ゲームが同時に行えるようにしている。毎時後半に、メインゲームとなる「ダブルバウンド・テニス」に各チームそれぞれ6ゲーム（3ペアが各2ゲーム）取り組んでいる。ペアは男女で、ゲームでは前衛・後衛の性別が同じになるように組んでいる。したが

って、男子が前衛の場合、相手側の女子が後衛から返球してくるボールに対応し、女子が前衛の場合には相手男子から送られてくるボールにボレー・チャレンジすることになる。

なお、表2-59に実際の単元展開において各時間の中心的な学習課題として取り上げたものを整理しておく。

[3] 単元におけるゲーム様相の分析

体育館の3コートで行われた第3時以降のダブルスの全ゲームをVTR撮影し、分析対象としている。ここでは、ゲームの中での得点パターンの分散傾向、ボレーの出現回数、後衛プレイヤーの返球コースの観点からゲーム様相を示してみたい。

❶得点パターンの分散傾向

この単元で取り組まれたゲームの様相の一端を確認するために、ゲームの中で得点（失点）に結びついたパターンを表2-60の区分に従って検討してみたところ、各時間において表2-61のような結果が得られた。上段がそれぞれのパターンの出現回数、下段が全体に占める割合である。図2-17は各得点パターンの割合をグラフ化したものである。

第3時から第10時まで、得点パターンの割合の変化をみたとき、顕著な増減を示したものは見当たらないが、得点にボレーが絡んだパターン（AとBパターンの合計）が単元を通してほぼ70％であったことが示唆的である。当初より、相手後衛のリターンを積極的にボレーに結び付けていくことが頻発するゲームになることを期待していたことから、この数値はかなりイメージ通りだったと言ってよい。終盤、ボレーの成功による得点パターンが低下を見せ、逆にその失敗が得点になる率が上昇しているが、詳細に分析してみると、第9・10時に特に女子のボレーの失敗による得点パターンが増加していることが明らかとなった。表2-61に示した数値はクラス全体のデータを基にしているが、実際、第5時から第8時までは、女子のボレーミスは20～30％台であったものが、第9・10時は40％台後半の数値が得られている（男子もボレーミスの割合が増加しているが、女子ほど明瞭ではない）。次に示すボレーの出現回数の確認のデータとも考え合わせると、単元の終盤ほど、果敢なボレーへのチャレンジがみられたと判断できそうである。

表2-60　得点パターンの区分

Aパターン	前衛のボレーの成功
Bパターン	前衛のボレーの失敗
Cパターン	後衛のストロークの成功
Dパターン	後衛のストロークの失敗
Eパターン	後衛のキャッチの失敗

表2-61　各得点パターンの出現数とその割合

	Aパターン	Bパターン	Cパターン	Dパターン	Eパターン
第3時	50 39.1%	40 31.3%	11 8.6%	17 13.3%	10 7.8%
第4時	52 43.3%	32 26.7%	6 5.0%	24 20.0%	6 5.0%
第5時	47 41.2%	27 23.7%	6 5.3%	27 23.7%	7 6.1%
第6時	50 42.4%	30 25.4%	5 4.2%	24 20.3%	9 7.6%
第7時	79 45.9%	41 23.8%	17 9.9%	25 14.5%	10 5.8%
第8時	67 45.0%	40 26.8%	12 8.1%	25 16.8%	5 3.4%
第9時	102 35.4%	96 33.3%	22 7.6%	59 20.5%	9 3.1%
第10時	101 35.9%	102 36.3%	22 7.8%	40 14.2%	16 5.7%

図2-17　各得点パターンの割合

第2章-9　「ダブルバウンド・テニス」の教材づくり

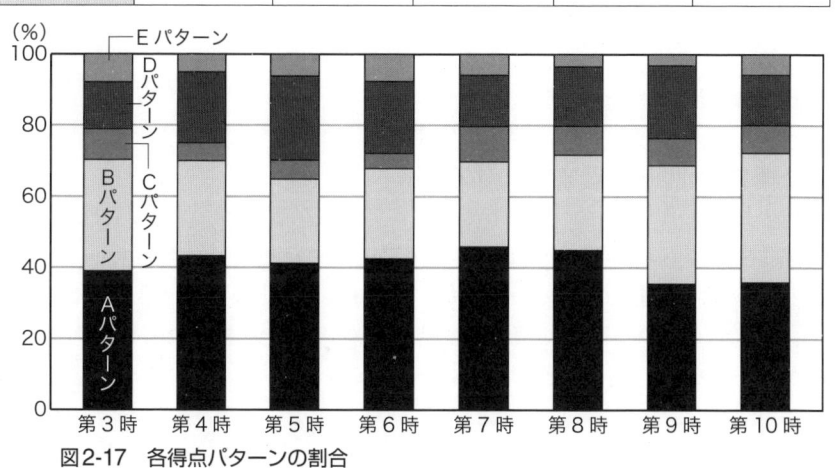

写真2-20 ボレーにチャレンジ（カラーコーンはコート中央の目印）

表2-62 ゲームにおけるボレーの出現回数

	第3時	第4時	第5時	第6時	第7時	第8時	第9時	第10時
男子	3.7回	3.9回	4.1回	3.1回	3.4回	5.8回	5.1回	5.5回
女子	3.5回	3.5回	2.4回	3.9回	2.8回	3.4回	3.9回	4.0回
全体	3.6回	3.7回	3.3回	3.5回	3.1回	4.6回	4.5回	4.8回

❷ボレーの出現状況

　今述べた得点パターンの割合からすれば、ボレーが得点に大きく絡んでいたことは確かであるが、それではゲームにおいてどのくらいの数のボレーが出現していたのであろうか。実際には結果的に得点に結びつかなかったボレーもあることから（ボレーを返球された場合）、ボレーの全体的なチャレンジの回数を確認してみることも大切であろう。

　表2-62は、ダブルスのゲームに取り組んだ第3時以降において、1ゲーム当たりに各個人が実際にどの程度ボレーにチャレンジしたかについて男女別に示したものである。

　単元の時間によって変動はあったものの、総体的には単元展開に沿って男女ともにボレー回数の漸増傾向が確認されたと言ってよいであろう。なお、単元後半のVTR映像によれば、クラスの子どもたちすべてがボレーを試みていたことを付記しておく。

❸後衛プレイヤーの返球コースの変化

　図2-18は、ゲーム中における後衛プレイヤーの返球コースをVTR映像から間接的にトレースしたものである。もちろんこれは相手コート側半面であり、ネット越しに返球したボールがバウンドしたおおよその位置を再現している。ダブルスのゲームを始めた第3時と最終の第10時を比較したものである。●印が男子、△印が女子の返球コースを表している。

　この図から、一見して明らかとまではいかないが、総体的にコートの左サイド中央付近に返球されていた後衛からのボールは、単元終末にはコートの奥や

⟨第3時⟩　　　　　　　　　　　⟨第10時⟩

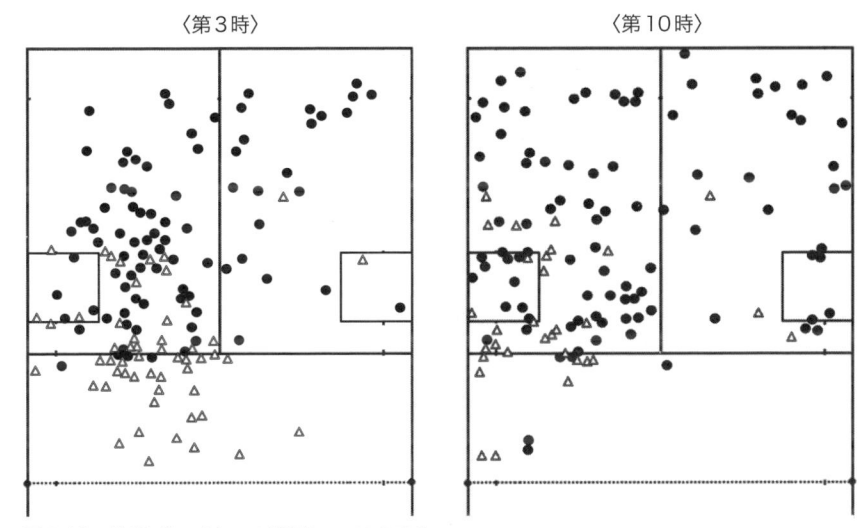

図2-18　後衛プレイヤーの返球コースの変化

　両サイドに広がったことが理解できるであろう。特に男子においてその傾向は顕著であった。
　ここで、返球がおよそ左側に集中するのは、向かって右側に相手の前衛プレイヤーが基本ポジションをとっているからで、ボレーでの攻撃を防ぐためであると言ってよい。後衛が女子の

写真2-21　相手の返球を予測してコート中央へ動く前衛（5番）

場合、相手前衛は男子であるので、そのボレーを恐れて、単元終末においても左サイドへの返球が多かったと考えられる。また、女子では、その返球のバウンド位置がコート中央からネット側の範囲に偏っているのは、ボールの投能力を反映している。それでも、第3時にはバドミントンコートのサービスラインよりもネット側にバウンドしていた返球（これがコートの中央寄りであれば相手前衛のボレーの標的になりやすい）は激減したことが認められる。
　この図は前記したように、返球したボールのバウンド位置を示しているだけであるので、そのゲーム状況における相手のポジショニングの状態に対応した返球のコースを直接的に説明できるものではないが、コート利用状況がより拡大したと解釈することは可能であろう。

[4] 形成的授業評価からみた授業成果

　オリエンテーションが中心となった第1時を除き、第2時以降、形成的授業評価を実施している。表2-63はその結果であるが、極めて高いスコアが得られていることが明らかであろう。筆者のこれまでの経験では、ゲームの戦術的課題がそれほど複雑でないためか、ボール運動（ゲーム）領域において、ゴール型やベースボール型に比較してネット型の授業の形成的授業評価の数値が単元の序盤から相対的に高めに示される傾向にあり、この授業もその1つなのかもしれないが、子どもたちにとってゲームでのプレイの実現可能性やそれに向けての興味・関心がここでのスコアに表れているのではないかと想像できる。

表2-63　「ダブルバウンド・テニス」の単元の形成的授業評価

		第2時	第3時	第4時	第5時	第6時	第7時	第8時	第9時	第10時
成果	男子	2.62	2.74	2.74	2.81	2.48	2.81	2.93	2.88	3.00
	女子	2.33	2.71	2.67	2.78	2.42	2.69	2.85	2.97	3.00
	全体	2.47 (4)	2.72 (5)	2.70 (5)	2.79 (5)	2.44 (3)	2.74 (5)	2.89 (5)	2.95 (5)	3.00 (5)
意欲・関心	男子	2.93	3.00	2.96	3.00	2.79	3.00	3.00	2.93	3.00
	女子	2.81	2.97	2.88	3.00	2.81	3.00	2.97	2.97	3.00
	全体	2.87 (4)	2.98 (4)	2.92 (4)	3.00 (5)	2.80 (3)	3.00 (5)	2.98 (4)	2.95 (4)	3.00 (5)
学び方	男子	2.93	3.00	2.96	3.00	2.82	3.00	3.00	3.00	3.00
	女子	2.78	2.88	2.94	2.97	2.94	3.00	3.00	3.00	3.00
	全体	2.85 (5)	2.93 (5)	2.95 (5)	2.98 (5)	2.88 (5)	3.00 (5)	3.00 (5)	3.00 (5)	3.00 (5)
協力	男子	2.89	3.00	3.00	3.00	2.93	3.00	3.00	3.00	3.00
	女子	2.84	2.94	2.97	3.00	3.00	3.00	3.00	3.00	3.00
	全体	2.87 (5)	2.97 (5)	2.98 (5)	3.00 (5)	2.97 (5)	3.00 (5)	3.00 (5)	3.00 (5)	3.00 (5)
総合評価	男子	2.82	2.91	2.90	2.94	2.72	2.94	2.98	2.94	3.00
	女子	2.65	2.85	2.84	2.92	2.75	2.90	2.94	2.96	3.00
	全体	2.73 (4)	2.88 (5)	2.87 (5)	2.93 (5)	2.74 (4)	2.91 (5)	2.96 (5)	2.95 (5)	3.00 (5)

このゲームを通して子どもたちは、後衛プレイヤーであるとき、相手前衛のボレー攻撃を防ぎながら、対角にいる相手後衛のプレイヤーの位置取りに応じてコースを狙ったり、相手を動かすこと、また前衛プレイヤーの場合には、基本ポジションにおいて自分の左側のストレートにボールを通されないようにしつつ、特に相手後衛がコート中央の方向に動いたときに、すかさずボレー・チャンスを窺っていく、そのような攻防の面白さを十分味わえたのではなかろうか。その意味で、テニスやバドミントンなどに共通し、繋がっていく攻守一体プレイ・タイプのゲームの核心に誘い込めたと考えている。

（研究協力者：中塚洋介・井浦徹・山岸真大）

[文献]
* 1　岡田弘道・多田夕紀・米村耕平（2012）よい体育授業を求めて・第19回・ラケットレステニス（攻防一体型ゲーム）の授業づくりへの挑戦、体育科教育60（10）：46-49
* 2　木下光正（2013）子どもの思考力を高める授業づくりの秘訣・第9回・4年生のハンドテニスの授業、体育科教育61（2）：62-63
* 3　今井茂樹（2013）小学校に攻守一体タイプのネット型ゲームを―個が輝くショートテニス＆テニピンの教材創り、体育科教育61（5）：28-32
* 4　村中田博（2014）打つ動作につなげる段ボールラケット、体育科教育62（2）：42-43
* 5　八重樫元亨・清水将（2015）複式学級における「てのひらけっと」を用いたネット型の実践、体育科教育63（2）：18-21

第2章-10【ネット型】

連携プレイの実現可能性を高める(4年生)
「キャッチセット・アタックプレルボール」の教材づくり

　先に、「『ネット型』の教材づくりの課題意識とその方向」について記述した箇所で取り上げた「キャッチセット・アタックプレルボール」の教材づくりとその実践例について紹介したい。小学校4年生対象である。

[1] 「キャッチセット・アタックプレルボール」の構成

　「キャッチセット・アタックプレルボール」は、拙著『体育の教材を創る』において紹介した小学校高学年段階以降を想定している単元教材「アタック・プレルボール[*1]」に要求されている連携プレイ（レシーブ―セット―アタック）の中で、「セット」の運動技能の課題性を緩和したゲームと言ってよい。そのため、まずは「アタック・プレルボール」の概略を説明しておく必要があろう。

❶「アタック・プレルボール」の教材づくりの発想

　小学校学習指導要領解説では、中学年のゲームとして「プレルボールを基にした易しいゲーム」、また、高学年で「プレルボール」が例示の1つとして取り上げられている（なお、高学年では「簡易化されたゲーム」に修正されるべきことが強調されている）。
　「プレルボール」(Prell-Ball)は、「低いネットを挟んだコートで、ボールをワンバウンドさせてパスしたりアタックして競い合うゲーム」と言ってよいであろう。そこでは、「レシーブ―セット―アタック」を組み立てて攻撃を成立させるところにその達成的な面白さ・楽しさが存在しており、そのままでも「連携プレイ」タイプ共通の役割行動を学習することができる[*1]。
　ただし、このゲームでは、攻撃を組み立てる際に常にワンバウンドのボール

を連携し、最後の返球も自陣でバウンドさせてから相手コートに返球しなければならないルールになっている。したがって、より攻撃的なアタックを試みようとすれば、バレーボールなどとは異なって、コートのベースライン寄りの位置でセットし、ボールの軌道の低い返球を生み出す必要がある。しかしながら、このようなアタックは多くの子どもにとって非常に難しい技能となる。

そこで、プレルボールにおけるバウンドするボールでの連携のよさを生かしながら修正を加えたものが「アタック・プレルボール」であった。具体的には、バレーボールのようにネット際での「セット―アタック」が生起するように、セッターが床面に打ちつけて跳ね上がったボールを自陣でワンバウンドさせずに直接返球（アタック）できるルールに変更したのである。運動技能的には、セッターは、レシーバーから送られ、バウンドしてきたボールを両手（あるいは片手）で床に直下に叩きつけ、アタッカーはセッターのポジションに合わせて走り込んで準備し、跳ね上がったボールをバレーボールに近似的なアタック動作で返球するのである。

これらの工夫によって、連携プレイの実現可能性を高めるように意図したものである。このような前提のもとで、自陣において異なるメンバーによる3回の触球での返球を要求し（ゲームは3対3）、メンバー全員による連携プレイへの役割行動の積極的な学習がねらいとなっている。

❷「キャッチセット・アタックプレルボール」のルール

「キャッチセット・アタックプレルボール」のルールは表2-64のようである。「アタック・プレルボール」からの修正のポイントは、セット行動を「キャッチからのセット」（バウンドしてきたボールを両手で受け、そこからボールを床に打ちつけてセットする）にしたところにある。ここでは特に、ボールを受けてから、次のプレイヤー（アタッカー）がボールを操作しやすいようにセットするところが課題となる。ボールを受けてよいことで、その操作の仕方を容易にするとともに、第1触球（レシーブ）が乱れてしまった場合に、キャッチセットすることで連携を立て直すことにも貢献するであろうと予想した。

なお、通常、ネット型のゲームは一定の得点に早く到達したチームが勝ちとなるが、以下で説明する今回の授業では、時間制を取り、1ゲームは6分間として、時間内での得点の多いチームを勝ちとしている。

表2-64 「キャッチセット・アタックプレルボール」のルールの大要

- ■チーム
  - ゲームは3対3（男女混合）
- ■コート
  - バドミントンコートよりもやや幅の狭いコート
- ■ネット
  - 50cmの高さ
- ■ボール
  - ケンコー・ミニトリムボール
- ■基本的なルール
- ・サーブはエンドラインからの投げ入れとする（両手で下から）。
- ・ワンバウンドしたボールを打つ。
- ・攻撃は必ず3回の触球で相手コートに返さなければならない。その際、1人が複数回ボールに触れてはいけない。
- ・2回目の触球では、ワンバウンドしたボールをキャッチし、ワンバウンドでのセットをする。
- ・3回目の触球では、ワンバウンドしたボールを直接打ち返す。
- ・3回の触球で相手コートに返球できなかった場合や、返球がアウトになった場合に得点となる。

---

[2] 単元計画および教師の指導の概要

　4年生35人（男子20人、女子15人）のクラスにおける全12時間扱いの単元である。

　この単元は表2-65のように展開した。なお、対象となった子どもたちは近似するゲームの先行学習経験がほとんどなかったため、「フロアーボール」[*2]を導入段階に取り上げ（第4時まで：ステップ①）、第5時以降から「キャッチセット・アタックプレルボール」の授業へと移行していった。

　ステップ②以降の各時間では、「学習の準備 → チームでのウォーミング・アップ → ボール操作のドリル → 全体での学習課題の把握 → チームでのめあての確認 → ゲーム → チームでの振り返り → 全体での学習のまとめ」といった学習過程の流れをとった。

　第5～9時までのステップ②～ステップ③では、毎時、単元教材（メインゲーム＝「キャッチセット・アタックプレルボール」）の中で求められるボール操作の技能に関わるドリル練習を位置づけた。とりわけ、バウンドしてくるボールに対応したレシーブ・ドリル、セットされて跳ね上がったボールのアタック・ドリルをチームで繰り返した。

　チームは4～5人による8チーム編成で、ゲームは体育館を「田の字型」に

表2-65　単元展開の概要

1時	2時	3時	4時	5時	6時	7時	8時	9時	10時	11時	12時
オリエンテーション 試しのゲーム	学 習 の 準 備											
^	ドリルゲーム1			ドリルゲーム2								
^	【ステップ①】 フロアーボールを行い、3段攻撃における役割を学習し、ゲームに生かそう。			【ステップ②】 キャッチセット・アタックプレルボールに慣れ、役割を確認し、ゲームに生かそう。			【ステップ③】 相手がボールコントロールできないアタックを打ち込もう。			リーグ戦			
^	振 り 返 り ・ 片 付 け										

区切った4コートで行った。なお、毎時のゲームは基本的に先に指摘したような時間制で、各コート3ゲームを行っている（8チームであるから、すべてのチームがゲーム場面となっていることになる）。

ステップ①の「フロアーボール」で、連携プレイのイメージに誘い込み、ステップ②では、ゲームの中でのボール操作の仕方が変わることから、その早い段階では（第5時）、「よいレシーブ、よいセット、よいアタック」とは何かについての「発問—応答」を大切にして、「キャッチセット・アタックプレルボール」のゲームイメージを理解させるようにした。それに基づいて、それぞれのボール操作のコツに目を向けさせ（第6時）、それぞれのボール操作への準備行動（ボールを持たないときの動き）の大切さを考えさせた（第7時）。また、ステップ②の段階から、連携が崩れた際の対応（状況に応じた役割の転換）について気づかせる指導を挿入したが、このことは特に、ステップ③での主要な強調点とした。さらにこのステップ③でも、「ボールを持たないときの動き」についての共通理解を重視した。例えば、攻撃した後のポジションのリカバリーや、アタックへの準備行動などである。また、フェイントへの対応についても気づきを促していった。

[3] ゲーム・パフォーマンスに関する学習成果の分析

　以下のように、実際に単元の授業展開の中でプレイされたゲームを分析することによって、子どもたちのパフォーマンスの変化から学習成果を検討するとともに、形成的授業評価によって授業の全体的傾向を確認したい。

「キャッチセット・アタックプレルボール」に移行した第5時以降、4コートのうちの1コートを抽出し、毎時プレイされた全ゲームを体育館のギャラリーからVTR撮影し、事例的な検討対象とした（なお、第8時は観察者の対応からVTR撮影できず、この時間のデータは得られていない）。

ここでは、「意図的なセットを経由した攻撃」を生み出す役割行動の学習を授業のポイントにしていることから、特に以下の分析・検討を学習成果の確認のための視点として取り上げることにする。

❶アタック率・アタック成功率からみた「連携プレイ」の実現度

まずは、授業の中でプレイされたゲームの中で、「レシーブ―セット―アタック」の連携プレイがラリー中をも含めてどの程度実現されたのかについてである。表2-66に示したデータ化の方法によって、「アタック率」「アタック成功率」を算出している。表2-67はこれらについての結果であり、図2-19はその推移をグラフ化したものである。

第5時は、このゲームに移行した時間であり、ゲームのオリエンテーション

表2-66　アタック率・アタック成功率の算出方法

○総攻撃回数：ゲームの中で、ネット越しにボールが自陣に入り、連携を組み立てることが求められる場面の全回数。
○アタック数：レシーブ、キャッチセットを経由し、アタック（フェイントを含む）まで持ち込んだ回数。
○アタック成功数：アタック数のうち、確実に相手コートに返球された回数。

■アタック率＝アタック数÷総攻撃回数×100
■アタック成功率＝アタック成功数÷総攻撃回数×100

表2-67　各時間のアタック率・アタック成功率

	総攻撃回数	アタック数	アタック成功数	アタック率	アタック成功率
第5時	36	14	11	38.9%	30.6%
第6時	97	58	47	59.8%	48.5%
第7時	86	58	37	67.4%	43.0%
第8時	－	－	－	－	－
第9時	134	101	89	75.4%	66.4%
第10時	131	100	81	76.3%	61.8%
第11時	126	87	75	69.0%	59.5%
第12時	137	100	88	73.0%	64.2%

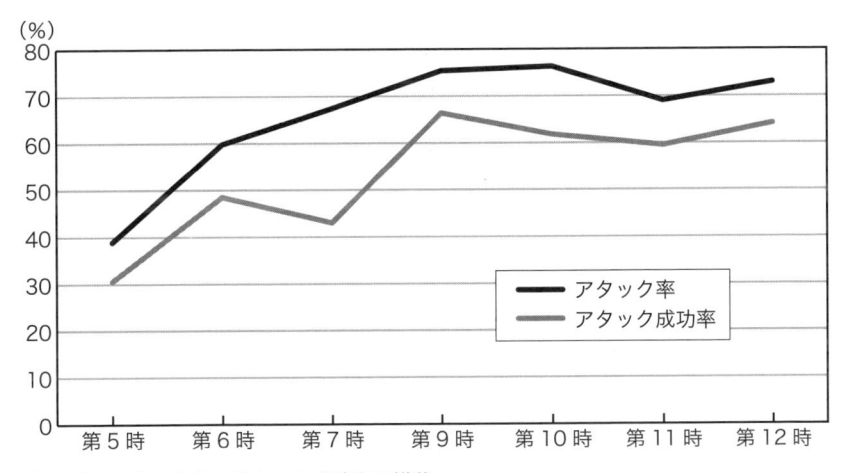

図2-19 アタック率・アタック成功率の推移

(ルールを含めたゲームの理解)に時間をかけたため、ゲーム数が異なり、データ量が次時以降に比較して少なくなっている。

　図表から明らかなように、このゲームに取り組み始めた第5時には40%未満であったアタック率が授業時間の展開にしたがって漸次向上し、単元後半では70%台に至っている。アタックが相手コートに確実に返球された「アタック成功率」でも30%から60%台へと高まっている。この数値からとりわけステップ③以降のゲームでは、「意図的なセットを経由した攻撃」が大いに実現したプレイフルなゲームが展開されていたことが示されていると言ってよいであろう。連携プレイはゲームに参加しているチームの3人のメンバー全員によるものであるから、対象としたゲームではほぼすべての子どもが実質的に参加していたことが理解できる。

　なお、「キャッチセット」を取り入れたことによって、連携プレイの実現度を高めることを意図した一方で、当初、「連携プレイ」タイプのゲーム特有のリズムを切ってしまうような場面が頻発することへの危惧を抱いてもいたが、少なくとも子どもたちがこのゲームのイメージを摑んだ単元後半では、非常にスムーズなプレイの展開が観察されたことを付記しておきたい。

❷役割行動の転換に関わる学習成果

　「連携プレイ」の役割行動にゲーム状況の判断に基づいて参加していくことを強調した場合、役割行動の転換に関わる学習成果の視点は極めて重要であろ

う。それは、連携プレイへ向けた「役割行動」とは、「固定された分担」ではないからである。

　因みにこのゲームでは、各チームのメンバーがローテーションをしていく過程で、原則的に場面ごとのセッター役になるメンバーを想定してプレイしており、そのプレイヤーはネット寄りのポジション取りをしている。したがって、多くの場合残りの2人のプレイヤーがレシーバーになり、各場面で実際にレシーブしなかったもう1人のプレイヤーがアタッカー役になる。3回の触球はそれぞれ異なるプレイヤーによるものとするルールであるから、想定通りにいけばこのようになる。

　ただし、レシーブされたボールがセッター役にうまく返らない場面が起きれば、アタッカー役になると予測されたメンバーの即座の判断の切り換えによって、セッター役、あるいは繋ぎ役やカバーリング役に回らなければならなくなる。いわば、「想定していた陣形」が崩れてしまう場面への対応である。この場合、もともとセッター役であったメンバーがアタッカーに転じなければならないことも生じる。また、セッターが第1触球者にならざるを得なくなるような場面（ネット際に返球されたような状況）でも状況に応じた役割の転換が求

表2-68　陣形が崩れた場面でのアタック率の算出方法

○陣形が崩れた場面数：ゲームの中で、陣形が崩れた場面の全回数（セッター役が第1触球者になった場面、およびセッターがアタッカー役になった場面の総回数）。
○アタック数：陣形が崩れた場面において、キャッチセットを経由してアタック（フェイントを含む）まで持ち込めた回数。
■アタック率＝アタック数÷陣形が崩れた場面数×100

表2-69　想定した陣形が崩れた場面でのアタック率

	場面数	アタック数	アタック率
第7時	12	2	16.7%
第9時	27	20	74.1%
第11時	16	11	68.8%
第12時	23	20	87.0%

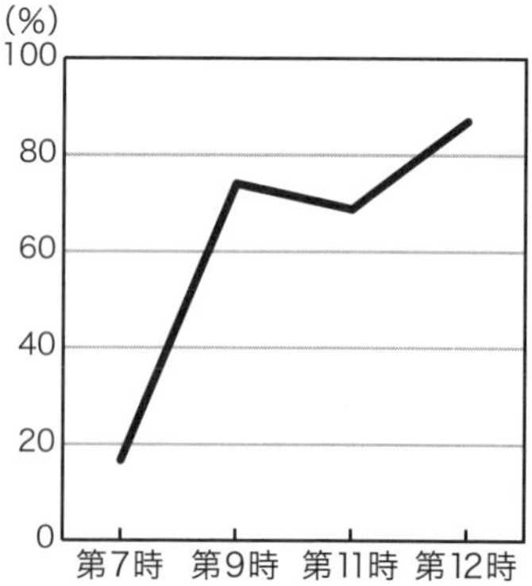

図2-20　想定した陣形が崩れた場面でのアタック率

められると言ってよい。

そこで、表2-68に示したデータの算出方法により、「陣形の崩れた場面」において、どの程度役割を転換し、セットからの攻撃に立て直すことができたのかを、ステップ②の最終時間以降（第7・9・11・12時）について分析した。表2-69は、その結果であり、図2-20は、その推移をグラフ化したものである。

第7時以降を取り出してみたのは、前述したように、役割行動の転換に強調点を置いた指導はステップ③においてであったためである。単元終盤には、60〜80%のアタック率の数値が得られたことから、ゲーム状況の変化に応じながら、役割の転換に関わった判断とその行動がよりよく学習されたと解釈してもよいであろう。

[4] 形成的授業評価からみた授業成果

この単元において、「キャッチセット・アタックプレルボール」への取り組みに移行した第5時以降、形成的授業評価を実施した。表2-70は、その結果である。図2-21は、クラス全体の各次元、および総合評価の推移を示したグラフである。

図表からわかるように、とりわけ単元後半の第8時以降、クラス全体の総合評価において極めて高いスコアが得られている。また、次元別での推移では、通常、スコアの得られにくい「成果」次元（2.70以上で評定「5」）でも良好な結果が得られており、この授業に子どもたちが積極的に参加し、ゲームでの達成感が得られたことが大いに推察される。

ネット型の教材づくりの課題意識や方向について記述したように、この型のゲームは、総じて他の型のゲームと比較した場合、相対的にそこで求められる戦術の複雑さは低いと言ってよいであろう。したがって、連携プレイの役割行動の基本的な部分を小学校の中学年段階からその学習対象として位置づけることは大いに可能である。しかしながら、そこでのボール操作の条件を子どもたちの発達段階や技能レベルに対応させて柔軟に扱わなければ、連携プレイの本質的な面白さ・楽しさの世界に誘い込むことは非常に難しいものとなるのは明らかである。ただし、子どもたちが単元の中での練習やゲームにおいて向上しうる運動技能的な課題性を持たせることは重要であろう。また、相手にボールをコントロールさせないようにする攻撃を生み出すための、自陣での意味ある組み立ての学習に向けたボール操作条件の設定でなければならないことも、大

表2-70 単元における形成的授業評価のスコア

		第5時	第6時	第7時	第8時	第9時	第10時	第11時	第12時
成果	男子	2.63	2.57	2.67	2.80	2.89	2.90	2.81	2.91
	女子	2.71	2.56	2.84	2.96	2.89	2.74	2.87	2.97
	全体	2.67 (4)	2.57 (4)	2.75 (5)	2.88 (5)	2.89 (5)	2.83 (5)	2.84 (5)	2.94 (5)
意欲・関心	男子	2.89	2.92	2.94	3.00	3.00	2.94	3.00	3.00
	女子	2.93	2.90	2.93	2.97	3.00	2.88	2.88	2.85
	全体	2.91 (4)	2.91 (4)	2.94 (4)	2.98 (4)	3.00 (5)	2.92 (4)	2.95 (4)	2.94 (4)
学び方	男子	2.81	2.86	2.91	2.94	3.00	2.97	3.00	2.97
	女子	2.83	2.83	2.90	2.90	2.97	2.92	2.92	2.92
	全体	2.82 (5)	2.85 (5)	2.91 (5)	2.92 (5)	2.98 (5)	2.95 (5)	2.97 (5)	2.95 (5)
協力	男子	2.69	2.75	2.71	2.88	2.92	2.91	3.00	2.94
	女子	2.70	2.87	2.73	2.80	2.90	2.88	2.73	2.81
	全体	2.70 (4)	2.80 (4)	2.72 (4)	2.84 (4)	2.91 (5)	2.90 (5)	2.88 (5)	2.89 (5)
総合評価	男子	2.74	2.75	2.79	2.90	2.94	2.93	2.94	2.95
	女子	2.79	2.76	2.85	2.91	2.93	2.85	2.85	2.90
	全体	2.76 (4)	2.76 (4)	2.82 (5)	2.90 (5)	2.94 (5)	2.89 (5)	2.90 (5)	2.93 (5)

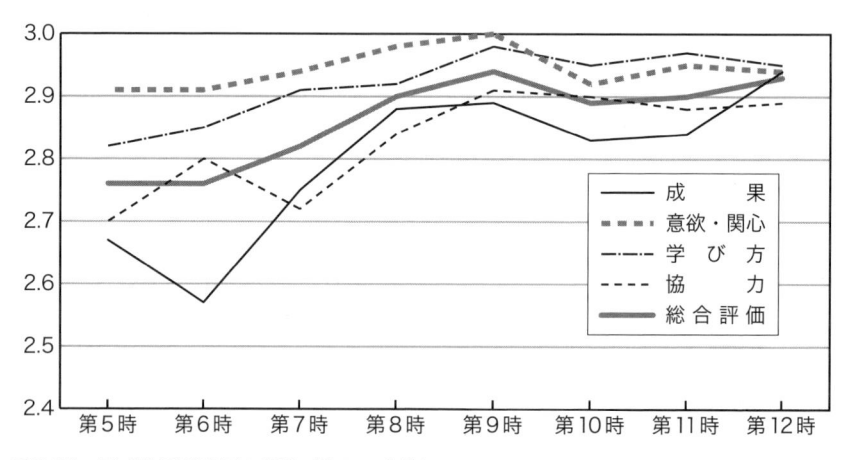

図2-21 形成的授業評価の推移（クラス全体）

切なポイントであると考えられる。

(研究協力者:竹内隆司・両角竜平・斎藤和久)

[注]
‡1 「プレルボール」については、1980年代末に高橋健夫が詳細に紹介している。
　　高橋健夫(1989)新しい体育の授業研究、大修館書店、pp. 108-119
‡2 「フロアーボール」については小学校中学年を対象に想定したネット型ゲームの教材づくりの例として、拙著において記述しているので参照されたい。
　　岩田靖(2012)体育の教材を創る、大修館書店、pp. 160-169

[文献]
＊1　岩田靖(2012)体育の教材を創る、大修館書店、pp. 170-178

第2章-11【ベースボール型】

ベースボール型ゲームの導入段階を考える（2年生）
「あつまりっこベースボール」の教材づくり

　現行の学習指導要領において、小学校低・中学年におけるこれまでの「基本の運動」「ゲーム」という領域構成が改められた。これによって、従来の「ゲーム」は高学年の「ボール運動」領域に発展していくものとして明確に位置づけ直されることになった。このような中で、特に低学年におけるゲーム領域の内容をその後の学習にどのように橋渡ししていくのかということが新たな実践研究の課題となっている。ここでは、低学年段階のゲーム領域を構成する「ボールゲーム」と「鬼遊び」のうち、中学年以降の「ベースボール型」ゲームに発展していく可能性を有する教材づくりについて考えてみたい。小学校2年生対象の授業である。

[1]「ベースボール型」ゲームへの発展を意図したボールゲームの学習内容の検討

❶学習指導要領における「ボールゲーム」についての解釈

　第1章で詳述したことではあるが、表2-71は、小学校および中学校学習指導要領におけるゲーム・ボール運動・球技領域の内容構成の枠組みである。
　これにみるように、小学校中学年以降は「ゴール型」「ネット型」「ベースボール型」の3類型で内容で構成され、その前段階に当たる低学年（第1学年および第2学年）の「ゲーム」領域の内容は以下のように示されている。

(1) 次の運動を楽しく行い、その動きができるようにする。
　ア　ボールゲームでは、簡単なボール操作やボールを持たないときの動

表2-71　学習指導要領に示されたゲーム・ボール運動・球技の内容構成

	学年段階	領域	内容構成			
小学校	低学年	ゲーム	ボールゲーム		鬼遊び	
	中学年		ゴール型ゲーム	ネット型ゲーム	ベースボール型ゲーム	
	高学年	ボール運動	ゴール型	ネット型	ベースボール型	
中学校	1～2年	球技				
	3年					

　　　きによって、的に当てるゲームや攻めと守りのあるゲームをすること。
　　イ　鬼遊びでは、一定の区域で、逃げる、追いかける、陣地を取り合うなどをすること。
(2) 運動に進んで取り組み、きまりを守り仲よく運動をしたり、勝敗を受け入れたり、場の安全に気を付けたりすることができるようにする。
(3) 簡単な規則を工夫したり、攻め方を決めたりすることができるようにする。

(1)は「技能」、(2)は「態度」、そして(3)は「思考・判断」の内容である。この低学年段階では「ボールゲーム」と「鬼遊び」が取り上げられているが、ここで対象としているのはこのうちの「ボールゲーム」についてである。
　小学校学習指導要領解説体育編では、「ボールゲーム」について以下のような記述がなされている。

　　ボールゲームとは、簡単なボール操作の「ボール遊び」と簡単な規則で行われる「ボール投げゲーム」、「ボール蹴りゲーム」をいう。「ボール投げゲーム」、「ボール蹴りゲーム」では、次のようなゲームをする。
　(ｱ)　物やマークなどの的に向かってボールを投げたり蹴ったりする的当てのボール遊びで、個人対個人、集団対集団で競争するゲームをする。
　(ｲ)　攻めと守りを交代しながらボールを投げたり蹴ったりするゲーム（攻守交代のベースボール型ゲームに発展）、及び攻めと守りが入り交じりながらゴールにボールを投げ入れたり蹴り入れたりするゲーム（ゴール型ゲームに発展）をする。

なお、「ボール投げゲーム」「ボール蹴りゲーム」の例示として次のような事項が掲げられている。

> [ボール投げゲームの例示]
>   ○ボールを転がしたり、投げたりする的当てゲーム
>   ○的当てゲームの発展したシュートゲーム
>   ○ボールを転がしたり、投げたりするドッジボール
> [ボール蹴りゲームの例示]
>   ○ボールを蹴って行う的当てゲーム
>   ○的当てゲームの発展したシュートゲーム
>   ○ボールを蹴って行うベースボール
>   ・ねらったところに緩やかにボールを投げたり、転がしたり、蹴ったりすること。
>   ・ボールを捕ったり止めたりすること。
>   ・ボールが飛んだり、転がったりしてくるコースに入ること。
>   ・ボールを操作できる位置に動くこと。

　このうち下段に示された4点が、強調されるべき学習内容としての「ボール操作」(前者2点)と「ボールを持たないときの動き」(後者2点)の技能である。これらが「ボール投げゲーム」や「ボール蹴りゲーム」としての形式の中で学習される必要がある。ただし、ここに掲げられている例示の中で、「攻守交代のベースボール型ゲームに発展」していくものは「ボールを蹴って行うベースボール」であるが、実のところ、「型」と「ボール操作」(投げる・蹴る)を対応させる必要はない。これはまさに「例示」なのであって、ボールを投げることによるベースボールを構想してもよいのである。この点についての学習指導要領の柔軟な解釈は大切なポイントであろう。

❷「並びっこベースボール」の発想に学ぶ

　ここでは、ベースボール型ゲームに発展していく低学年段階のボールゲームの教材開発が課題であるが、筆者はベースボール型ゲームの戦術的な骨格を「走者が速いか、守備側の共同作業が速いかを特定の塁上で競い合っていること」として捉えている。*1 このことを前提とした「ゲーム状況の判断と技能」が抽出されるべき学習内容の柱とされるべきであろう。先にみたように、学習指導要領では「技能」としての「ボール操作」と「ボールを持たないときの動き」が取り上げられているが、これまでも強調してきたようにそれらの前提になる「ゲーム状況の判断」をここでは加えて大切にしたい。

　さて、「並びっこベースボール」という特に小学校の低学年を対象にした教

材はよく知られている[*2]。このゲームでは、攻撃はボールを打ったら（あるいは蹴ったら）標旗まで走って帰り、守備はボールを捕球し、一定の場所に整列することでアウトにするという単純明快なルールが採用されている。そのため、ボール操作（送球）の習熟に関係なく楽しむことができる。このゲームに子どもたちが夢中になることは筆者も熟知しており、その意味では捕球してアウトにする面白さを提供してくれるベースボール・タイプ（攻守交代系）のゲームの原型のような位置にある教材として大いに評価できると言ってもよいであろう。しかしながら、このゲームの守備行動には、実はベースボール型ゲームの中軸とも言える「どこでアウトにするのか」に関するゲーム状況の「判断」的要素が欠落している。そこで、このゲームのよさを前提としながら、中学年段階での発展を構想したのが「並びっこベースボール」の修正版であった[*3,4]。ランナーをどこでアウトにするのかについての判断を学習内容の中心に位置づけ、守備側はランナーを先回りした塁に集まってアウトにする形式を採用したゲームである。

　ここでは、低学年段階でも有効に機能するような「判断」の対象を学習課題として設定したい。そこで、特に守備側の判断に基づいた「協同的プレイ」を強調するために、次のような教材づくり──「あつまりっこベースボール」を構想した。

[2] 低学年「ボールゲーム」の教材づくり
──「あつまりっこベースボール」

　以下に、守備側の「協同的プレイ」に向けて、「いかに早くアウトにすることができるのか」についての判断の選択肢を「アウトを取る場所」として設定した「あつまりっこベースボール」について説明したい。

＊

【あつまりっこベースボール】
　このゲームでは、攻撃側から投げられたボールを守備側が捕球し、全員が3つのアウトゾーンのうちの1つを選択して集まることと、攻撃側のボールを投げた走者が進塁してより多く得点することを競い合う。守備側は、捕球したボールの位置に応じてアウトにするゾーンを判断し、より速く集まることが課題となる。また、攻撃側は、守備側が捕球しにくく、また集まりにくい場所を考えてボールを投げ、アウトになるまでより速く、より多く進塁することが課題となる。

＊

表2-72 「あつまりっこベースボール」のルールの大要

■ゲームの人数
　5対5（人）
■コート
　塁間8〜12m（学習の進展に応じて調整）のダイヤモンド（図2-22参照）
■用　具
　ボール（スポンジボール、投げるのに適切な大きさのもの）、アウトゾーン用のカラー・カゴ（3色：赤・青・緑）、ベース4枚、得点板
■ルール
〈攻撃〉
・フェアゾーン（90度）にボールを投げ入れる。ゾーンに入らなければファウルとなり、やり直し。投げ入れたら走者となる。
・各塁上には攻撃側のプレイヤー（○塁マン）が立ち、走者はベースを踏む代わりに、塁上に立った人にタッチしていく。立つ人はローテーションで交代。
・走者がアウトになるまでに達した塁が得点（1塁1点、2塁2点、3塁3点、ホーム4点。ホームでもアウトにならなければ、さらに1塁で5点……というように加点する）。
・チームの全員が攻撃したら攻守交代。メンバーの総得点がチームのスコアとなる。
〈守備〉
・内野3人（塁間よりも前）・外野2人（塁間よりも後ろ）。
・内野のプレイヤーは、外野に抜けたボールを処理することはできない。
・攻撃側によって投げ出されたボールを捕球し、3箇所におかれたアウトゾーンのいずれかに全員が集まることによってアウトを取ることができる。その際、全員が輪になって手をつなぎ、「アウト〜！」と言ってしゃがまなくてはならない。
・フライを直接捕球した場合も、同様にアウトを取らなければならない。
・ボールが外野に抜けた場合には、捕球した外野プレイヤーはアウトゾーンに集まらなくてもよい（次の表2-73のルール②の段階）。

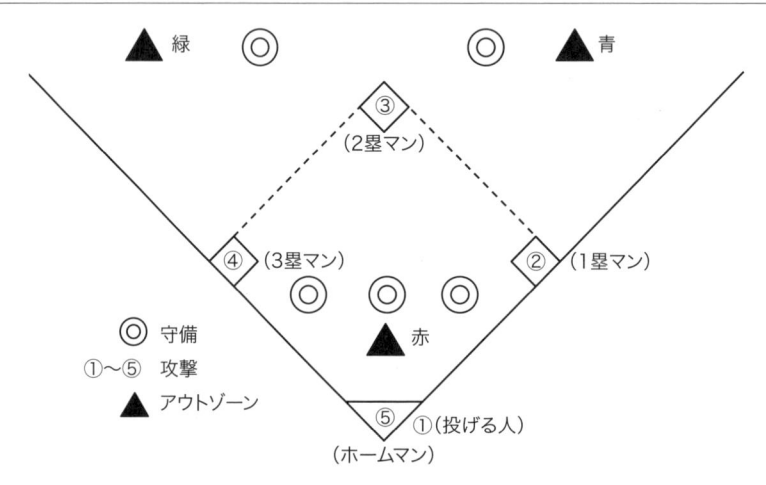

図2-22 「あつまりっこベースボール」のコート

表2-72に、ここで構想した単元教材「あつまりっこベースボール」のルールの大要を示しておく。図2-22は、このゲームのコートである。

　このゲームでは、攻撃側のボール操作をフェアゾーンへのボールの投げ入れとした。通常、ベースボール・タイプのゲームではバッティング（打撃）の形式をとるが、「投能力」の低下が指摘されている今日、「投」に関する身体経験の蓄積の意味からこの方式を積極的に採用した（低学年では、バットなどの道具の操作の難しさの問題もある）。

　守備側では、「いかに速くアウトを取れるか」を課題としたが、先の中学年における「修正版・並びっこベースボール」のように、打撃されたボールの方向や距離、またランナーの走塁状況から先回りする塁を判断するのは課題性がやや高いと考えられたため、投げ入れられたボールの状況によって、より速く守備側プレイヤーが集まりうるアウトゾーンの選択という方式による「協同的プレイ」を設定した。

　なお、「修正版・並びっこベースボール」とともに、守備側プレイヤーが一定の場所に集まる形式をとっているのは、ゲームに参加するすべての子どもに「ゲーム状況の判断」に加わる機会を保障するとともに、集団的達成の面白さや喜びの世界に誘い込みたいからである。

[3] 単元構成の概要と学習展開

❶単元構成の概要について

　単元はおよそ次のように構成した。7時間扱いである。ここでは、実際に展開された時間構成について記述しておく（表2-73）。

　授業では6チーム編成、グラウンドに3コートを設定して、すべての子ども

表2-73　単元構成の概要

第1時	第2時	第3時	第4時	第5時	第6時	第7時
オリエンテーション	【ステップ①】ゲームを理解し、速くアウトにするにはどうしたらよいかを考えながらゲームをしよう。				【ステップ②】対戦相手に合わせた攻撃や守備を考えてゲームをしよう。	
ゲームを知る	【ルール①】内外野ともに守備側のプレイヤーは全員アウトゾーンに集まる。		【ルール②】攻撃側によって投げられたボールが外野に抜けた場合、捕球したプレイヤーはアウトゾーンに集まらなくてもよい。			

が同時にゲームに参加できるようにしている。ゲームは各コート2イニングで、合計得点を競い合うようにして進めた。

なお、単元展開の中で、特に守備側の課題である「速くアウトにするにはどうしたらよいか」に関わって、およそ次のような問題が設定されていくであろうと予想し、その解決が学習指導過程のポイントになるものと考えた。

①走者との競争：塁を進ませないためにはどうする？
②集まるアウトゾーンをどこにするのか迷ったときにはどうする？
③投げられたボールが前や後ろにきたらどうする？
④ボールを捕ったら投げたらいいか、走ったらいいか？
⑤アウトを取るためにいつ動き出したらいいか？

また、単元の前半では毎時、単元教材の下位に位置づく以下のような「練習ゲーム」を取り入れている。

*

○攻撃側はボールの投げ入れを練習し、守備側はできるだけ速くボールを捕球して、どのアウトゾーンがいいのか判断して動く練習ゲーム。
・攻撃側と守備側に分かれて90秒間ずつ行う。
・攻撃側は順番にリレー形式で、守備側が捕球しにくいボールをたくさん投げる。
・守備側は捕球したボールをアウトゾーンに置かれたカラー・カゴの中に入れる。
・90秒後にカゴに入れられていないボールの数を競う。

❷学習展開の実際

ここでは、展開された単元プロセスにおける各時間の教師の見取りと子どもたちから発せられた反省、それらに基づいて生まれてきたゲームの課題についてその概略を表2-74に示しておきたいと思う。

この授業では、小学校中学年以降の「ベースボール型」ゲームに発展していく「ボールゲーム」のあり方の一端を探究した。筆者は、「ベースボール型」ゲームの特性の中心を、「走者が速いか、守備側の協同的プレイが速いかを特定の塁上で競い合っていること」として捉える中で、低学年では、ランナーの走塁に関する状況に対応した守備の行動を学習する前段階として、「いかに速くアウトを取るか」に焦点を当てた判断に基づく選択的行動をクローズアップする教材づくりが可能であり、また子どもたちの能力に相応しいであろうと考えた（打者ランナーの走塁の状況を「判断の契機」としない段階）。

「あつまりっこベースボール」は、攻撃側からフェアゾーンに投げ出されたボールの状況に応じて、アウトを取る場所の選択とそれによる行動を強調しよ

表2-74 単元展開における教師の見取りと子どもたちの反省・課題意識

第1時	教師の見取り	【ゲームを知る】 ゲームのルールの説明後、試しのゲームを行った。守備側に「アウト！」と言われるまで走り続けるという攻撃側のルールや行動の理解は概ねできていた。ただし、守備側のプレイでは、できるだけ速くアウトにするという意識よりも、どこに集まるかで戸惑っていた。
	反省・課題	「走って集まれた」という声があったが、どこに集まるのかに関わって、「速く集まるために声を出そう」「どこに集まるのかアウトゾーンのカゴの色を言おう」といった課題が最初から現れた。
第2時	教師の見取り	【速くアウトにするにはどうしたらいいのか】 子どもたちは声を出し合わないとバラバラに動いてしまって速くアウトにできないことに気づいた。また、「速く、速く！」「走って、走って！」という声が出始め、「まかせた」「俺がいく」「おねがい」といった捕球とアウトゾーンへの駆け込みの役割行動がとれるチームがでてきた。
	反省・課題	「カゴの色を言うことができた」「ボールをしっかり止めることができた」との反省が聞かれた。2人でボールを捕りに行ったり、無駄な動きがあるので、「守備での声掛けを大切にすること」、また、「アウトゾーンで手をつなぐのを早くしよう」という課題が出てきた。
第3時	教師の見取り	【ボールを捕り行く人に声をかけよう】 子どもたちは、役割行動に目を向けて、誰がボールを捕りに行くのか、誰が集まるのかについて考えていた。また、チームのメンバーの力を考えて、内野3人、外野2人の守備のポジションを工夫し始めるようになった。
	反省・課題	「今まで○○君が一人で声をかけていたけれど、みんなで声を出せるようになった」「友だちの声を聞いてからカゴの色を言っていたけれど、今日は自分で早く言えるようになった」というように、子どもたちそれぞれが守備の判断に参加できるようになってきたことが発せられた。その中で、「遠くまでボールを捕りに行ったときに、待っている時間がもったいない」といった問題へも気づきがもたらされ、新たな課題意識となった。
第4時	教師の見取り	【走ったらいいか、投げた方がいいのか】 ボールが外野に抜けたときは、捕球した人は集まらなくてよいというルール変更を行った。それによって、ボールが遠くに抜けたとき、ボールを投げたり、ころがしたりするチームと、これまで通り走って持ってくるチームがあった。前者ではより早くアウトにできるようになったとともに、送球・捕球ミスによってさらに相手に得点を与えてしまう場面も出てきた。
	反省・課題	ルール変更による課題が明らかになったが、攻撃側から投げ出されるボールに対応するために、「できるだけ速くボールのところに行くために、投げだされるボールをよく見る」ことが大切だとする意見が寄せられた。そこで、守備側は「いつ動き出せばよいのか」ということも速くアウトを取るためのポイントとして共有された。

第5時	教師の見取り	【いつ動き出したらよいのか】 できるだけ速くアウトにするために、子どもたちは投げ出されるボールに注目するようになった。守備の際、棒立ちのような姿勢だった子どもたちが膝を曲げた構えをとるようになっていった。投げるのが上手な相手のとき、どのように守りのポジションをとったらいいのか、教師からもアドバイスを出していった。	
	反省・課題	「バウンドしないでボールを捕るように動けた」「投げた瞬間に動けるように、ボールをよく見るようにした」「〇〇君のときは、もっと後ろで守らなければやられてしまう。絶対に体の前でボールを止められるような位置に動く」といったように、ボールの状況や相手を想定した守りの仕方が課題として強く意識されていた。	
第6時	教師の見取り	【相手に合わせて守備を変える】 攻撃側の相手に応じて守備の位置取りをしっかり考えるようになった。特に、遠くまで投げることができる相手のときには、できるだけ後ろに守って、体の前でボールを止めることや、早く動き出すことをポイントにして活動していた。	
	反省・課題	「投げようとするときに、右か左かどちらにボールがいきそうなのかわかってきた」といった子どもの感想にも表れているように、守りの場面でのボールに対する集中や判断のよさなどの観点が大いに意識化されるようになった。	
第7時	教師の見取り	【声・ポジション・構え】 最後の試合。ゲームの中での迷いがなく、スムーズな動きがとれるようになっていた。	
	最後の感想	〈単元末の子どもたちの感想から〉 「あつまりっこベースボールでうまくなったのは、声を出すところです。はじめはあまり声がでなかったので動けませんでした。声を出そうと思ってボールをよく見たら、声を出せるようになりました。声が出せるようになったら速く動いてみんなでアウトを取ることができてうれしかったです」 「はじめはボールに向かっていくことはなかったけど、今はボールに向かっていくことができるようになりました。カゴの色も言えなかったけど今はちょっと小さな声だけれど自分で色を言えるようになりました」 「守備の位置を考えずにいたけど、それを考えるようになったら、今までたくさん点をとられていた〇〇くんを2点におさえることができてうれしかったです」	

写真2-22　ホーム後方からのボールの投げ入れ　　写真2-23　走塁と守備行動

うと意図した教材である。単元展開において、「いかに速くアウトを取るか」(相手の得点をいかに最小限にとどめるか) という課題に向けて、およそ解決されるべき具体的問題として立ち現れてくると予想された事柄が、実際、子どもたちの課題意識として現実化したと言える。

　この授業実践を通して、これらが子どもたちにとって解決可能なものであり、また、実現可能なプレイの対象となりうるものであることが示唆された[‡2]。

（研究協力者：井浦徹・竹内隆司）

[注]
‡1　この点については次の文献において詳述しているので、併読していただきたい。
　　宮内孝・河野典子・岩田靖（2002）小学校中学年のベースボール型ゲームの実践―ゲームの面白さへの参加を保障する教材づくりの論理を中心に、体育授業研究5：84-91
‡2　この授業での教材づくりは2009年に行ったものであるが、その後、このゲーム教材に関わった次の文献があるのでご参照願いたい。
　　鈴木文香（2014）「学校体育実技指導資料第8集『ゲーム及びボール運動』」を使ってみて、体育科教育62（3）：28-29
　　斎藤和久・井浦徹（2014）小学校低学年に位置づける「あつまりっこベースボール」、体育科教育62（5）：20-23

[文献]
＊1　竹内隆司・岩田靖（2006）小学校体育における守備・走塁型ゲームの教材づくりとその検討―特に、守備側の戦術的課題を誇張する視点から、信州大学教育学部附属教育実践総合センター紀要・教育実践研究7：81-90
＊2　山本貞美（1986）「並びっこベースボール」の実践、体育の科学36（12）：984-988
＊3　宮内孝・河野典子・岩田靖（2001）小学校中学年のベースボール型ゲームの実践―ゲームの面白さと子どもの関わり合いを求めて、体育科教育49（4）：52-55
＊4　岩田靖（2012）体育の教材を創る、大修館書店、pp. 179-186

第2章-12【ベースボール型】

子どもの学習のしやすさと教師の指導の可能性（5年生）
「ネオ・フィルダー・ベースボール」の教材づくり

「フィルダー・ベースボール」……。第1章において、ベースボール型の教材づくりの課題意識とその方向について記述したところで示したゲームの発展例の中では、特に守備において「打球状況」と「打者ランナー」を〈判断の契機〉としながら、「どこでアウトにするのか」「どのように役割行動をするのか」を〈判断の対象〉として位置づけているゲームである。そこで示した発展図のように、守備側のプレイヤー全員が打者ランナーよりも先回りした塁にみんなで集まってアウトにすることを課題とした「修正版・並びっこベースボール」の延長線上で、それぞれのプレイヤーが走者の進塁を阻止するための分化した役割行動の学習に焦点を当てることを意図したゲームであると言ってよい。

そのゲームの中では、「ボール操作」の側面で守備側プレイヤー同士の「送球・捕球」の技能を追加しつつ、連携してアウトにする場面の「ボールを持たないときの動き」を学習内容として強調している。具体的には、守備側の4人のプレイヤーが攻撃側の打球（ティー・バッティング）の状況に応じ、「打球処理」（捕球・送球）、「ベースカバー」（アウトにする塁に入る）、「中継プレイ」（アウトにする塁への送球を連携する）、「バックアップ」（ボールの送球・捕球ミスを想定してカバーリングに入る）の役割行動を学習することである。

このフィルダー・ベースボールを最初に構想し、ルール化した際には、守備につく4人のプレイヤーのポジショニング（守備位置）についてはとりたてて条件付けをしておらず、子どもたちの工夫に委ねていた。たいていどのチームも、打ちそこないの、あるいは意図的なバント的な打球に対応するために、1人だけホームに近い場所に位置取り、残りの3人がそれぞれレフト・センター・ライト方向の打球を捕球できるように別れて守るという形式をとっていた。

ただし、このようなポジショニングではとりわけ打球状況に応じた役割行動

の判断・選択が子どもたちにとって難しさを感じる場面が少なくないとともに、教師にとっても指導のしにくさを残しているのではないかと思われた。このゲームについては、拙著『体育の教材を創る』の中の一授業実践として取り上げてはいるが[*1]、ここでルール修正を含めたゲームについて、子どもの学習のしやすさと教師の指導の可能性の側面から改めて記述してみたい。

[1] 「ネオ・フィルダー・ベースボール」の基本的なゲーム構成

「フィルダー・ベースボール」では、守備側プレイヤー4人のゲームを設定し、次の2つの異なる場面を区分して「アウト」にする方法を提示している。それは、コートの1-2-3塁を結ぶ「内野ライン」を設け、内野ラインの内側で打球を処理（捕球）した場合には、「修正版・並びっこベースボール」と同様に、守備側プレイヤー全員が打者ランナーを先回りする塁を選択し、集まってアウトにする方法をとり、また内野ラインを越えてボールを処理した場合には、アウトにする塁を選択し、ベースカバーの役割を担うのは2人でよいこととし、残りの2人が捕球・送球、中継プレイ、バックアップの役割を分担できるようにしたことである。

ここでは、前者を「内野プレイ」、後者を「外野プレイ」と呼称している。したがって、特に「外野プレイ」において守備側プレイヤーの役割行動に関する「意図的で選択的な判断」を誇張したところに「フィルダー・ベースボール」の特徴がある。つまり、「アウトを取る塁」と「アウトを取るための役割行動」という2つの判断対象を学習内容としてクローズアップした教材として位置づけたゲームである（攻撃側のランナーが複数になると守備行動における戦術的課題の複雑性が格段と高くなってしまうため、このゲームでも走者はバッターランナーのみに限定している）。

さて、このうち「外野プレイ」の場面で、その打球状況に応じて、4人の守備側プレイヤーのうち、どの2人がベースカバー役を選択すべきなのかについての判断の困難な場面が生じる問題点を抱いていた。このことは同時に、この判断に向けてのゲーム学習に関して教師の指導の仕方も当然難しくなっていることを意味している。

より具体的に説明すれば、守備側プレイヤーは攻撃側の打球の状況に応じて、それぞれ捕球・送球、ベースカバー、中継プレイ、バックアップの役割を選択的に判断して行動をとらなければならないが、特に打球を最初に処理する役割

にならなかったとき、誰がベースカバー役になればよいかという点に複雑さを残していることである。

　そこで、これまでの「フィルダー・ベースボール」では子どもたちに委ねていたポジションについて規制を設け、4人のうち2人が内野ラインの内側で、そして残りの2人がラインの外側で守るように変更した。このようにすることによって、特に「外野プレイ」が生じた場合、外側で守っている2人が捕球・送球、中継プレイ、バックアップの役割行動をとり、内側の2人が主として打者ランナーを先回りした塁へのベースカバー役を担えばよいことにしたのである。したがって、外野プレイ時の役割行動の「判断の対象」をより限定的に設定する方向でルール修正を施したと言ってよい。

　例えば、ラインの外側に守っているプレイヤーが打球状況によって捕球する役割にならなかった場合、もう1人のプレイヤーの捕球場所に応じて、中継プレイかバックアップ役を選択できればよいようにしたのである。当然、内側のプレイヤーはアウトにする塁の選択とそこへの走り込みに集中できるようになる。

　これに加えて、実はもう1つ、ポジショニングの問題に規制を加えた理由がある。それは、先にも述べたように、守備側プレイヤーのうちの3人がレフト・センター・ライト方向を守ってしまうと、これらのプレイヤーの間を抜けていくような打撃がなかなかみられないという問題もあった。もともとこのゲームは守備側の分化した役割行動を学ぶことを意図しているのであるが、外側3人のプレイヤーに打球をほとんど抑えられてしまうと、例えば、「中継プレイ」は起こりようもなく、また、多くが2塁でアウトになる類似の守備パターンが繰り返されることにもなりかねない。

　その意味で、内野ラインよりも外側に位置するプレイヤーが2人になることは、守備側プレイヤーの役割行動の判断に関するバリエーションを増やす可能性が広がり、多様な打球状況に応じた学習機会の提供を促すことに貢献するであろうと考えたのである。

[2]「ネオ・フィルダー・ベースボール」のルール

　表2-75に「ネオ・フィルダー・ベースボール」のルールの大要をまとめている。

表2-75 「ネオ・フィルダー・ベースボール」のルールの大要

■用 具
・ジャンボボール（直径14cm、重さ80g、ゴム製）
・プラスティックバット
・バッティングティー
・ベース
・守備用サークル（直径2m、厚みがほとんどなく、踏んでも安全なもの）
・得点板

■場の設定
・塁間12m（子どもたちの能力段階を前提にしながら、守備側のプレイ状況の判断に基づくゲーム学習が効果的に行えるように配慮した）。
・ベースはランナーのみが使用する。
・各塁（1～3塁）の後ろに置かれたサークルを結んだ白線を内野ラインとする。
・バッティングティーは、本塁の前に置く。

■ルール
・1チーム5人（攻撃側5人、守備側4人）。守備の際には、チームの中の1人が守備に関する記録係となる（係はイニングで交代）。
・守備の位置は、内野ラインよりも前に2人、後ろに2人とする。

〈守備〉
○内野ライン内で打球を捕球したとき
・攻撃側のランナー（打者）よりも先回りした塁の守備用サークルに守備側のプレイヤー全員が集まり、「アウト～！」と言ってしゃがんでアウトにする。
・本塁までにアウトにならなければ、2周目、3周目と続く。
・フライでもゴロでも同じようにアウトにしなければならない（フライを直接捕球してもアウトではない。フライの場合でも守備側の行動を学習する機会を提供する）。
・バッティングティー付近、1.5mの曲線ライン内に入って守備のポジショニングをすることはできない。ただし、打撃後のボールはラインの中に入って捕球してもよい。

○内野ラインを越えて打球を捕球したとき
・捕球した地点から、アウトにする塁のサークルにボールを送球してよい。
・ランナーよりも先回りした塁のサークルに守備側の2人（2人以上）が集まってボールを持って「アウト～！」と言ってしゃがんでアウトにする。

〈攻撃〉
・フェアゾーン（1塁ラインと3塁ラインの間）の角度は90度。打球がフェアゾーに入らなければファウル。三振はなし。
・打撃したらベースランニング。アウトになるまでに進塁できたところが得点となる。例えば、1塁まで進塁して2塁でアウトになれば1点。同じように2塁まで進塁して3塁でアウトになれば2点。3塁で3点、本塁で4点。本塁までにアウトにならなければ2周目以降に続いていく。2周目はネクストバッターがリレーしてランナーになる。
・攻撃側のチームのメンバーは、①バッター、②ネクストバッター、③得点係、④アナウンス（バッターの名前を呼び上げる）・応援、⑤応援・指示係の役割を順次ローテーションしていく。

■その他のルール
・ゲームはセルフジャッジで進行する。同時はアウトとする。ジャッジに迷った場合には両チームのメンバーのジャンケンによって決める。
・攻撃側の5人が全員打撃を行ったら攻守交代とする。1ゲームは2イニングとする。

[3] 単元構成の概略

　対象学年は小学校5年生。男女各15人計30人のクラスである。単元は10時間で構成した。グラウンドに3コート設定し、6チーム編成で、すべてのチームが同時にゲームに参加できるようにしている。表2-76は、単元計画の概要である。
　なお、表2-77は、各時間の学習課題（学習課題の把握の場面における中心的なテーマ）として設定したものの概要である。

[4] ゲーム・パフォーマンスの分析

　ここでは「ネオ・フィルダー・ベースボール」へとルールの変更（守備側のポジショニングの規制）を加えることによって、守備側プレイヤーの役割行動の判断に好ましい成果が得られたのかどうかについて確認してみたい。当然ながら、「外野プレイ」が生じた場合の役割行動の判断やそれに基づく「ボールを持たないときの動き」の学習状況を検討してみる必要がある。
　第1・2時の段階は試しのゲームであったため、第3時から最終の第10時まで、毎時3コートで行われたゲームをすべてホーム後方からVTR撮影し、分析対象とした。なお、第3時から第7時までは毎時各チーム1ゲームずつ行っている。第8～10時は、リーグ戦であるが、第8時のみ各チーム1ゲーム、第9～10時は2ゲームとなっている。

❶内野・外野プレイの出現率の確認
　まず、ゲームの中で、「内野プレイ」「外野プレイ」がどの程度出現していたのかを確認しておきたい。なお、「外野プレイ」はさらに「外野前の打球状況」と「外野を越えた打球状況」に区分けしてみる。外野前の打球状況とは、内野ラインを越えた打球を外野プレイヤーのポジションの前で捕球できる場合、また、外野を越えた打球状況は、打球が外野プレイヤーを直接越えたり、外野プレイヤー間を抜けた場合を意味している。
　表2-78は、第3時以降における「内野プレイ」および「外野プレイ」の出現数とその頻度を示している（各チーム1ゲームの場合は、総打数が60、2ゲームであれば120となる。第3時の総打数は内野プレイ27回、外野プレイ26回で計53回である。60回に達していないのは、授業時間の関係でゲームを途

表2-76 単元計画の概要

第1時	第2時	第3時	第4時	第5時	第6時	第7時	第8時	第9時	第10時
オリエンテーション		〈ゲームを学ぶ〉ゲームを理解し、守備における戦術行動を身につけたり、打つ走るといった攻撃の仕方を工夫したりすることができる。また、守備の記録をとり、そこから守備を修正することができる。					〈リーグ戦〉最後にリーグ戦に挑戦し、チーム課題を解決しながら、連携プレイを洗練することができる。		
試しのゲーム									

表2-77 単元の各時間における学習課題の概略

第1時 第2時	オリエンテーション：ゲームを知ろう①・試しのゲーム。
第3時	ゲームを知ろう②（打球が内野ラインを越えたときの守備の役割分担）
第4時	打球後は常に守備側のみんなが動く！
第5時	より速くアウトを取るにはどうしらよいだろう？（外野：中継、内野：先回りのベースカバー）
第6時	ミスが起きたら？（リカバリープレイ・バックアップ）
第7時	ベースカバーの判断の動き→「声の大切さ」
第8時	2種類の守り方に対応した攻撃（守備側を越える・抜く、前に出す打撃）
第9時	相手チームを意識したチーム課題の修正
第10時	自分たちや相手チームに合わせた攻め方・守り方の工夫

表2-78 「内野プレイ」および「外野プレイ」の出現数とその頻度

			第3時	第4時	第5時	第6時	第7時	第8時	第9時	第10時
内野プレイ		数	27	31	24	22	24	34	52	62
		%	50.9%	51.7%	40.0%	36.7%	40.0%	56.7%	43.3%	51.7%
外野プレイ		数	26	29	36	38	36	26	68	58
		%	49.1%	48.3%	60.0%	63.3%	60.0%	43.3%	56.7%	48.3%
（内訳）	外野（前）	数	15	16	17	25	24	16	44	39
		%	28.3%	26.7%	28.3%	41.7%	40.0%	26.7%	36.7%	32.5%
	外野（後）	数	11	13	19	13	12	10	24	19
		%	20.8%	21.7%	31.7%	21.7%	20.0%	16.7%	20.0%	15.8%

写真2-24
バッターと内野プレイヤー

中で終了させたためである)。

　毎時、およそ40〜60%台の外野プレイが出現していること、また20%前後が外野の守備プレイヤーを越えたり、その間を抜ける打球がみられたことから(平均して、およそ1イニングに1回程度、中継プレイが必要な状況が生まれていたことになる)、かなり多様な打球状況が守備側に提供されていたと判断してよいであろう。

❷「外野前の打球状況」における守備側のパフォーマンス

　この「ネオ・フィルダー・ベースボール」では、「外野プレイ」において分化した役割行動(打球処理、中継プレイ、バックアップ、ベースカバー)を求めるところにその学習の焦点が置かれている。したがって、ここでは「外野プレイ」の場面を対象にそのパフォーマンス評価を試みたい。

　まず、「外野プレイ」の中でも、「外野前の打球状況」を取り出してみたい。外野前の打球状況では基本的に、外野の1人が打球処理を行ってアウトにする塁にボールを送球し、内野の2人がベースカバーに入り、もう一方の外野のプレイヤーが送球の乱れを想定したバックアップに入ることが求められる。そこで、表2-79に示した2段階のパフォーマンス評価を行ってみた。

　「評価レベルⅠ」では、外野プレイヤー1人のバックアップ行動の適切さを含んでいない。このレベルでも、適切な送球、ベースカバー役の捕球が成立すればアウトが取れるからである。ただし、「評価レベルⅡ」のように、さらにバックアップの行動をとることができれば、分化した役割行動の遂行として大いに評価できると言ってよい。

表2-79　外野前の打球状況に対する守備側のパフォーマンスの評価レベル

評価レベルⅠ	打球処理、ベースカバーの役割行動がとられ、打者ランナーの走塁に対応した適切な塁でアウトにすることができた。
評価レベルⅡ	打球処理、ベースカバー、バックアップの役割行動がとられ、打者ランナーの走塁に対応した適切な塁でアウトにすることができた。

表2-80　外野前の打球状況に対する守備側パフォーマンスの評価

		第3時	第4時	第5時	第6時	第7時	第8時	第9時	第10時
総数		15	16	17	25	24	16	44	39
評価レベルⅠ	適切数	11	8	14	21	20	11	28	34
	適切率	73.3%	50.0%	82.4%	84.0%	83.3%	68.8%	63.6%	87.2%
評価レベルⅡ	適切数	2	0	0	5	7	6	13	15
	適切率	13.3%	0.0%	0.0%	20.0%	29.2%	37.5%	29.5%	38.5%

　この評価レベルに適合するプレイを「適切」とし、その数（適切数）、およびその頻度（適切率）を時間ごとに示したのが表2-80である。
　ここに示されているように、評価レベルⅠでは、単元中盤以降、第8・9時の若干の落ち込みがありながらも、80％以上の適切率が認められ、アウトを取るための役割行動は非常にわかりやすいものであったことが推察される。ただし、評価レベルⅡの達成にはやや困難性が確認された。単元中盤まではバックアップの行動はほとんど出現しなかったこと、第6時以降、20〜30％台の適切率にとどまったことからである。この意味で、バックアップの行動は結果的に難しかったと言わざるを得ないが、その役割行動の学習に進展があったことは間違いない（バックアップについて強調し始めたのは単元中盤以降であったからでもある）。

❸「外野を越えた打球状況」における守備側のパフォーマンス

　外野を越えた打球状況とは、前述したように打球が外野プレイヤーを直接越えたり、外野プレイヤー間を抜けたりした場合を意味している。この打球状況では外野の1人が打球処理を行い、もう1人の外野プレイヤーが「中継プレイ」に入る。そして、その中継を経由して、ベースカバー役に入る2人の内野プレイヤーにボールが送球されることが求められる。
　そこで、表2-81に示した評価視点からこの打球状況でのパフォーマンスを検討してみた。

表2-81　外野を越えた打球状況に対する守備側パフォーマンスの評価視点

適切	打球処理、中継プレイ、ベースカバーの役割行動が行われ、打者ランナーの走塁に対応した適切な塁でアウトにすることができた。
不適切	期待される役割行動がなされなかったり、打者ランナーの走塁に対応した塁でアウトにすることができなかった。

表2-82　外野を越えた打球状況に対する守備側パフォーマンスの評価

	第3時	第4時	第5時	第6時	第7時	第8時	第9時	第10時
総数	11	13	19	13	12	10	24	19
適切数	3	7	13	8	5	6	13	11
適切率	27.3%	53.8%	68.4%	61.5%	41.7%	60.0%	54.2%	57.9%

表2-83　外野前を越えた打球状況における中継プレイへのポジショニングの評価

	第3時	第4時	第5時	第6時	第7時	第8時	第9時	第10時
総数	11	13	19	13	12	10	24	19
適切数	7	12	19	12	11	8	23	18
適切率	63.6%	92.3%	100.0%	92.3%	91.7%	80.0%	95.8%	94.7%

　表2-82は毎時の外野を越えた打球の総数、適切数、および適切率を示したものである。適切率は、外野を越えた打球状況の総数に占める適切数の割合である。

　単元序盤の第3時では、適切率が30%以下であり、適切なアウトを取るための役割行動がわずかしか実行されていなかったことが示されているが、第4時以降では40〜60%を示し、単元のかなり早い段階から「中継プレイ」を伴った協同的なフィールディングについて理解されていたと言ってよいであろう。

　そのことは、外野を越えた打球状況における「中継役」の行動の出現率を提示することによって推察することができる。「中継プレイ」における「ボールを持たないときの動き」を「外野を越えた打球状況において、打球を処理するプレイヤーとベースカバー役のプレイヤーの間に入り、中継プレイができるポジションに移動することができる」とし、その観点から評価してみたのが表2-83である。外野を越えた打球状況の総数、中継プレイに向けてのポジション取りの適切数、総数に占める適切数の割合として適切率をそれぞれ示している。

　この表から明らかなように、第4時以降は第8時を除けば、すべて90%以上

の適切率が確認される。つまり、外野を越えた打球状況において、打球処理の役割にならなかったもう1人の外野プレイヤーは、「中継プレイ」のためのポジション取りを十分に果たしていたということである。したがって、表2-81に示した「不適切」に相当するプレイの原因の多くは、打球処理役から中継プレイ、そしてベースカバー役へボールを繋いでいく際の送球・捕球のボール操作技能のミスに求められる。この意味で、外野を越えた打球状況における「判断」に基づいた行動は非常に易しく導かれたと言ってよいであろう。

[5] 守備行動についての教師の指導の明瞭性

　子どもが取り組んでいるゲームが複雑で、ゲーム状況に対応した判断（意思決定）やそれに基づく行動の選択に広がりがあり過ぎれば、当然ながら教師の指導は混迷を極めることになりかねない。そして単元の時間的展開における学習課題の設定をどのように組み立てていくのかについてのストラテジーを想定することが非常に困難になってしまう。したがって、授業において取り組まれるメイン・ゲームは求められる課題を解決していく子どもにとっても、そしてそれを方向づけ、導き、支えていく教師の指導のあり方を考える上でも「わかりやすさ」が必要である。

　ここでは、最初に構成した「フィルダー・ベースボール」のルールに加えて守備に規制をかけ、「内野ラインの内側に2人、外側に2人がポジショニングする」ことを付加的に条件づけることによって、守備側における子どもの判断と行動の選択はかなりシンプルなものになったと言ってよい。特に、外野プレイの際に、走者の進塁を阻止するために、先回りした塁を選択し、そこにベースカバーに入る役割を、主要にはラインより内側に守っている2人が果たせばよいことを指導の中身の1つにすることによって、守備側のプレイヤーが困惑

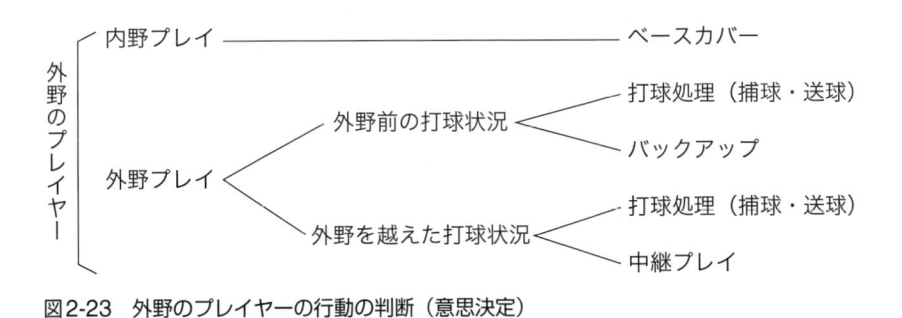

```
外野       ┌─ 内野プレイ ──────────────── ベースカバー
のプレ     │                          ┌─ 打球処理（捕球・送球）
イヤー     │           ┌─ 外野前の打球状況 ─┤
           └─ 外野プレイ ─┤                  └─ バックアップ
                        │                  ┌─ 打球処理（捕球・送球）
                        └─ 外野を越えた打球状況 ─┤
                                           └─ 中継プレイ
```

図2-23　外野のプレイヤーの行動の判断（意思決定）

してしまうような打球状況の場面はほとんどなくなると考えられる。

　例えば、内野ラインの外側にポジショニングしている守備プレイヤー（外野プレイヤー）の打球状況に応じた判断の選択肢は図2-23のようにかなり鮮明になりうる。まず、「内野プレイ」の場面であれば、基本的にボール操作は行わず、全員が走者の先回りした塁に集まる「ベースカバー」役になればよい。さらに守備プレイヤーの役割が分化する「外野プレイ」の場面では、打球の処理を担うか、バックアップ、あるいは中継プレイを外野に飛んだ打球状況に応じて選択的に果たせばよいことになるのである。したがって、「判断の対象」の1つとしての「どんな役割行動をするのか？」については、それを判断する子どもにとっても、また、指導側の教師にとっても、その複雑さは極めて軽減されていると言えるであろう。おそらく、単元の時間的展開の中で、判断的、技能的に洗練していく必要があるのは、打球の方向や距離に対応して、それらの役割行動を「どの塁で走者をアウトにするのか？」というもう1つの「判断の対象」のもとに遂行することであり、それを達成する技能の水準である。

　このような事柄がゲームの条件において明瞭に想定されるとすれば、教師の単元設計にはっきりとした見通しを与えることができるであろう。

（研究協力者：竹内隆司・森元佑樹）

［文献］
＊1　岩田靖（2012）体育の教材を創る、大修館書店、pp. 187-196

第2章-13【ベースボール型】

ベースボール型の判断の発展を考える（6年生）
「ブレイク・ベースボール」の教材づくり

　ベースボール型のゲームの発達段階に応じた教材の発展性について、第1章の中で、ゲーム状況の判断の「契機」と「対象」といった視点から1つのモデルを提案してみたが、ここでは小学校高学年から中学校の球技必修段階の子どもたちを対象にした「ブレイク・ベースボール」について記述してみたい。
　これまでも指摘してきたように、筆者は、ベースボール型ゲームの特性を、「攻撃側のランナーが速いか、守備側のフィールディングの協同的プレイが速いかを、特定の塁上で競い合うこと」として解釈しており、とりわけ守備側の学習内容の中心を、「ランナーをどこでアウトにするのか」に関するゲーム状況の判断とそれに基づく技能に置いている。そこで、発達段階に応じたゲームの創出といった問題に対して、特に状況の「判断」の「契機」をそのゲーム条件において操作することによって、判断の「対象」を漸進的に複雑化させていくことを構想してみようというのがここでのアイディアである。
　さて、小学校の中学年から高学年段階を想定した「修正版・並びっこベースボール」や「フィルダー・ベースボール」では、守備側が攻撃側の進塁を阻止する対象としていたのは打者ランナーのみであったが（打者ランナーよりも先回りした塁にボールを持ち込んでアウトにする形式）、ここでのゲームでは、ランナーが塁上に1人残る状況において、次打者の打撃の状況によって「塁上に残っていたランナーをアウトにするのか、打者ランナーをアウトにするのか」という守備側の判断の対象になる選択肢を増やし、戦術的課題解決の要求度をワンステップ高めたゲームを探究することを課題とした。それが次に説明する「ブレイク・ベースボール」である。
　野球やソフトボールといったゲームの守備行為の中では、ホームでの失点を防ぐこと、また次の失点のリスクを減らすこと（ランナーの進塁を防ぐこと）

表2-84 「ブレイク・ベースボール」のルールの大要

■用 具
・ボール（ジャンボボール：ゴム製、直径14cm、重さ80g）
・ティー／バット（一般的なバッティング・ティー、プラスチック製バット）
・ストップ・フープ（各塁の約1.5m前方に直径2mのフープを置く。ただし、本塁用のものは本塁と2塁の中間よりも本塁寄りに位置させる）

■コート
　グラウンドに3コート設定（塁間13m、サークル間11m）

■ルール
・1チーム5人。ただし、守備の際にはプレイヤーは4人で、1人がゲームの記録係となる。

〈攻撃〉
・攻撃は1イニング6回の打撃とする。
・打者は相手チームの守りの準備状況を確認してから、ティーに載せられたボールをフェアゾーンに打つ（ホーム角90度）。フェアゾーンに入らなければファウルとなり、再度打ち直し。
・本塁前の半径3mのラインを越えない打球は無効とし、打ち直し。三振はなし。
・打者ランナーは守備側にストップをかけられるまで進塁できるが、最大限3塁までとする。ただし、各イニングの最終打者は自分の打撃によって本塁まで戻ってくることができる。
・塁に残れるのは、次の打者の打撃まで（したがって、次のプレイヤーの打撃によって本塁まで戻ってこなければならない）。
・残塁ランナーの有無にかかわらず、特定の塁で守備側が「ストップ」をかけた場合、ボールデッドとなり、打者ランナーは到達した塁まで戻らなければならない。
・ランナーが本塁に戻ってきた場合に1点とする。

〈守備〉
・ランナーが本塁に戻ることを阻止する行動を「ブレイク」とし、本塁のフープにボールを持ち込むことで成立させることができる。打撃されたボールを捕球し、送球されたボールをランナーが本塁に戻るよりも先に本塁のフープ内で捕球したり、ボール持ってフープ内に走り込めばブレイクとなる。
・打者ランナーの進塁を阻止する行動を「ストップ」とし、打者ランナーの先回りしうる1塁から3塁までのフープで行えることとする。その際、打者ランナーを先回りできるフープ内で送球されたボールを捕球してもよいし、ボールを持ってフープ内に走り込んでもよい。ただし、打撃されたボールによる1回の守備機会の中で、「ブレイク」「ストップ」の2つのプレイともにフープ内へ走り込むことはできない。したがって、少なくともどちらかのプレイは送球によって行われなければならないこととする。
・「ストップ」をした時点でボールデッド。したがって、打者ランナーを「ストップ」させた後に、塁に残っていたランナーのホームインを阻止する「ブレイク」を行うことはできない。
・「ブレイク」プレイなのか、「ストップ」プレイなのかをはっきりさせるために、守備側プレイヤーは、フープにボールを持ち込む際に（捕球したり、走り込むときに）、「ブレイク」か「ストップ」の声を掛けなければならない。
・打撃されたボールがフライになった場合、それを守備側が直接捕球してもインプレイとし、「ブレイク」あるいは「ストップ」プレイにしなければならない。

■その他のルール
・セルフジャッジとする。同時の場合は、「ブレイク」および「ストップ」成功とする。
・2イニング表裏でゲーム終了とする。

に関してゲーム状況に対応した選択的な判断が求められる（実際には、ゲームにおけるイニングやアウト・カウント、さらには相手チームとの得点差などに応じて好ましい判断の在り方も変化する）。また、その判断の良し悪しがゲームを左右するとともに、ゲームの面白さのキー・ポイントにもなる。しかしながら、大人のゲームではその構造の複雑性が高すぎるため、その選択的な判断をよりやさしい形式に「誇張」したいというのがここでの試みである。

　ここでの授業の対象は小学校6年生。この子どもたちは、5年生段階で「フィルダー・ベースボール」を学習している。

[1]「ブレイク・ベースボール」のルールの構成

　表2-84にここで構成した「ブレイク・ベースボール」のルールの大要を記述した。このゲームでは、各イニングの第2打者以降は、1塁から3塁までのいずれかの塁上に1人残っているランナーをその打撃によってホームインさせなければならないことになっている。1イニングの打撃回数は6回であるので(最終打者は自分の打撃でホームインすることが可能であるので)、最大6点を得ることができる。したがって、守備側はこのうち何点分を阻止することができるか（「ブレイク」することができるか）にチャレンジすることになる。1チーム5人であるから、各イニングの第1打者がもう一度、最終打者となる（この役割はイニング、ゲームごとに交替していく）。

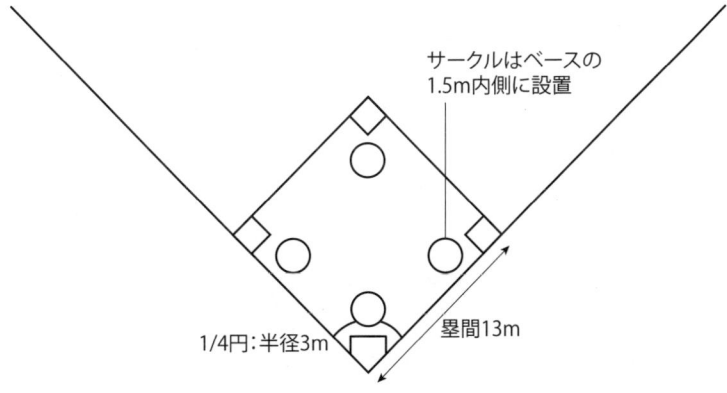

図2-24　「ブレイク・ベースボール」のコート

[2] 単元展開の概略

　本実践の単元は9時間構成とした（表2-85）。毎時の授業展開は、基本的に「チームでの準備・ウォーミングアップ → 全体での学習課題の把握 → チームでの作戦の確認・練習 → ゲーム → チームでの振り返り → 全体での学習のまとめ」の流れで進めている。また、このゲーム学習を進めていく上での中心的な課題については、表2-86の通りであった。
　表2-84にも記したように、毎時のゲームは2イニングとした。

[3] ゲーム・パフォーマンスに関する学習成果の分析

　毎時、グラウンドに設定した3コートにおいて行われたすべてのゲームをコートのホームベース後方からVTR撮影し（3台のビデオカメラ）、その映像再生によってゲーム分析を行った（なお、単元第6時はグラウンドのコンディションが部分的に悪く、他の時間のように3コートでのゲームが同じ条件のもとで実施できなかったため、分析の対象から外していることを断わっておく）。

❶実際に生じたゲーム様相の確認

　このゲームにおいては、特に複数のランナーの選択的な進塁阻止のための行動をクローズアップすることが大きな目的である。したがって、「塁上に残っているランナーのホームインの阻止」（ブレイク）を優先するのか、あるいは「打者ランナーの進塁阻止」（ストップ）を優先するのかの判断と、それに基づくチームでの協同的な役割行動の遂行がみられる学習機会が豊富に提供されなければならない。そこでは1つの条件として、その選択的な判断が生きる「残塁状況」が保障される必要がある。
　表2-87は各時間に行われたゲームでの残塁状況についてのデータである。各イニングの第2～6打者時のトータルを示している（残塁場面は1イニングに5回あるので、1ゲームでは場面の数は20、3コートでのゲームのトータルでは60となる）。
　表2-87にみられるように、1塁から3塁の残塁が散らばりながらも、特に打撃されたボールの状況に応じて、「ブレイク」あるいは「ストップ」のどちらを優先するのかの判断がスリリングなものになりやすい2塁での残塁が多く保障される結果となったのは、このゲームづくりの意図からみて非常に好ましい

表2-85 単元の時間計画

	第1時	第2時	第3時	第4時	第5時	第6時	第7時	第8時	第9時
オリエンテーション		〈リーグ戦〉ゲームの仕方を理解し、守備における戦術的な動きを身につけたり、打つ・走るといった攻撃の仕方を工夫したりすることができる。				〈ドリームマッチ（対戦チームの指名制）〉ドリームマッチに挑戦し、チームの課題を解決しながら、ブレイク・ベースボールの戦術的な動きを洗練させていくことができる。			
試しのゲーム									

表2-86 単元展開におけるゲームの学習課題

第1時	オリエンテーション・ゲームを知ろう①
第2時	ゲームを知ろう②（ブレイク→ストップのダブルプレイ）
第3時	打球後の役割行動の分担：「打球処理および送球、中継、ベースカバー、バックアップ」を考えよう！
第4時	打球後の役割分担：素早く動こう！
第5時	判断力アップ：「ブレイク→ストップ」、あるいは「ストップ」
第6時	ダブルプレイかストッププレイかの判断と動き、そして指示の声
第7時	「ブレイク」後の「ストップ」の塁の判断とベースカバー
第8時 第9時	攻め方と守り方を自分のチームに合わせて（攻撃：得点を増やすための打撃、守備：スムーズなアウトの切り替え・メンバーの連携など）

表2-87 残塁位置の状況

		第1時	第2時	第3時	第4時	第5時	第7時	第8時	第9時
なし	（数）	2	2	1	1	2	0	2	1
	（%）	3.3	3.3	1.7	1.7	3.3	0.0	3.3	1.7
1塁	（数）	33	25	18	22	21	28	21	19
	（%）	55.0	41.7	30.0	36.7	35.0	46.7	35.0	31.7
2塁	（数）	14	23	33	25	21	18	26	25
	（%）	23.3	38.3	55.0	41.7	35.0	30.0	43.3	41.7
3塁	（数）	11	10	8	12	16	14	11	15
	（%）	18.3	16.7	13.3	20.0	26.7	23.3	18.3	25.0

表2-88 守備行動選択の状況

		第1時	第2時	第3時	第4時	第5時	第7時	第8時	第9時
ブレイク	（数）	52	43	36	42	33	38	38	31
	（%）	89.7	72.9	62.1	71.2	55.9	63.3	64.4	53.4
ストップ	（数）	6	16	22	17	26	22	21	27
	（%）	10.3	27.1	37.9	28.8	44.1	36.7	35.6	46.6

ところであったと言ってよい。

　また、打撃されたボール捕球後の「ブレイク」と「ストップ」プレイの選択的な判断を行いうるゲーム状況が提供されていたかどうかを確認しておきたい。表2-88は、「ブレイク」と「ストップ」両者の出現数とその割合を時間ごとに示したものである。なお、打撃されたボールが外野の間を深く抜けてしまった場合のように、守備側のプレイヤーがボールに追いつくのに時間がかかり、塁上に残っていたランナーがホームインし、打者ランナーも進塁限度である3塁にまで到達してしまったため、どちらのプレイも生じなかった場面が若干みられた。このような場合はここではカウントしていない。1イニングにおいてランナーが残っている守備機会は5回であるので、各時間2イニング表裏・3コートのゲームで計60回の場面が対象となる。

　示されたパーセンテージから、およそ「ブレイク」と「ストップ」の選択肢が実際のゲームにおいてほぼ保障されていたのではないかと考えられる。

❷役割行動に関するゲーム・パフォーマンスの学習成果

　このゲームは主として「塁上に残ったランナー」と「打者ランナー」の選択的な進塁阻止において、打撃状況に応じた守備側の役割行動の遂行が学習課題となっていることから、次のようなゲーム・パフォーマンスに関わった評価を実施した。それは、表2-89のような評価カテゴリーにおいて、打球の処理役になったプレイヤー以外の3人が、「ブレイク」または「ストップ」プレイに

表2-89　3人のプレイヤーの役割行動の評価カテゴリー

適切	打球処理をしていない3人のプレイヤーが、ブレイク・ストップの守備行動に向けて有効な役割（中継、ベースカバー、バックアップ）を遂行できた場合
不適切	・打球処理をしていないプレイヤーが役割行動を起こしたが、ブレイク・ストップの守備行動に有効に働かなかった場合 ・打球処理をしていないプレイヤーが、ブレイク・ストップに向けての役割行動を起こせなかった場合

表2-90　3人のプレイヤーの役割行動の評価

		第1時	第2時	第3時	第4時	第5時	第7時	第8時	第9時
適切	（数）	96	115	128	147	164	178	186	195
	（％）	44.4	53.2	59.3	68.1	75.9	82.4	86.1	90.3
不適切	（数）	120	101	88	69	52	38	30	21
	（％）	55.6	46.8	40.7	31.9	24.1	17.6	13.9	9.7

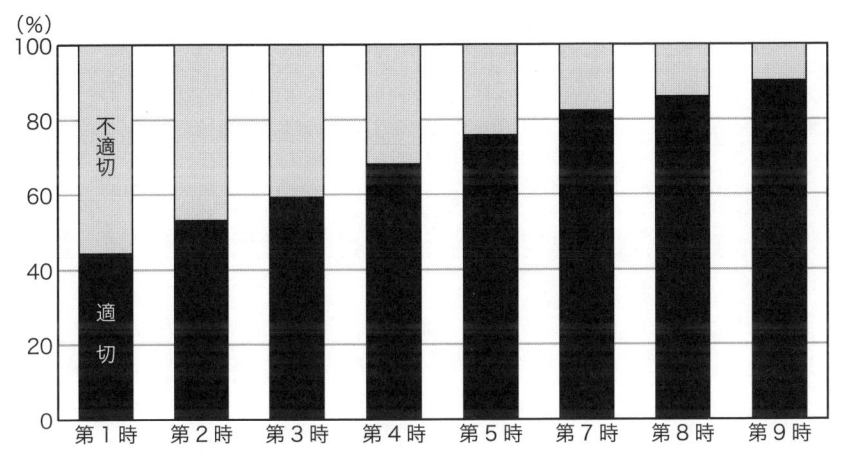

図2-25 3人のプレイヤーの役割行動の評価

向けた役割行動をとれたかどうかについての分析である。表2-90、図2-25はその結果を示している。

1ゲーム2イニング表裏の中での守備機会はトータルで24回である。その機会ごとに3人のプレイヤーの行動を個別に評価するため、すべての役割行動の対象は計72回となる。さらに3コートでのゲームを分析していることから、評価対象の総数は216となる。この総数に対して「適切」な行動と判断されるものがどの程度の割合で出現したのかを表している。

単元序盤では40〜50％台であった「適切」の割合が、単元展開に応じて明瞭に増大し、単元終末には90％を超えるところにまで至っており、極めて大きな学習成果が確認されたと言ってよいであろう。

[4] 形成的授業評価からみた授業成果

表2-91は単元初めのオリエンテーションが終了した後、実質的に運動学習が開始された第2時から最終の第9時まで実施した形成的授業評価の結果である。

データから判断できるように子どもたちから高い評価を得たものと解釈してよいであろう。単元中盤以降は5段階の5の評価ランクを得ている。

この実践では、ベースボール型ゲームにおいて、特に守備側の役割行動の学

表2-91 「ブレイク・ベースボール」の単元の形成的授業評価

	第2時	第3時	第4時	第5時	第6時	第7時	第8時	第9時
成　　果	2.51(4)	2.51(4)	2.54(4)	2.65(4)	2.63(4)	2.70(5)	2.69(4)	2.69(4)
意欲・関心	2.77(3)	2.75(3)	2.79(3)	2.95(4)	2.90(4)	2.93(4)	2.96(4)	2.93(4)
学 び 方	2.68(4)	2.74(4)	2.82(5)	2.84(5)	2.88(5)	2.88(5)	2.88(5)	2.84(5)
協　　力	2.71(4)	2.72(4)	2.84(4)	2.79(4)	2.86(5)	2.86(5)	2.82(4)	2.91(5)
総合評価	2.65(4)	2.67(4)	2.72(4)	2.79(5)	2.80(5)	2.83(5)	2.82(5)	2.83(5)

習を強調することを前提としながら、進塁を阻止するための判断の対象を複数(「塁上に残っているランナー」と「打者ランナー」)にした形式を含むゲーム教材の開発を試みた。

　実際に行われたゲーム分析によって、どのランナーの進塁を阻止するのかに関わった判断の選択肢が十分に保障されたゲームとなっていたことが確認されるとともに(残塁位置の状況・守備行動選択の状況)、守備側プレイヤーの役割行動に関する大きな学習成果が認められた。

(研究協力者：石井克之・竹内隆司・大野高志・土屋健太)

第3章

[補論]
ボール運動における
基礎的技能の教材づくり

第3章-1

低学年段階で投能力を高める(2年生)
「スナップの力感」を視点にした投運動の教材づくり

[1] 動作の外部的評価と遠投距離とのズレ

　子どもの体力・運動能力の低下傾向の現象を解釈する1つの視点として「動けない子ども」（潜在的な身体の能力を動きに転化できない子ども）の増加を考えてみる必要がある。ボール投げのスコアの顕著な低下は、その1つの典型として理解してよいのかもしれない。筆者の地元である長野県においても、ソフトボール投げの記録が過去20年前と比較して15〜20%の落ち込みを示している。おそらく背景には、直接ボールを使った運動や投動作に類縁した動きを持った遊びなどの経験の減少や欠落がみられるのであろう。
　振り返ってみれば、投動作の構造やメカニズムはこれまでもバイオメカニカルな手法によって明らかにされてきてはいるが、特に子どもや初心者を対象にしてその動きをどのように発生・形成していくのかについてはほとんど視野に入れられてこなかった感がある。しかしながら、1990年代後半頃から、体育授業において子どもたちの投能力を向上させるための教材づくりや学習プログラムづくりを意図した実践研究が少なからずみられ、多様なアイディアが交流され、蓄積されてきた。
　ただし、大きな成果がみられたかと問うてみると、まだまだ探究の余地がかなり残されているのは間違いないであろう。ここで過去の実践・報告を詳細に掲げて説明する余裕はないが、総じて、外部から観察した投動作の動きの評価と遠投距離の間に乖離が生じているのではないかと感じられる。つまり、「投の動きはだいぶ良くなってきているけれど、ボールに力が伝達されていないのではないか？」と。このような観点から、投動作の習得、投能力の向上のため

の「学習内容」の抽出の仕方とそれに対応した「教材・教具」の工夫の問題について考えてみたい。

[2] 投運動の動きの課題性

以前、次のような指摘をしたことがある。

*

投動作（ここではオーバー・スロー）の難しさはどこにあるのであろうか。おそらく大きくは、「踏み出し足（利き腕の反対）を軸とした体躯の鞭運動」と「肩を支点にした腕の鞭運動」という「二重の鞭運動」の実現が要求されるところにあるといってよい。二重の鞭運動の構造は、踏み出し足を軸にした踏ん張りによって、利き腕の肘を引き出していくこととして表現できるのかもしれない。オーバー・スローとは、体幹よりも後方にある投擲物を肘によって引っ張り出すことなのである。

前方に引っ張り出すためには、他方で、踏み出し足によって接地面を押さえる、あるいは掻き込むような力性を発揮しなければならない。また、踏み出し足の押さえ（これによる腰の入り、胸の張り）と肘の引き出しの運動経過が同期されねばならないのである。そして実は、この「二重の鞭運動」は、「手首のスナップ」に結びつけられることに向けた複合的かつ連続的な構造である[*1]。

*

ここからすれば投運動とは、体躯・腕・手首の「三重の鞭運動」を順次的に同期させる課題性を有した複雑な動きとして表現した方がよかったかもしれない。

[3] 技能的な学習内容の中核をどこに求めるのか

さて、この投動作をその運動伝導からみれば、下肢・腰・肩・肘・手首の順に、いわば下半身から生じる構造になっている。そして従来、その運動伝導のプロセスの準備―主要―終末局面において重要になる技術ポイント（外部から観察可能な動きの目標―評価ポイント）が示されてきた。例えば、腕のテイクバック、足の踏み出しによる体重移動、体躯の回転（腰のひねり）、胸の張り、肘の引き出し、手首のスナップなどである。これらは確かに投動作のよい動きの目標像になりうる大切な観点に違いない。しかしながら、これらの知見を直接子どもに提供しても好ましい成果が得られないことが多い。

そこで気になるのは、先に指摘したように外部観察される動きの向上が遠投

距離に反映していかないことであり、そこを打開していく契機をどう読み解くかである。特に、投運動の粗形態形成もままならない未熟な段階の子どもを対象とした場合、これらの好ましい動きを誘い出し、引き出す中核的な学習内容をどこに求めたらよいのかという問題と密接に結びついていると考えられる。

そこで一連の投動作の力動性の中で、特に、ボールを投げ離す際の「スナップの力感」に着目するというのがここでの発想であり、また、全体的な運動経過における身体の「弛緩─緊張」関係に視線を向けることとも不可分な関係にある。ここに投動作の「身体知」を探る重要な接点がありそうである。

これに関わって、佐野の記述を引き合いに出したい。

*

ボール投げでは、投げる腕をいちど後ろにバックスイングしてからボールは投げられますが、もっとも〈力が入る（緊張する）〉局面は、ボールを前方向に投げ出す局面です。しかし、構えてから腕を後ろにバックスイングしてボールを投げるという動作のすべてに、全身に〈力を入れた（緊張した）〉まま、いわば初めから終わりまで硬直したままでやったのでは、不格好な投げ方になりますし、ぎくしゃくした動作となってかえってボールは飛びません……（中略）……つまり、投げる動作のすべてにわたって〈力んで（緊張して）〉しまってはだめなのです。むしろ、前方向に投げ出す局面だけを「思い切って」「グーン」と投げようとすればよいのです。ここで重要になのは、投げる局面で〈力が入れば（緊張すれば）〉よいわけですから、そこに至るまでの動作で腕に「力こぶ」ができるような力の入れ方をしたり、投げ終わった後でも硬直するように力を入れてはだめなのです。[*2]

*

先に掲げた投動作の運動経過の目標となる動きのポイントは、「スナップの力感」を生み出す「緊張」が身体の中で先取りされ、そこに結びついて引き出されてくるものとして捉えることができるのではないだろうかということである。そこで、この「スナップの力感」（脱力して手首をオープンにした状態からの力性の発揮）を重要な学習内容として抽出し、これとの関係の中で先の動きのポイントを位置づけし直し、組み替えてみるのがここでのアイディアである。

加えて、子どもにとって、握っているボールを離す（放り出す）ことにも大きな課題性がありそうである。それはスナップ時の指の感覚の重要性であると言ってもよい。ギュッと握ったままではボールに力を伝えることはできないため、「ボールへの指の引っかかり感覚」をうまく引き出せないかというのも、ここでの問題意識として取り上げておく。

以下は、このような学習内容に関する前提的理解に基づいて実践した小学校2年生を対象とした授業での試みである。

[4] 中心的な学習内容の習得を促す教材・教具の工夫

❶「スナップの力感」を引き出す教材づくり

　まず、「スナップの力感」を習得するための教材（運動課題）として、「手ぬぐいドリル」を考案した。前記したように「脱力して手首をオープンにした状態からの力性の発揮」を導くことを意図したものである。長さのある手ぬぐいの端を持ち、手首の力を抜いて（手首を前に畳んだ状態にして）「ふんわり」上げて、切り返しで手首をオープンにして（反らして）「ビュン」と振り抜き、手ぬぐいが空を切って「バチン」と音がするようにするのである。両手で試して音が出せる動きの感じがつかめてきたら、写真3-1、3-2のように片手でのチャレンジに移っていく。まずは、上下運動でのスナップに、そして投動作と同じように前後運動のスナップに取り組むようにする。慣れてくると肘の引き出しと手首のスナップが連動する上手な動きになる。この際、「ふんわり～ビュン！」を合言葉にしながら、「弛緩―緊張」の感じを大切にしたい。

❷「ボールへの指の引っかかり感覚」を促す教具づくり

　この感覚への着眼から、特に、利き手の「人差し指と中指」に引っかかりの感じが得られて、ボールに力が加わるようにすることをねらいとして、「引っ

写真3-2　手ぬぐいドリル②

写真3-1　手ぬぐいドリル①

写真3-3 引っかけボール　写真3-4 山ボール　写真3-5 ジャイロボール

かけボール」「山ボール」「ジャイロボール」の3つを作成した（写真3-3〜3-5）。ここで、これらのボール、およびそれらを用いて取り組んだ運動課題について簡潔な説明を加えておく。

■引っかけボール

紐に指を引っかける目印となるホースを通し、ボールにビニールテープで固定したボール。このボールを床に叩きつけるように投げて、高く跳ね上がらせる課題（「引っかけボールバウンド」）、およびこのボールでの投射角を生み出すことをねらった遠投の課題（「引っかけボール投げ」）。

■山ボール

指に引っかかりができるようにボールにでっぱりの山を付けたボール。このボールを使って、投射角をつけてチャレンジする「山ボール投げ」。

■ジャイロボール

ペットボトルを切って筒状に作ったボール。この円筒の縁に指を引っかけてまっすぐ投げる課題（「ジャイロボール投げ」：2本の指が投げ出す方向にしっかり向いていないとボールの軌道が左右に曲がってしまう）。

[5] 授業の展開の大要

「ボール投げチャンピオン修行」と題する6時間扱いの単元を構成した。子どもたちが取り組む修行のチャレンジ課題は、前記したボールの引っかかり感覚を強調した4つのボール投げに、「ロープウェイ・ペットボトル投げ」（「ロープ・バトンスロー」[*3]のアイディアを踏襲し、ロープを滑らすペットボトルに紐で結んだボールを投げ出す課題）、「ターゲットボール投げ」（玉入れの紅白玉を使って、段ボールの箱にぶつけて台の上から落とす課題）の計6つを準備した。これらの課題のできばえや伸びを個人やチームで確認できるように得点

写真3-6 ターゲットボール投げの場

化する方式を工夫し、それぞれ体育館の中でチャレンジ（修行）の場を設けた。
　単元の1〜2時間目にそれらの課題についてオリエンテーションと試しの取り組みを行った後、3時間目以降、それぞれのボール投げを各チームでステーション的に巡回しながらチャレンジできるようにした（写真3-6）。1時間の授業の展開は、「用具の準備・場づくり → ウォーミングアップ → 手ぬぐいドリル → 学習課題の確認 → ボール投げのチャレンジ（ローテーション）→ 授業のまとめ」といった流れである。

[6] ボール投げでの指導言葉

　ここでのボール投げのチャレンジにおいて、動きをイメージしやすく、投動作の力感を誘発できるように、「ピース・ボルト・ふんわり・ビュン」（写真3-7）の掛け声を用いるようにした。
　「ピース」は人差し指と中指、そして親指の3本でボールを握ることの確認である。人差し指と中指のピースサインをボールの投げ出し方向に向けるようにする（子どもたちの中にはボールを鷲摑みにして強く握ってしまう場合がしばしば見られるからである）。「ボルト」は言うまでもなく100m走の世界記録保持者、ウサイン・ボルトの有名なポーズ。体を横向きにしてやや後傾させ、肘を引き、反対の腕を伸ばして投射方向を指さす。「ふんわり」は手ぬぐいドリルと同様に脱力しながらのテイクバックである。このときに力んでしまわず

写真3-7　動きのイメージや感じを引き出す掛け声

に弛緩状態を生み出すために、「ふんわり」の言葉をやさしく、小さな声にするように指導している。最後の「ビュン」はボルトのときに反対腕で指さしたポイントあたりで利き腕を振り切って力強く、風を切るようにボールを投げる感じをイメージしている。

　なお、このような全体的な運動経過を生み出す過程では、体重移動、あるいは腰部のひねりといったポイントは直接の指導対象とはしておらず、むしろこの運動課題に取り組む中で間接的に引き出されてくるものとして考えている。

[7] 遠投距離の変化

　最後に授業実践前後の遠投距離の変化を示しておく（男子12人、女子10人、計22人）。単元前後で実施したテニスボール投げの比較データである。

　22人全員の記録が向上したが、それを男女別、単元前の測定値で男女をそれぞれ上位・中位・下位群に分けてみた平均値の変化を表3-1にまとめてみた。

表3-1　テニスボール投げの変化

	単元前	単元後	伸　び
男　子	13.4m	17.1m	+3.7m
女　子	7.1m	12.2m	+5.1m
上位群	16.0m	19.7m	+3.7m
中位群	9.1m	13.6m	+4.5m
下位群	5.7m	10.5m	+4.8m
全　体	10.4m	14.7m	+4.3m

このデータから、「スナップの力感」を中心に置いた指導に大きな可能性があると思われる。ここでは直接的な分析はできていないが、「弛緩からの緊張」を大切にすることによって、軸足への体重の乗りから踏み出し足の踏ん張りが誘い出され、それと同期したスナップに向けての利き腕の力強い腕の振りが実現されやすくなるのではないかと推察された。

　動きを引き出していくための「学習内容」の抽出の仕方や、それに基づく「教材・教具」の開発を考えていくときの1つのヒントになるのではないかと考えている。

(研究協力者：宮尾美輝・村澤陽介・吉川礼)

[文献]
*1　岩田靖（2012）体育の教材を創る、大修館書店、pp. 62-72
*2　佐野淳（1996）動きのリズムを見つける、吉田茂・三木四郎編、教師のための運動学、大修館書店、pp. 78-85
*3　前掲、岩田靖（2012）

第3章-2

低学年段階で捕球の能力をゲームで高める（2年生）
動いてくるボールへの対応力を高める教材づくり

　先に取り上げたボールを「投げる」こととともに、「捕る」ことは通常、多くのボール運動において基礎的な技能になっている。しかし、学校体育において「投動作」に関する学習指導の方法論の探究は少なからずみられるものの、「捕球」に焦点を当てた教材開発や授業実践の報告例は極めて少ない。

　そこで小学校2年生を対象に、ボールの捕球が中心的課題になる「ボール遊び」をゲーム化し、それを「単元教材」とした授業実践を試みており、かなり好ましい成果を確認しているので取り上げておきたい。

[1]「ボール遊び」の教材づくり
　　　　――「バウンド・キャッチゲーム」

　松本・宮崎[1]は、小学校1・2年生を対象にボールの捕球能力の向上を目的として、いくつかの捕球課題の練習プログラムを構成し、体育授業の導入として15分程度の帯状（前後のスキルテストを含めて10時間構成）で実施した結果を報告しているが、ここではボールの捕球が主要な技能課題として要求される易しいゲームを構成し、それに単元を通して取り組むことによって得られる学習成果を確認してみたい。

　さて、筆者は、かつて『体育科教育』誌で行われた「球技の分類と学習内容を考える」と題した座談会において、「例えば投げられたボールをキャッチすることが、子どもたちは上手じゃなくなってきていますよね。それは受け方ができないんじゃなくて、時間と空間の中で動くものにどうやって体を対応させるかという感覚の世界が耕されていない」[2]と指摘したことがある。

　子どもにとっての捕球の難しさは、それが動いてくるボールの状況に応じた

オープン・スキル（open-skill）であるところにあると言ってもよい。つまり、動いてくるボールのスピードや方向を時間的・空間的に感じ取り、ボールの軌道や落下地点を予測して動作を対応させなければならないのである。この捕球の学習は感覚運動学習のカテゴリーに含まれてはいようが、それは身体の動きそのものの発生・形成という側面以上に、ボールの軌道を予測的に感じ取れるようになるための潤沢な感覚的学習経験が必要になると言ってよいであろう。つまり、ボールを捕るその身体の動かし方の前提に、動いてくるボールについての予測能力の発達が求められるのである。このような感覚的学習をボールの捕球が重要な課題になるゲーム形式において提供し、有効な学習成果が期待できないか、というのがここでの発想である。

　ただし、捕球の対象になるボールが速すぎたり、またその軌道が長い場合には子どもたちにとっての課題性が高くなる。そのため、低学年の子どもにとってチャレンジングであり、なおかつ単元の中での確実な技能の向上を期待して以下のようなゲームを考案した。それは、第2章で取り上げている小学校中学年を対象に構想した「ネット型」ゲーム教材「ワンバン・ネットボール」[*3]を、特に、以下のような2つの観点から修正し、再構成したものである。
①低学年の子どもたちにとって相応しい捕球課題となるような放物線を描いたやさしいボールの軌道が生じること。
②ゲームの中で、個々の子どもの捕球に対する学習機会を平等に、そして豊富に提供すること。

　本実践において構成した「バウンド・キャッチゲーム」のルールの大要、およびコートは以下のようである（表3-2、図3-1）。
　コートの広さは1人での捕球を想定して設定した（キャッチ役とフォロー役の交代があるため）。1点エリアから2点エリアの範囲の中央に立てば、前後2m、左右1.5mまでが捕球のための移動距離となる。
　ネットの高さは低学年の子どもでもボールがネットを越えやすいことを前提とした。これにより、低い軌道のボールの状況が生まれることが予想されるものの、チャンスエリアは投球側にとって得点にならない範囲であり、また相手に直接捕球されるリスクもある。加えて、コートの後方が得点の高くなるエリアとし、意図的に軌道の長めのボールが投げ返されるような空間設定をしている。キャッチ役とフォロー役を順次交代するようにしたのは、学習者の捕球の機会を均等に保障しようとするものである。
　なお、授業の中で個々の子どもの学習機会が豊富になるように、体育館のバ

表3-2 「バウンド・キャッチゲーム」のルールの大要

■ゲームの人数
2対2（人）
■コート
・ネットを中央にして、縦5m、横3mのコート。
・ネットから1mまでを「チャンスエリア」、1mから3mまでを「1点エリア」、3mから5m（エンドライン）までを「2点エリア」とする（図3-1参照）。
■用　具
ボール：ミニソフトバレーボール
■ネット
高さ80cm程度
■ルール
・サーブは1点エリアの後ろから自陣でワンバウンドさせて相手コートに投げ入れる。
・ネット越しにくるボールを直接捕球すると相手コートに返球できる。捕球した後、1点エリアから2点エリアまでの範囲で移動して返球してよいが、必ず自陣でワンバウドさせなければならない。
・サーブや返球でのボール操作は片手でも両手でもよい。
・ペアはキャッチ役とフォロー役に分かれ、相手コートに返球できたら役割を交代する。
・ボールが1点エリアに落ちれば1点、2点エリアであれば2点が攻撃側の得点となる。
・キャッチ役がボールを捕球し損ねた場合（フロアにボールが落ちる前にそのボールに触れていた場合）、フォロー役がそのボールをコート内で拾い上げることができれば相手の得点にはならず、フォロー役の返球によってゲームを続けることができる。
・チャンスエリアにボールが落ちた場合、攻撃側の得点にはならず、やり直しになるが、このエリア内でボールを直接捕球すれば守備側（捕球側）が1点を得る。

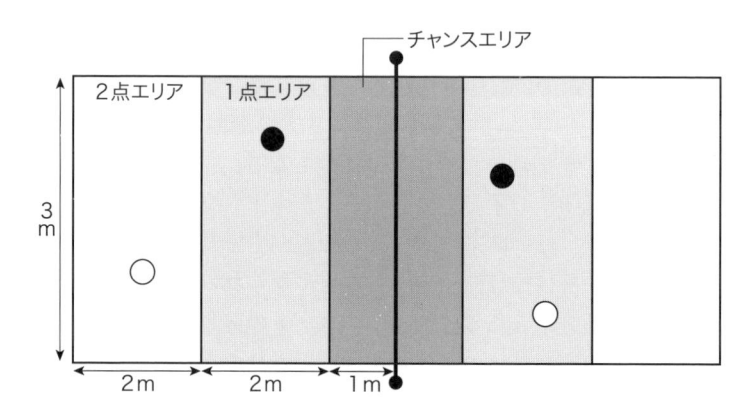

図3-1 「バウンド・キャッチゲーム」のコート

ドミントン用コートに支柱を立ててネットを張り、さらにネット間をも結んで手作りの簡易ネットを設定して、合計7コートで活動できるようにした。

[2] 単元構成の概要と学習展開

❶単元構成

　単元はおよそ次のように構成した。8時間扱いである。ここでは、実際に展開された時間構成について記述しておく（表3-3）。

　今回実践した授業の中では、単元において取り組むゲームの下位教材として2つのドリル練習を挿入している。「壁当て」と「ワンバン・キャッチボール」である。

　単元教材「バウンド・キャッチゲーム」において、サーブおよび捕球後に相手コートにボールを投げ入れることができなければゲームが進行しないし、また、捕球に相応しいボールが提供されないことになる。そのため、「投」の技能向上も併せて配慮したのが「壁当て」であり、次のような課題とした。

表3-3　単元構成の概要

第1時	第2時	第3時	第4時	第5時	第6時	第7時	第8時
試しのゲーム	ドリル練習①〈壁当て〉						ゲーム
スキルテスト	ドリル練習②〈ワンバン・キャッチボール〉						スキルテスト
	ゲーム（バウンド・キャッチゲーム）						

写真3-8　バウンドしてネット越しに来るボールの捕球にチャレンジする

〈壁当て〉
・ボールを持って壁の前に立ち、フロアにボールをバウンドさせて、跳ね返って壁にあたったときに、壁に貼った色テープのラインを越えるようにする。下のラインから始め、フロアにより強くボールを叩きつけて順に上のラインに挑戦する。また、立つ位置を徐々に壁から遠くしてチャレンジしていく。

もう1つは、ゲームを想定した状況での「ワンバン・キャッチボール」である。
〈ワンバン・キャッチボール〉
・ペアでコートの中に入り、ネットを挟んでワンバウンドでキャッチボールを繰り返す（自陣でワンバウンドさせて相手コートに返し、ペアはそれを捕球し、同じようにワンバウンドさせて返球する）。
なお、第2時から第7時のゲームには、毎回およそ20分間程度を充てている。

❷学習展開の実際

ここでは展開された単元プロセスにおける各時間（単元なかの第2時から第7時）の学習指導のポイントを指摘しておく（表3-4）。

表3-4 各時間の学習指導のポイント

第2時	コート後方にボールを送るための「投」について。利き腕と反対の足を前に踏み出して両足を前後に開き、上半身を反らせてボールを持った両手を頭の後ろに引き、前足を突っ張って踏ん張ってボールを強く床に叩きつけて跳ね返らせること。
第3時	捕球側の3つのポイントの確認（①立つ位置、②前に出るのか、後ろに下がるのか、③ペアのサポート）。特に②については、飛んでくるボールが自分の胸より低そうなときには前に動き、胸より高そうな場合には後ろに下がること。
第4時	ボールを「とる場所」として、身体の正面、おへその前でとるようにすることの確認。捕球後の「投げる場所」の工夫。
第5時	相手が投げ出したボールの軌道について。相手が遠くから投げ出すと球足の長い低いボール、ネットの近くからの場合には球足の短い高いボールが飛んでくること（相手の場所と投げ方を見てボールの軌道を予測する）。
第6時	捕球の際の動作。膝を柔らかく使いながら、おへその前で体を曲げて抱え込むこと。ゲームでは、早く判断し、早く動き出すこと。相手からくるボールに対して、膝を落として構えること。構えるために早く役割を交代すること。
第7時	前時まで学習してきたことの総復習。相手コート後方へのボールの投げ込み方のほか、立つ位置や早く判断し、早く動き出すことなど。さらに、利き腕と反対の足を前に踏み出して投げること。

[3] 簡易スキルテストの方法とその結果

　単元の前後において、子どもたちのボールの捕球についての簡易スキルテストを実施しているので、その方法と結果について記述しておきたい。

❶簡易スキルテストの方法

　単元最初の第1時、および最終の第8時に実施した簡易スキルテストは表3-5のような方法によっている。また、スキルテストの場の設定は図3-2のようである。

　なお、以下のデータは男子15人、女子12人、計27人のものである。

表3-5　簡易スキルテストの方法

- ボールはミニソフトバレーボール（ゲームで使用したものと同じボール）
- バウンド・キャッチゲームのコートの一方のサイドの中心に投球者（教師）が、他方のサイドの中心に被験者（子ども）が位置する（双方間の距離は5m）。
- 被験者はコートに引いた十字のラインの中央に立つ。
- 捕球の試技数は合計8回（十字の中心に2回、十字の前後1mに各2回＝4回、十字の左右1mに各1回＝2回）。各被験者へのボールのコースはランダムな順序。
- 投球の仕方は、両手でのアンダースロー形式。ボールの軌道は、バドミントンの支柱に張ったゴムひも（高さ約1.5m）を越える程度。
- 試技ごとに十字のラインの中央に戻るように指示する。

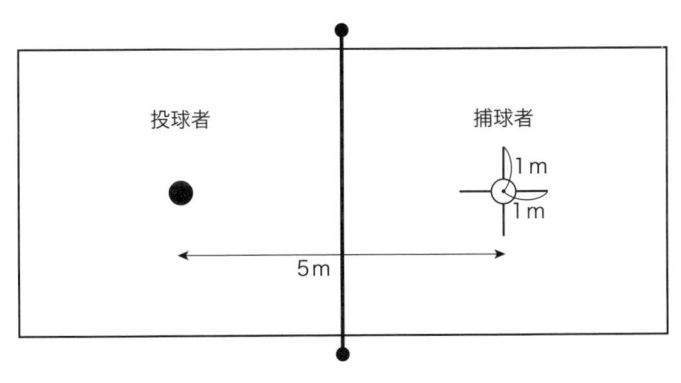

図3-2　簡易スキルテストの場の設定

写真3-9　横に動いてキャッチ　　　　　　写真3-10　ボールの落下の軌道に合わせて

❷簡易スキルテストの結果

　第1時（プレテスト）、および第8時（ポストテスト）の結果に従ってそれぞれ捕球成功率（捕球成功数÷投球数×100）を算出している。図3-3はクラス全体（および上位群・中位群・下位群別）、図3-4は男女別、また図3-5は投球方向別の捕球成功率とその変容を示している。

　図3-3における上位群とは、プレテストでの捕球成功数が7〜8回の子ども（10人）、中位群は同様に5〜6回（10人）、下位群は4回以下の子ども（7人）を意味している。

　クラス全体では、70.5％から84.3％へ、男女別では、男子が84.4％から97.5％、女子は52.1％から67.7％へとプラスの変容が示された。投球方向別の観点においてもすべて上達傾向が示された。特筆すべきなのは、下位群の子どもたちの捕球成功率が33.9％から62.5％へと倍増に近いスコアの変化が見出されたことである。

[4] 形成的授業評価の結果

　スキルテストに時間を割いた第1時および第8時を除いた単元なかの第2時から第7時に形成的授業評価を実施した。表3-6はその結果である。

　ここに示されたスコアからすれば、この単元の授業が子どもたちから高く評価されたことが窺える。特に、「成果」次元のスコアも良好であり、また「意欲・関心」次元をも加味すれば、おそらくこの授業で提示した教材の難易度が子ど

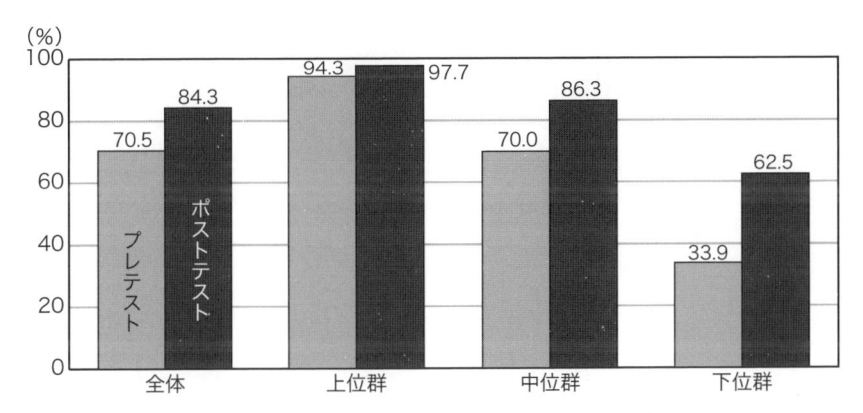

図3-3 捕球成功率の変化

全体: プレテスト 70.5、ポストテスト 84.3
上位群: プレテスト 94.3、ポストテスト 97.7
中位群: プレテスト 70.0、ポストテスト 86.3
下位群: プレテスト 33.9、ポストテスト 62.5

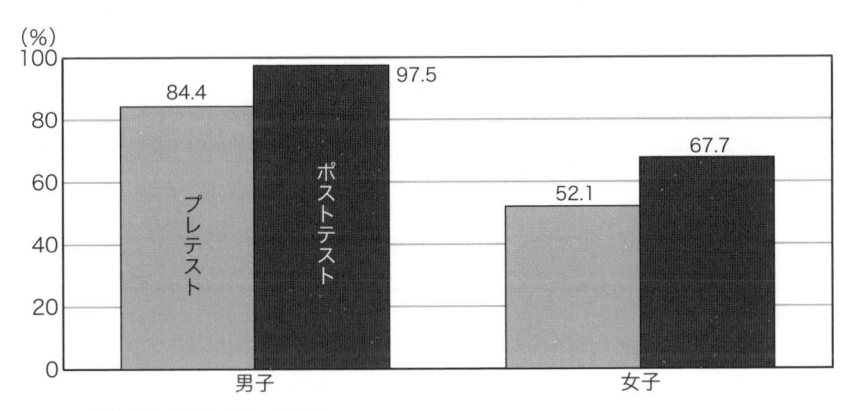

図3-4 男女別の捕球成功率の変化

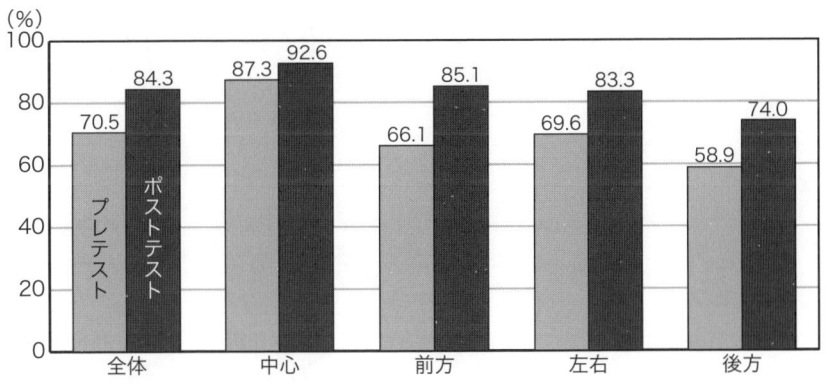

男子: プレテスト 84.4、ポストテスト 97.5
女子: プレテスト 52.1、ポストテスト 67.7

図3-5 投球方向別の捕球成功率の変化

全体: プレテスト 70.5、ポストテスト 84.3
中心: 87.3、92.6
前方: 66.1、85.1
左右: 69.6、83.3
後方: 58.9、74.0

第3章-2 動いてくるボールへの対応力を高める教材づくり

表3-6 「バウンド・キャッチゲーム」の単元の形成的授業評価

		第2時	第3時	第4時	第5時	第6時	第7時
成果	男子	2.73	2.67	2.56	2.60	2.69	2.69
	女子	2.72	2.78	2.78	2.81	2.73	2.78
	全体	2.73 (5)	2.71 (5)	2.65 (4)	2.69 (4)	2.70 (5)	2.73 (5)
意欲・関心	男子	2.97	2.94	2.97	2.97	3.00	2.94
	女子	2.83	3.00	2.92	2.92	2.91	3.00
	全体	2.91 (4)	2.96 (4)	2.95 (4)	2.95 (4)	2.96 (4)	2.96 (4)
学び方	男子	2.66	2.59	2.66	2.63	2.78	2.72
	女子	2.67	2.79	2.71	2.83	2.95	2.83
	全体	2.66 (4)	2.68 (4)	2.68 (4)	2.71 (4)	2.85 (5)	2.77 (4)
協力	男子	2.78	2.91	2.88	2.81	2.84	2.91
	女子	2.79	2.92	2.79	2.83	2.86	2.88
	全体	2.79 (4)	2.91 (5)	2.84 (4)	2.82 (4)	2.85 (5)	2.89 (5)
総合評価	男子	2.78	2.76	2.74	2.74	2.81	2.80
	女子	2.75	2.86	2.80	2.84	2.85	2.86
	全体	2.77 (5)	2.81 (5)	2.77 (5)	2.78 (5)	2.83 (5)	2.83 (5)

もたちに相応しく、極めて楽しいチャレンジを提供し得ていたのではないかと推察される。また、「学び方」「協力」次元も期待通りであり、毎時間、めあてを明確にしたペアでの練習・ゲームといった学習活動の良さが現れているものと考えられる。

(研究協力者：大野高志・栁澤明恵)

[文献]
* 1 松本裕介・宮崎明世（2009）小学校低学年における捕球技能習得のための学習プログラムの検討、日本スポーツ教育学会第29回大会号、および発表資料
* 2 藤井喜一・岩田靖・佐藤靖（2003）球技の分類と学習内容を考える、体育科教育51（5）：10-17
* 3 小野和彦・岩田靖（2002）小学校中学年のネット型ゲームの実践、体育科教育50（3）：60-64

第3章-3

ベースボール型のバッティングの動きを高める（5年生）
バッティング動作の発生を促す教材づくり

[1] バッティングの能力を高める前提

　筆者は、およそ2000年以前の我が国におけるベースボール型のゲームに関わった教材づくりの中で、ゲームの簡易化の視点が運動技能の緩和に向けられることはあっても、ゲームの戦術的側面、特にゲームの中で要求される「意思決定」の側面への着眼がなされてこなかったこと、またそのことは逆に意思決定の側面を学習内容としてクローズアップする思考がみられなかったことを指摘している[*1]。また、その指摘と前後して、ベースボール型のゲームが、攻撃側のランナーと守備側のフィールディングの協同的プレイを競争しているところに本質的な戦術的課題が求められるとの解釈に基づきながら、ゲームの中で守備側に求められる意思決定を誇張する視点からいくつかのゲーム教材を創出してきた。それについて第1章では、ベースボール型の教材づくりの課題意識として記述し、また第2章にはその一部の実践例を取り上げた。
　これらのゲームのうち、小学校中学年段階以降を実践対象としたゲーム群（「修正版・並びっこベースボール」「フィルダー・ベースボール」「ブレイク・ベースボール」）では、攻撃側の打撃はバットを用いたティー・バッティングを採用している。また、高学年用のゲームの中での守備側の行動は、攻撃側の打球状況に応じた異なる役割による協同的プレイを設定したゲーム条件となっている。そこからすれば、これらのゲームがその意図としている学習を保障していくための重要な鍵になるのは攻撃側のバッティングの様態である。
　小学校学習指導要領においてもボールを打撃することは攻撃における技能の内容として取り上げられており、学習指導要領解説では、「止まったボールや

易しく投げられたボールをバットでフェアグラウンド内に打つこと」が第5・6学年の指導内容の例示として取り上げられている[*2,3]。まずはバッティングの技能の向上そのものが攻撃側の達成の喜びを高めるものであることは説明を要しないであろう。「ボールを遠くまで打てる」「ねらった方向に打てる」などは得点に貢献する面白さのみならず、「身体の喜び」でもあるのは間違いない。加えて、前述したように、打球状況に応じた守備側の学習を豊かにするためには、実際に多様な打球状況が提供される必要がある。つまり、守備側の実質的な学習機会を保障する意味からもバッティング技能の向上は必要不可欠なものとなるのである。

ただし、授業において取り組まれるメインゲーム（単元教材）の中での数少ない打撃機会でその技能が向上していく見込みはほとんどない。また、バッティング技能に類似した先行学習経験を持たない子どもたちも非常に多いのが実態であり、とりわけ女子を中心としてバットによる打撃の動作そのものに困難を極めている子どもたちも珍しくない。そこからすれば、授業の中でバッティングの技能向上に焦点を当てた学習指導を部分的に導入する必要がある。ボールを打撃する課題性をバットの代わりにラケット等を用いて緩和する場合でも、ラケットを振ることにも共通する感覚運動学習が重要であろう。

しかしながら、バッティング技術に関するスポーツ科学的な研究は多様にみられるものの、未熟な子どもを対象にした指導研究、さらには学校体育の授業実践を通した研究は極めて少ない。特に、バッティング動作そのものの発生やその習得に焦点づけられた学習内容—教材・教具研究の成果はほとんど確認できないと言ってよい。

したがって、ここではバッティング動作の発生、つまり力強いバットの振り抜きの運動経過の習得を促すための「学習内容」の抽出とその学習の直接の対象になる「教材」、さらに教材に付随して利用される「教具」の創出について考えてみたい。なお、ここでのバッティングは、止まったボールに対する「ティー・バッティング」を運動課題の対象とする。

[2] バッティング動作の習得を促す学習内容の抽出

❶先行経験の浅い学習者にとっての打動作の困難性

多様なスポーツの中における打動作にはバリエーションがあるが、その習得の困難性について、かつて筆者はテニスのストロークを例にして次のような指摘をしたことがある[*4]。

＊

①ストローク動作に類似した打撃動作や投動作に習熟していない場合には、その動きそのものを形成することが難しいこと。
②動いてくるボールの方向やスピードを時間的・空間的に感じ取り、ストロークのタイミングを予測することが難しいこと。
③ラケットといった道具を用いる場合、自己の身体ではなく、その延長線上にある対象でボールをコントロールする空間感覚的な認知が難しいこと。

＊

　このような視点はバッティングにおいても共通する指摘が可能であろう。例えば、バットの素振りのレベルでさえ、力動的なスウィングができないのであれば、およそ動いてくるボールに対応することを求めることは無理がある。したがってまずは、止まったボールを強く打ち出す段階を想定する必要がある。
　そこで、バッティング動作がうまくできない子どもに力動的なスウィングの全体像を発生・習得させるためには、そのような子どもにとっての技能の学びやすさの観点から学習内容を抽出し、それを典型的に含み持った運動課題を提示することが求められる。とりわけ、苦手な子どもにかなり共通に観察される「一定のスピードでのほとんど力感のないスウィング」、あるいは「バットの先端（ヘッド）を当てにいくような（撫でるような）スウィング」を改善するための中核となるような学習内容の検討が求められる。授業の中でゲーム学習に費やす時間をできる限り豊富に確保しようとすれば、技能の習得に焦点を当てた多数の下位教材に取り組ませる余裕はない。的確で、有効性の高い「学習内容—教材・教具」の設定が重要である。そこで、打動作の構造を理解し、子どもの運動課題として翻案する方策を探究したい。

❷打つ動作の構造

　「打つ」とは辞書的定義によれば、「ある物を他の物に瞬間的に強くあてる」[*5]ことを指す。スポーツ科学的には、「道具（ラケット、竹刀、シューズなど）を含めたからだの端を効果器とし、衝撃力を大きくするためにそれを加速し、ボールあるいはヒトといった対象物にその衝撃力を与えること」[*6]とされる。この動作において、打撃面の速度を生み出すためには、「体幹部分の並進運動と腰部を中心とする体肢までの回転運動」が重要であるが、「回転運動は体幹に近いところからおこり、順次遠い部分の回転へと移行していくのが望ましい動き」[*7]であると指摘されている。このことをバッティングの動きに向ければ、インパクトの速度を上げるために、足、腰、肩、肘、手、バットが順次遅れて加

速され、より大きな筋群を持つ部位からボールに直接作用するバットに順に伝達される、いわゆる鞭運動を生み出すものとなっていると言える。このような動きを子どもたちにどのように「わかち伝える」ことができるであろうか。

❸打動作の発達論からの示唆と打動作の習得のための中核

　打動作の発達段階に関わった松本らによる幼児の木槌を打つ動作の観察は興味深い[*8]。そこでは、1〜6歳児の木槌を打つ動作におけるその柄の握り方や打ち方の変化について報告している。特に、打ち方の推移について、「手首の回内によって標的を打つ段階から、肩・腕が同時に動き脇の開きが大きい段階、そして、脇の開きが小さくなる段階から肘関節を中心とした前腕の動きがはっきりしてくる段階、さらに手首と前腕の協調がみられ、打つときにスナップが働くようになる段階へと移行し、到達することがわかる」という。ここからすれば、打つ動作の発生は手首から始まり、腕と手首の同期によるスナップ動作の発生が中核的なポイントになる可能性を示唆していると解釈される。

　さらに、この記述にみられる手首と腕の関係に結びついた次の記述も大いに参考になるものである。土橋らは、金づちを打つ動作を例にしながら、バッティングにおける腕の役割として後ろ腕の「押し込む」感覚について触れ、この「押し込む」イメージを金づちで釘を打つ動作を引き合いに出して次のように説明しているのである[*9]。

＊

　物を打つ動作で、より強い力を加えるには、末端を加速させる回転運動が適しています。金づちの動きをよくみてみると、握っている部分が支点となり、インパクトに近づくにつれて末端が加速していき、より強い力を加えることができるようになっています。

　バッティングにおいて、より強い打球を打つためには、グリップを支点としてヘッドを加速させ、より強い力を加えることが必要です。この点では、金づちを打つ動作と非常に似た動作ともいえます。

＊

　ここで指摘されている、「グリップを支点としたヘッドの加速」は後述する子どもたちの「つまずき」を考える上での重要な視点を提供するものとなろう。

❹学習内容の抽出とその組み替え

　先にバッティングの苦手な子どもたちにかなり共通に観察される様態について少しばかり記述した。「一定のスピードでのほとんど力感のないスウィング」

「バットの先端（ヘッド）を当てにいくような（撫でるような）スウィング」である。このような動きの背後に存在する運動感覚的な世界を前述したバッティングの構造的理解に関係させながら掘り起こしてみたい。

■動作の「弛緩―緊張」関係における「インパクトの力感」

　通常、投運動の指導においても強調されるところではあるが、「体重移動」や「腰の回転」などがかなり重要なポイントとして取り上げられる。これらが外部から観察しうる重要なポイントであることは間違いないであろう。これらは好ましい動きの目標像の部分なのであり、動きの評価の観点になりうるものではある。ただし実は、このような動きが引き出されてくる重要なモメントになりうる視点をこそ学習内容として再解釈し、指導過程における配列を問題にすべきではなかろうか。

　おそらく、体重移動や腰の回転というのは、先の「体幹部分の並進運動と腰部を中心とする体肢までの回転運動」という指摘に対応するものであるが、それを引き出すための前提は身体動作の力動性の中心が対象物にバットを当てる「インパクトの力感」にあると思われる。さらには、そのインパクトの力感を生み出す動作の「弛緩―緊張」関係にあるであろう。このことはこの第3章の最初に掲げた投動作の発生の問題と同様であり、そこで引用した佐野の指摘に再度耳を傾けたい。[*10]

＊

　たとえば、ボール投げでは、投げる腕をいちど後ろにバックスイングしてからボールは投げられますが、もっとも〈力が入る（緊張する）〉局面は、ボールを前方向に投げ出す局面です。しかし、構えてから腕を後ろにバックスイングしてボールを投げるという動作のすべてに、全身に〈力を入れた（緊張した）〉まま、いわば初めから終わりまで硬直したままでやったのでは、不格好な投げ方になりますし、ぎくしゃくした動作となってかえってボールは飛びません。

＊

　このボール投げにおける指摘は、そのままバッティング動作にも当てはまるものであろう。バッティングにおいてもテイクバックの時点から力を入れているわけではなく、そこでの「弛緩」があるからこそ、インパクトの瞬間にグリップに「ギュッ」と力を入れる、つまり「緊張」することができるのである。換言すれば、バットを握った後ろ腕の「肘が引き出されてくる動き」と連動した「手首のスナップ動作」が〈力が入る（緊張する）〉局面であり、バッティング動作の力動性の中でも最も重要な感覚的・技術的なポイントとして理解できる。このことは、前述した松本らの記述から導き出された「腕と手首の同期

によるスナップ動作の発生」がこの力動性において学習される必要のあることを示していると言ってよいであろう。

　先に取り上げてきた、「一定のスピードでのほとんど力感のないスウィング」「バットの先端(ヘッド)を当てにいくような(撫でるような)スウィング」といったつまずきを持つ子どもたちはまさに、この「弛緩―緊張」関係が身体において理解されていないと言える。このような子どもたちは「どこで力を入れていいのかわからない」のである。したがって、この「インパクトの力感」がバッティング動作の学習の入り口における「学習内容」として位置づけられるであろう。

■グリップを支点とした「作用点の振り抜き感覚」

　バッティング動作におけるその難しさは、「インパクトの力感」に加えて、ボールに当てるバットの先端部分(ヘッド)が身体の延長線上に存在していることにも起因しているであろう。さらに、土橋らが指摘していたように、「グリップを支点としてヘッドを加速させ、より強い力を加える」ことの必要性にある。スウィング時にはバットのヘッドが先に出てくるのではなく、手首よりも遅れた回転運動が生じる必要がある。これは先に指摘した「鞭運動」であり、最も作用するところを最後に振り抜くことが求められるのである。子どもたちの中にみられるほとんど力感のないスウィングやバットを当てにいく、撫でるようなスウィングはこのことと大いに関係している。つまり、浅見の「回転運動は体幹に近いところからおこり、順次遠い部分の回転へと移行していくのが望ましい動き」という記述に関わって、身体の延長線上の先端部分に位置する「作用点の振り抜き感覚」が学習されなければならないと言える。

　この「作用点の振り抜き感覚」と表現した事柄は、金子が指摘する「付帯伸長能力」と大いに関連するものであると考えられる。金子は、「付帯伸長能力は、肉体にじかに付帯する物や、手に持つ道具にまで運動感覚意識が伸長し、その付帯物の外縁層には、皮膚感覚のみならず、種々のパトス的な知覚判断の営みも参入してくる能力」[11]であると記述している。バッティング動作の場合で考えれば、手に持ったバットの先端をまさに自己の身体の部分的延長として感じ取ることを意味していよう。

　ここで取り上げた感覚運動学習の対象としての「インパクトの力感」、および「作用点の振り抜き感覚」はバッティング動作の発生・習得を促すことに向けての仮説的な「学習内容」の設定である。これらを子どもたちに「わかち伝える」ための方法論としての教材・教具づくりが次の課題となる。それはバッティング技能に内包されたこれらの感覚を学習するためのより易しい「運動ア

ナロゴン」（類似した運動課題例）として提示することである。

[3] 学習内容としての２つの感覚学習を促す教材・教具づくり

　以下では、ここで仮説的に導き出した「インパクトの力感」と「作用点の振り抜き感覚」の２つの学習内容に対応して創出した教材・教具について説明したい。

❶「インパクトの力感」を引き出す「ペットボトル・ハンマー打ち（投げ）」

　ここではとりわけ、バットスウィングにおける「弛緩と緊張」の考え方を基底にした「インパクトの力感」の感覚学習を促すために、「肘の引き出し」と「手首のスナップ動作」を結びつけることを意図した教材として「ペットボトル・ハンマー打ち」を考案した。この運動課題では、インパクトの力感をねらう中で、そこでの動きによって結果的に「体重移動」と「腰部の回転」が誘い出さ

写真3-11　ペットボトル・ハンマー 　　写真3-12　ペットボトル・ハンマー打ちの課題

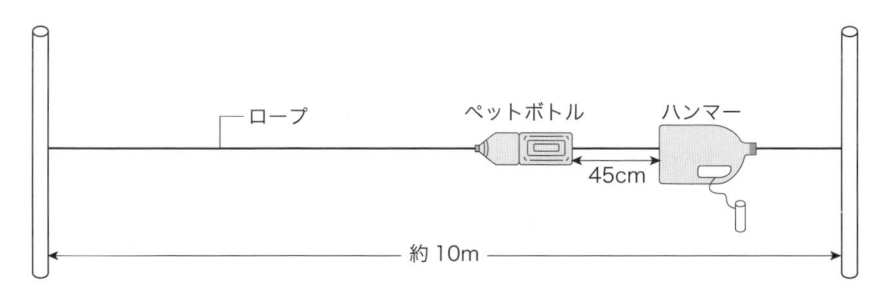

図3-6　「ペットボトル・ハンマー打ち」の場の設定

れてくることを期待している。

　この課題で用いた教具は次のように作成した。直径4mmのナイロンロープに、ハンマー（4ℓサイズのペットボトルに10cmの紐を結び、その先に長さ15cmの塩ビパイプのグリップを付けて加工したもの：写真3-11）と粘土（150g）でおもりをつけたペットボトル（900mℓサイズ）を通し、校庭にある鉄棒などの支柱を利用して図3-6のような場を設定した。

　ここでの課題は2つである。まず、ターゲットとなるペットボトルを用いないで、「ハンマーをロープに沿って片側から投げ飛ばす課題」と、もう1つは、「ハンマーをペットボトルに衝突させてロープに沿って飛ばす課題」である（写真3-12）。ロープの方向にまっすぐ手首を押し出すように投げたり、当てたりしないとうまく対象物が飛んで行かない条件設定であり、まっすぐ押し出すためにはグリップを握って肘から引き出すようにハンマーを操作する必要がある。したがって、先に指摘した「肘の引き出し」と「手首のスナップ」を同期させる課題性に直面することになる。

　子どもたちはロープに正対し、両足を肩幅よりやや広くして立ち、グリップを握ってハンマーをロープに沿って左右に揺らし、テイクバックのときに力を抜いたところから肘を引き出して投げたり、ペットボトルにぶつけたりする。対象物を遠くに素早く飛ばすためには、インパクトの力感が強調されることになるのである。ここで、ハンマーに付けた「紐」がポイントになる。この「紐」によって、グリップよりもハンマーが遅れて引き出される仕組みになり、バッティング動作においてバットのヘッドが鞭運動的に遅れて加速される感覚に近似的な状態でインパクトの力感を得ることができるであろうと考えたものである。

　これらの課題では、子どもたちがハンマーやペットボトルを常に同じ位置にセットして取り組めるように、ロープにビニールテープでマーキングを施しておいた。

❷「作用点の振り抜き感覚」を引き出す「ハタキ振り」

　バッティングではバットを道具として手に持ち、操作するという課題が生ずるが、グリップを支点としてヘッドを加速させることはさらに難しい。そこで抽出した学習内容が「作用点の振り抜き感覚」であった。つまり、ヘッド部分が遅れて加速される感覚やそのイメージを誘い出すことを意図した学習内容である。そこで、単元当初において考えていたのが、バドミントンの「ラケット振り」であった。「ペットボトル・ハンマー打ち」で「弛緩―緊張」の力動性

を持った「インパクトの力感」を学習し、その上で、ラケット振りにおいても類似の感覚を生み出しながら、ラケット面が遅れて加速されるようなスウィングができれば、ラケットのガットが空を切る音がするのである。いわば、ラケットを鞭のような感覚で振り切ることができるかどうかである。力感のないスウィング、撫でるようなスウィングでは、この音がほとんど出ないと言ってよい。音が出るのは腕の延長線上にある作用点を振り抜いていることのフィードバック情報となる。

しかしながら、後述する授業単元の序盤の段階で、片手でのスウィングにおいてラケットの重さがやや抵抗になったり、手首への負担を感じたりする傾向が特に女子の一部にみられたために、ここでの教具を「ハタキ」に変更した。「ハタキ振り」の場合でも先端の布の部分が「フワッ」と音をたてるためには、肘から引き出され、ハタキの布の部分が遅れて加速されて、振り抜かれなければならないのである。

この課題の場合にも、テイクバックで「弛緩」させた腕をギュッと手首で「緊張」させる流れの中で、下半身との連動（「体重移動」「腰部の回転」）を増幅できるようにするのがさらなる指導のポイントである。

[4] 単元過程における「バッティングドリル」

ここでは、第2章で取り上げた「ネオ・フィルダー・ベースボール」をメインゲームに位置づけ、先に記述したバッティング動作の習得を目指した運動課題を下位教材として導入した授業について説明しておく。小学校5年生、男子19人、女子15人、計34人のクラスである。単元は9時間で構成した。なお、実践クラスの子どもたちは4年生段階で「修正版・並びっこベースボール」[*12]の単元を既習しており、ティー・バッティングの経験はあるが、バッティングそのものに焦点を当てた学習はしていない。

チームは4～5人からなる8チーム構成。グラウンドの四隅を利用した4コートでゲームを行った（塁間は12mに設定）。「ネオ・フィルダー・ベースボール」は、攻撃側がチームの全員（5人分）が打撃したら攻守を交代する。コートには塁間を結ぶライン（内野ライン）を引き、守備側は4人でフィールディングをし（内野ラインの内側に2人、外側に2人のポジショニング）、相手の打球を内野ラインの内側で捕球したら、全員が打者ランナーを先回りした塁に集まってアウトにする。また、内野ラインを越えたボールを捕球した場合は、打者ランナーを先回りした塁にベースカバーに入るのは2人でよいというルー

ルを採用している。後者の場合には、守備側プレイヤーは、打球の捕球・送球、ベースカバー、中継プレイ、バックアップといった異なる役割を担うことになる。したがって、打撃されたボールが外野に飛ばなければ、守備側のプレイのバリエーションは創出されず、守備側の多様な判断を拡大するプレイ機会を豊富にするためには、打撃の向上が必須なのである。

さて、単元の第1時はオリエンテーションと試しのゲームが中心であったが、第2時以降の授業は毎時、「用具の準備・場づくり → チームでのウォーミングアップ → 送球・捕球ドリル → バッティングドリル → 学習課題の把握 → ゲーム → チームでの振り返り → 授業のまとめ」という展開で進められた。

「ゲーム」に関しては、1ゲーム2イニング制で、第2～6時は1ゲーム、第8～9時は各チーム2ゲームを行っている（第7時は前日の雨でグラウンド条件が悪く、使用可能な範囲でチーム練習に時間を費やした）。

ここで、先に説明したバッティングの教材に取り組んだのは、1時間の授業の流れの中の「バッティングドリル」の時間である。「ペットボトル・ハンマー打ち（投げ）」「ハタキ振り」の感覚練習に加え、「ゴム付きボールのティー・バッティング」の3つの課題にローテーションしながら取り組ませた。最後の「ゴム付きボールのティー・バッティング」とは、ボールとバッティング・ティーを2mほどのゴム紐で結びつけた用具でのティー・バッティング練習である。なるべくバッティングの練習機会が多くなるように工夫した教具の利用であると言ってよい。

なお、これらの練習教材については、第1時のオリエンテーションの時間にその練習方法について実際に取り組みながら説明したが、「ペットボトル・ハンマー打ち」は、単元展開の第2～5時、「ハタキ振り」（ラケット振りを含む）は第5～9時、そして「ゴム付きボールのティー・バッティング」は全時間にわたって練習の対象とした。

使用したバットは軽量なプラスチック製のもの、ボールは直径約10cmのゴム製のものを選択している。

[5] バッティングのパフォーマンスの分析

ここではバッティング動作、およびゲームの中での打球状況についての学習成果の検討を次の3つの側面から分析を試みた。
①バッティング動作の発生・習得についてのVTR映像分析
②ゲームにおける打球状況の全体的な変化

③抽出児のゲームにおける打球状況の変化

これらについてそれぞれ分析方法とその結果について記述したい。

❶バッティング動作の習得に関する分析

単元の全体像について記述した箇所で説明した「ゴム付きボールのティー・バッティング」を用いて、単元前後にクラスの子ども全員のバッティング動作のVTR撮影を行った。子どもに正対する方向からの画像である。この映像をもとに、以下に説明する動作の評価項目に基づいて、単元前後でのバッティングの習得状況を比較検討した。評価は野球経験が10年以上ある3人によって行っている。

表3-7の評価項目は、吉永[*13]が提示している12項目の評価視点を参考にしながらも、ここで中核的な学習内容として取り上げた「インパクトの力感」と「作用点の振り抜き感覚」を含めて、新たに精選・再構成している。これらの評価項目のうち、①〜⑦は、強調されるべき2つの感覚的な学習内容の習得の結果として、外部から観察される動きの形態として現れるであろうと推測されるものとして設定した。これらに対し、⑧はバッティング動作の全体的な印象を評価する項目である。この項目は、「A：インパクトに十分な力感がある」「B：インパクトにやや力感がある」「C：インパクトにほとんど力感がない」の3段階で評価した。

なお、映像を観察する3人の評価が一致するように観察ポイントの確認・統

表3-7 バッティング動作の観察評価項目

局　面		評　価　項　目
準備局面	①	テイクバック（後方への重心の移動）がある。
主要局面	②	テイクバックからインパクトまで利き手の肘が出されている。
	③	インパクトの直前まで手より後方にバットのヘッドがある。
	④	踏み込み足に体重をのせてから腰を回転させることができる。
	⑤	水平にスウィングすることができる。
	⑥	インパクトの位置が体より前である。
終末局面	⑦	インパクトの後に利き手の肘が伸び、前方に投げ出されている。
総　合	⑧	インパクトに力感を伴ってバットスウィングすることができる。 A：インパクトに十分な力感がある。 B：インパクトにやや力感がある。 C：インパクトにほとんど力感がない。

表3-8 単元前後のバッティング動作の変容

局面			男子		女子		全体	
			単元前	単元後	単元前	単元後	単元前	単元後
準備局面	①		68.4%	94.7%	13.3%	73.3%	44.1%	85.3%
主要局面	②		84.2%	89.5%	60.0%	80.0%	73.5%	85.3%
	③		89.5%	100.0%	80.0%	86.7%	85.3%	94.1%
	④		63.2%	100.0%	20.0%	60.0%	44.1%	82.4%
	⑤		84.2%	89.5%	53.3%	86.7%	70.6%	88.2%
	⑥		100.0%	100.0%	86.7%	86.7%	94.1%	94.1%
終末局面	⑦		78.9%	100.0%	26.7%	100.0%	55.9%	100.0%
総合	⑧	A	42.1%	68.4%	20.0%	53.3%	32.4%	61.8%
		B	36.8%	31.6%	20.0%	46.7%	29.4%	38.2%
		C	21.1%	0.0%	60.0%	0.0%	38.2%	0.0%

一を図ったが、相違した評価がなされた場合には、3人のうち2人が評価したものを採用している。

　表3-8は、バッティング動作に関する単元前後の変容を示している。まず、クラス全体の「総合」的な「インパクトの力感」をもったスウィングの観点では、単元前段階において「A」32.4％、「B」29.4％、「C」38.2％といったように、そのできばえにはかなりのバラツキがみられたが、クラス全体の3分の1以上を占めていた「C」評価の子どもたちは、単元後にはすべて「A」あるいは「B」評価に向上した。女子では単元前に60％も存在した「ほとんど力感のない」スウィングの子どもたちが飛躍的に向上している。

　また、①から⑦までのスウィングの運動経過のプロセスにおけるポイントについてもクラス全体ですべての項目の向上が確認され、単元後には80％以上の習得率を示した。その中でも、①「テイクバック（後方への重心の移動）がある」、④「踏み込み足に体重をのせてから腰を回転させることができる」、⑦「インパクトの後に利き手の肘が伸び、前方に投げ出されている」の項目は、男女ともに単元前のデータが低かったものであるが、これらに大きな向上が確認されている。

　ここで大いに注目したいのは、④の項目の大幅な向上である。この項目はまさに、打動作において重要視される「体重移動」と「腰の回転」を含み込んだポイントである。先に、この授業における教材・教具づくりを説明した箇所に

おいて、「インパクトの力感」をねらう中で、それに連動して結果的に「体重移動」と「腰部の回転」が誘い出されてくることの期待を指摘したが、クラス全体におけるこの項目の44.1％から82.4％への変化は、ここで抽出した感覚的な学習内容が打動作の中心的な構造の発生に大きく貢献したことを示していると解釈される。

❷ゲームにおける打球状況の全体的な変化

　「バッティングドリル」の成果が実際のゲーム場面に反映しているのかどうかを確認したい。「ネオ・フィルダー・ベースボール」では、前述したように、塁間を結んだ線を内野ラインと呼び、守備側は、攻撃側の打球をラインの内側、あるいは外側で捕球するかによって、異なるアウトの仕方のプレイが要求されるようにルール化されている。特に、守備側の4人のプレイヤーの分化した役割行動が期待されているのは内野ラインを越えた場所でボールを捕球した場面になる。繰り返すことになるが、この役割行動の豊富な学習機会を考えると、外野への打球がゲームの中で保障されなければならないのである。そこで、ここではゲームの中で攻撃側の打球を内野ラインよりも内側で捕球した場合には「内野打球」、ラインより外側であれば「外野打球」としてカウントし、ゲームの中で、それらがどの程度を占めていたのかを算出している。なお、「外野打球」には、ライナーやフライで直接ラインを越える場合のほか、ゴロの打球が内野

表3-9　ゲームにおける打球状況の変化（Ⅰ）

			単元序盤	単元終盤
男子	内野打球	打球数 打球率	19 41.3%	35 23.2%
男子	外野打球	打球数 打球率	27 58.7%	116 76.8%
女子	内野打球	打球数 打球率	20 57.1%	49 43.8%
女子	外野打球	打球数 打球率	15 42.9%	63 56.3%
全体	内野打球	打球数 打球率	39 48.1%	84 31.9%
全体	外野打球	打球数 打球率	42 51.9%	179 68.1%

表3-10　ゲームにおける打球状況の変化（Ⅱ）

			単元序盤	単元終盤
男子	内野打球	打球数 打球率	18 31.0%	42 30.0%
男子	外野打球	打球数 打球率	40 69.0%	98 70.0%
女子	内野打球	打球数 打球率	38 70.4%	73 73.0%
女子	外野打球	打球数 打球率	16 29.6%	27 27.0%
全体	内野打球	打球数 打球率	56 50.0%	115 47.9%
全体	外野打球	打球数 打球率	56 50.0%	125 52.1%

の守備を抜けて内野ラインを越えたものも含めている。

　表3-9は、単元の3〜4時間目（単元序盤）と8〜9時間目（単元終盤）に取り組まれたすべてのゲームの中で出現した「内野打球」「外野打球」の数（打球数）とその割合（打球率）の変化を男女別、およびクラス全体において示している（単元終盤の打球数が多いのは、前述したようにリーグ戦においてゲーム数が増加しているためである）。

　なお、表3-10は第2章で取り上げた「ネオ・フィルダー・ベースボール」の授業実践を対象にして得られたデータである。それは同様に5年生のクラス、同じルールで、ほとんど同様な単元展開で、同一の実践者によって行われた授業である。これを比較対象とすれば、明瞭な傾向を指摘することができる。それはバッティングに関する学習を特別に設けなかった場合、単元序盤と終盤の内野・外野の打球率がほとんど変化を示していないという実態である（この授業では、バッティングの動作の形成に焦点を当てた学習活動をほとんど取り上げていない）。先に授業において取り組まれるメインゲームの中での数少ない打撃機会でその技能が向上していく見込みはほとんどないことを指摘したが、表3-10はそのことを例証している。

　それに対して、ここでの授業の中では、この打球状況に大きな変化が確認される。表3-9のように、外野打球の割合が、男子で58.7％から76.8％へ＋18.1％、女子では42.9％から56.3％へ＋13.4％、全体では51.9％から68.1％へと＋16.2％の増加を示している。単元序盤の打球率は、クラス全体においてほぼ似通った数値であったが（女子の内・外野の打球率には明らかな差がみられ、本実践の女子の方が単元序盤から外野打球率が高い傾向にあった）、この実践では大きなプラスの変化が認められたことが明瞭である。

❸抽出児のゲームにおける打球状況の変化

　同様に、抽出児のゲームにおける打球状況の変化を確認してみたい。ここで抽出児として選び出したのは、先に記述した単元前のバッティング動作の評価

表3-11　抽出児（9人）のゲームにおける打球状況

		単元序盤	単元終盤
内野打球	打球数 打球率	16 69.6％	34 47.9％
外野打球	打球数 打球率	7 30.4％	37 52.1％

において、その観察評価項目⑧(「インパクトに力感を伴ってバットスウィングすることができる」)が「C」判定であった女子9人である(女子15人のうち、60％にあたる9人が「C」の評価であった。「C」とは、先の表3-7に示したように、単元前には「インパクトにほとんど力感がない」状態のバッティング動作の子どもたちである)。

ここでも3～4時間目を単元序盤、8～9時間目を単元終盤として比較してみると表3-11のような結果が得られた。示された数値のように、抽出児の外野打球の割合は、20％以上の増加が確認できる。

この抽出児の9人は前述のように、バッティングの動作評価においてすべてが「C」から、「A」あるいは「B」評価への向上を示したが、実際のゲーム場面における打球の様相からも大きな学習成果を認めることができるであろう。

なお、今後の課題として掲げられるのは、学習内容としての「インパクトの力感」を引き出す、より簡便な運動課題(教材)および教具の開発にあろうかと思われる。

(研究協力者：森元佑樹・竹内隆司)

[文献]
* 1　滝澤崇・岩田靖(2004)体育におけるベースボール型ゲームの教材づくりの傾向と課題、信州大学教育学部附属教育実践センター紀要・教育実践研究4：101-110
* 2　文部科学省(2008)小学校学習指導要領、東京書籍、p. 99
* 3　文部科学省(2008)小学校学習指導要領解説体育編、東洋館出版社、p. 74
* 4　岩田靖(2005)技術指導からみた体育―体育における技術・技能・戦術の意味、友添秀則・岡出美則編、教養としての体育原理―現代の体育・スポーツを考えるために、大修館書店、p. 73
* 5　新村出編(1983)広辞苑(第3版)、岩波書店、p. 218
* 6　平野裕一(1992)打つ科学、大修館書店、p. 3
* 7　浅見俊雄(1984)スポーツ運動の打について、Japanese journal of sports science 3 (3)：178-187
* 8　松本勝・宮下充正(1980)幼児の打つ動作の発達：1～6歳児の小槌の打ち方、新体育50：873-877
* 9　土橋恵秀・小山田良治・小田伸午(2009)野球選手なら知っておきたい「からだ」のこと―打撃編、大修館書店、pp. 25-31
* 10　佐野淳(1996)動きのリズムを見つける、吉田茂・三木四郎編、教師のための運動学、大修館書店、pp. 78-85
* 11　金子明友(2002)わざの伝承、明和出版、pp. 501-503
* 12　岩田靖(2012)体育の教材を創る、大修館書店、pp. 179-196
* 13　吉永武史(2010)新学習指導要領におけるボール運動の指導(3)―ベースボール型の授業づくり、小学校体育ジャーナル63：1-5

あとがき

　ちょうど、前著『体育の教材を創る』の基になった『体育科教育』誌での連載を引き受けていた頃、突然、左眼がほとんど真っ暗になってしまったことがあった。病名は「網膜動脈分枝閉塞症」。毛細血管の分岐部が詰まってしまったのである。晴れた夜、両眼であれば見える星が、右眼を閉じると消えてしまう……。数か月の薬の服用でどうにか回復したものの、後遺症の影響で世の中がすっきり見えなくなり、視力もだいぶ落ちてしまった。

　そんなこともあって、健康のためにと自宅から往復約1時間の散歩道を歩くようになった。里山辺縁の細道である。りんご畑を抜け、毎年ゲンジボタルが姿を見せる水路脇を通り、ゆるやかな斜面の耕作地を過ぎると、古びた神社のある雑木林に出る。クヌギ、コナラを主とした二次林である。夏になるとこれらの木から滲み出ている甘い香りの樹液にカブトムシやクワガタ、カナブンやスズメバチが集まっている。林の中にはエノキの木もあり、それを食樹とする国蝶オオムラサキの飛翔も珍しくない。「蝶屋」にとってはさらにうれしいことに、ムモンアカシジミやクロミドリシジミなどの貴重種も生息している（「蝶屋」とは、昆虫を趣味にしている人の中で、特に蝶の採集・コレクション、分布や生態の調査・記録、これらに関する紀行文やエッセイの執筆、生態写真などを楽しみ事にしている人の俗称：筆者もその一人）。この林の少し奥の谷部には、時折、最近増え出したニホンジカが顔を見せることもある。

　そんな自然豊かなこの道は、いつしか私にとっての「思索の小径」にもなっていた。休日、書斎で頭を詰まらせているときに、外に出て気分転換をしながら歩いていると、土や木々、草花の香りに誘われて、ちょっとしたアイディアが浮かぶことも少なくないのである。そうそう、教材づくりのヒントである（実際には、居酒屋で仲間とビールを片手にしているときに思いつくことが多いの

も確かなのだけれど）。

＊　　　　　＊

　さて、ボール運動の教材づくりを具体的に考えるようになったのは15年前くらいからである。直接的なきっかけは、欧米圏のボール運動指導の考え方に出会ったことが大きく、とりわけ本書の中でも頻繁に取り上げているグリフィンらの「タクティカル・アプローチ」の翻訳に参加させていただいたのが重要なポイントになった（高橋健夫・岡出美則監訳『ボール運動の指導プログラム』大修館書店、1999年）。当時、私自身もゲームにおける状況判断をボール運動の大切な学習内容の軸として位置づける指導論を構築していく必要性を感じ始めていたからである。そしてまた、その文脈において教材づくりの論理としての「ゲーム修正論」に触れることができたことも教材づくりを進めていく駆動力になった。
　実際、これらに刺激を受けてボール運動指導の研究を始めたが、その中心的なターゲットは、子どもたちが単元を通して取り組むのに相応しい「メイン・ゲーム」（単元教材となるゲーム）づくりにあった。我が国のボール運動指導の実状を前提にしたとき、現実の授業実践を活性化させる上でも、また研究的にもその作業が非常に重要なステップになるのではないかと考えたためである。さらに、それは実践研究仲間とともに共同で取り組むに値するテーマでもあったと言える。

＊　　　　　＊

　とは言え、体育授業の対象としてのボール運動の指導に興味関心を持ったのは、体育科教育学の世界に飛び込んだその初期からである。20代の後半に教材に関する基礎理論を探究する中で、特に「素材―教科内容―教材」の区別論を説明する文章において次のような記述を試みた。

> 　運動そのものが学習の内容になるというとき、その学習の対象となる個

別の「素材」は2つの筋道から意味づけがなされ得ると考えられる。それは一方では、「素材」それ自体を学習していくことであり、他方は「素材」を材料として、あるいは「素材」を通して、運動文化（スポーツ）に対する認識を深めていくという方向である。例えばバスケットボールという「素材」はそれ自体が学ばれるものになるのと同時に、それを通して運動文化を理解していくための一つの材料となるのである。したがって体育科における運動文化の教授＝学習の構造の中において、すなわち運動文化そのものを学ぶという筋道において、個別の「素材」は学習の直接的な内容と間接的な手段との両側面を有するものとして意味づけられるのである。そしてこのことが例えば、バスケットボールを学び、バスケットボールで学ぶという両側面を形成しているのである。
　そこで、バスケットボールで学ぶといった場合に設定される「教科内容」は、バスケットボールを学ぶ場合に取り上げられる個別的な運動技術やルール・マナー、あるいは練習の仕方といったバスケットボールに特殊的な内容を越えた、多様な運動文化（スポーツ）に共通するより一般的・普遍的なものになるであろうし、またより抽象度の高い内容（主に認識内容）となるであろう。例えば、ボール運動では、その攻撃における有効空間についての認識やその空間利用の技能などが教科内容として取り上げられ得るが、それはバスケットボールを素材として学習させることができるし、またサッカーやハンドボールを素材とすることも可能であり、共通性を有しているのである。
（拙稿：体育科教育における教材論(I)―「教材」概念の明確化に向けての前提的考察、スポーツ教育学研究7（2）：27-40、1987）

　これは今日的な表現をすれば、ゴール型の素材群とその共通の戦術的課題から考えうる教科内容（学習内容）の問題を例示したものである。このことは第1章冒頭の「本物のボール運動の授業を目指して」の中で取り上げた「今日求められているボール運動の授業を階層的な次元から見直す」の項で記述した内

容のフレームになっている。つまり、バスケットボールを素材にしながら、バスケットボールでシュートタイプの面白さを味わうのであり、ゴール型の本質を追究するのであり、ボール運動、そしてスポーツを学ぶのである。そのためのバスケットボールでなければならないし、それゆえに子どもたちにとって相応しい教材づくりが求められるのである。

＊　　　　　　　＊

　若い頃に影響を受けた思考は、その後にも重要な視点を提供するものになることがある。前述したように、ボール運動の教材開発の実際のモメントになったのは海外の理論の存在ではあったが、常に間接的にゲームづくりのナビゲーターになっているのが1960年代初めにおける教育学者・梅根悟の記述である（梅根悟ほか、授業分析のこころみ－5、生活教育12巻5号、1960年）。

　ソフトボールの授業を題材に、「技術練習のシークエンス」という考え方を提案する中で、梅根は、要素的技術を個々に取り出して習熟し、それを繋ぎ合わせ、総合していくという方向は、「極端な系統主義」であり、また逆に実際的な有意味活動を繰り返し実践する中で自然に要素的技術も習得されていくという立場は「極端な経験主義生活主義（はいまわる経験主義）」であるとする。そして、個々の要素から入るのでもなく、本格的な試合から入るのでもない「技術訓練の生活教育的理論ともいうべきものに適合している中間項的技術セット」から入り、それを足場にすることが、「少なくとも小学校段階での正常なシークエンス」ではないかと主張している。それは「上に向かっては本格的な試合練習へ、下に向かってはさらに個々の要素的技術の練習へと発展すべき足場の典型」を構成することであり、それはまさに教材づくりを意味していた。

　梅根が問題視していた事柄は、実際、その後も我が国において、個別の要素的な運動技術の練習を積み上げてもゲームに生きない、また無意図的にゲームを繰り返しても質的発展がみられないといった指導上の課題として認識されてきたものであったと言ってよいであろう。欧米圏においても、技術指導中心の授業と子どもにゲームを委ねきっている授業をどのように乗り越えていくのか

という問題が横たわっていたのである。
　梅根の記述したこの「足場」というのは、まさに教材づくりのイマジネーションを沸き立たせてくれる表現になっている。気づいてみれば偶然にか、この梅根の指摘がなされたのは、筆者の生まれ年であった。何かの縁というものであろう。

［研究協力者］

井浦　　徹　（長野県千曲市立東小学校教諭）
石井　克之　（長野県安曇野市立堀金小学校教頭）
石黒　泰之　（愛知県名古屋市立常磐小学校教諭）
江口　貴昭　（長野県長野市立川中島小学校教諭）
大野　高志　（長野県茅野市立北山小学校教諭）
小笠原重光　（長野県長野市立柳町中学校教頭）
小野　和彦　（長野県長野市立徳間小学校教諭）
鎌田　　望　（長野県長野市立西条小学校教諭）
河合　大地　（愛知県小牧市立応時中学校教諭）
北垣内　博　（長野県長野市立西部中学校教諭）
小島　　豪　（長野県千曲市立更級小学校教諭）
小林　奈央　（埼玉県川越市立新宿小学校教諭）
斎藤　和久　（長野県長野市立通明小学校教諭）
佐藤　大将　（長野県長野市立下氷鉋小学校教諭）
竹内　隆司　（長野県長野市立北部中学校教諭）
土屋　健太　（長野県茅野市立湖東小学校教諭）
中塚　洋介　（信州大学教育学部附属長野中学校教諭）
中村　恭之　（長野県教育委員会スポーツ課指導主事）
西村　政春　（長野県飯田市立追手町小学校教頭）
保坂信太郎　（長野県長野市立若槻小学校教諭）
堀口はるか　（長野県松本市立清水中学校教諭）
宮尾　美輝　（長野県長野市立若槻小学校教諭）
宮田　貴史　（静岡県磐田市立豊田東小学校教諭）
村澤　陽介　（長野県伊那市立西春近北小学校教諭）
森元　佑樹　（長野県中野市立中野小学校教諭）
両角　竜平　（長野県飯田市立上郷小学校教諭）
栁澤　明恵　（新潟県糸魚川市立能生小学校教諭）
山岸　真大　（長野県安曇野市立三郷中学校教諭）
横井　和浩　（長野県木曽郡木祖村立木祖中学校教諭）
吉川　　礼　（岐阜県下呂市立宮田小学校教諭）
吉澤　高志　（長野県飯田市立伊賀良小学校教諭）

（五十音順）

[著者略歴]

岩田 靖（いわた　やすし）

1960年長野県生まれ。1986年筑波大学大学院体育研究科修了。筑波大学文部技官、宮崎大学助教授などを経て、現在、信州大学教授。

主な著書
　体育の教材を創る（単著）
　体育科教育学の探究（共著）
　ボール運動の指導プログラム（共訳）
　チャレンジ運動による仲間づくり（共訳）
　教養としての体育原理（共著）
　新版 体育科教育学入門（共編著）
　よい体育授業を求めて（共編著／以上、大修館書店）
　戦後体育実践論（共著）
　新版 体育科教育学の現在（共著／以上、創文企画）
　体育授業を観察評価する（共著、明和出版）

ボール運動の教材を創る──ゲームの魅力をクローズアップする授業づくりの探究

©Yasushi Iwata, 2016　　　NDC 780 / xiii, 271p / 21cm

初版第1刷発行──2016年3月1日

著　者	岩田　靖
発行者	鈴木一行
発行所	株式会社 大修館書店

　　　〒113-8541　東京都文京区湯島2-1-1
　　　電話 03-3868-2651（販売部）　03-3868-2299（編集部）
　　　振替 00190-7-40504
　　　[出版情報] http://www.taishukan.co.jp/

装丁者	石山智博（トランプス）
組　版	加藤　智
印刷所	横山印刷
製本所	司製本

ISBN 978-4-469-26787-7　　　Printed in Japan

Ⓡ本書のコピー、スキャン、デジタル化等の無断複製は著作権法上での例外を除き禁じられています。本書を代行業者等の第三者に依頼してスキャンやデジタル化することは、たとえ個人や家庭内での利用であっても著作権法上認められておりません。

21世紀スポーツ大事典

Encyclopedia of Modern Sport

スポーツにかかわる すべての人の知識の拠り所

概念、歴史、ルール、技術・戦術、オリンピックはもちろん、人種、ジェンダー、障がい者をはじめ、経済、政策、倫理など、スポーツにかかわるさまざまな分野からスポーツ事象を解説。

スポーツの"いま"を知るための決定版！

編集主幹　中村敏雄

　　　　　髙橋健夫

　　　　　寒川恒夫

　　　　　友添秀則

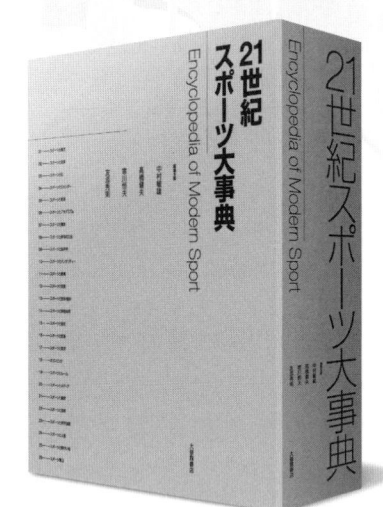

●B5判・上製・函入
1,378頁
定価＝
本体32,000円＋税
978-4-469-06235-9

スポーツの"いま"をこの一冊に網羅

＊体育・スポーツ界の泰斗19名を編集委員として、各分野の第一線の約400名が執筆。
＊グローバルなものとしてスポーツが認識された1900年以降に焦点を当てた、かつてない、最大規模のスポーツ大事典。比較的新しい分野である「女性スポーツ」や「障がい者のスポーツ」「倫理」などの事項も収録。
＊国際大会が行われる主要なスポーツ種目では、1900年以降の技術・戦術の変遷を軸に紹介。

高校生・大学生から専門家まで

＊「スポーツと○○」といった分かりやすいテーマごとに章立てし、項目を解説。
＊項目構成にすることで、知っておきたい内容を体系的に整理して収録。
＊スポーツ種目は、五輪・パラリンピックでの競技を含め、約200種目を五十音順に配列。

大修館書店　☎03-3868-2651（販売部）　http://www.taishukan.co.jp